日本史籍協會編

# 連城漫筆 一

東京大學出版會發行

# 連城漫筆 について

日本史籍協会

一

「連城漫筆六巻」は小寺玉晁が蒐集した史料の一つである。玉晁については本叢書「東西評林」の解題で詳記したから本書では省略しておく。本書は慶応二年二月から十二月の終りまでの史料を集めたもので、「連城紀聞」の後をうけ「丁卯雑拾録」に引続くものである。主として第二次征長の役並びに将軍家茂の死去に伴う一橋慶喜の宗家相続、将軍宣下に関する史料が収められている。

二

征長役は征長総督徳川慶勝によって平和裡に終ったが、幕府の要路は長州藩の謝罪を以て満足せず、長州藩父子及び五卿を江戸に召致し、その処分を行って幕権の恢復を天下に示そうとし、却って事態を紛糾せしめ、その終局を早める結果をもたらした。慶応元年正月幕府は老中本庄宗秀、阿部正外の上京を命じ、長州藩の処分は江戸で行い、かつ将軍の進発を延期すると布告した。宗秀・正外は二月初旬幕兵五千を率いて上洛し、慶喜並びに京都守護職松平容保、所司代松平定敬等を罷免し、諸藩兵の入京を禁じ、幕府自ら京都の守衛に当ろうとした。しかしこうした江戸にある閣老の考えは京都の情勢判断を誤ったがためであって、関白二条斉敬から率兵上京を難詰され、その他の企ては総て止められ、再び将軍の上京を督促する朝命が下された。かくて幕府は朝旨に従って三月十七日将軍の上京を布告した。将軍家茂は五月十六日江戸を発し閏五月二十二日京都に到着し、参内して長州再征の事由を奏上した。

長州藩では幕府の召命に応ずる意志はなかった。即ち将軍上洛後、長州藩支族・家老の上坂を命じたが、これにも応じなかった。かくして幕府は唐津藩主小笠原長行を老中となし、長州再征のことに当らしめた。幕府は征長の勅許を得ようとして将軍に親しく上洛して奏請したが、再征については朝臣のほか諸侯の間にも反対論が多かった。しかし幕府は慶喜以下を朝議に参列せしめて九月二十一日遂に勅許を得た。しかし薩州藩は幕府の行動を牽制するために、一藩を挙げて諸侯会議を開こうとしたが成功しなかった。またこの頃英・仏・米・蘭四国連合艦隊は兵庫沖に進入し、条約勅許を強要したので幕府の征長出兵は遷延した。

先に禁門の変後、但馬・出石地方に潜伏していた桂小五郎は四月下旬帰藩し、また高杉晋作・井上馨も藩地に帰えり、広沢藤右衛門波多野金吾後兵助・真臣・前原彦太郎佐世八十郎・一誠と共に藩政に与った。また村田蔵六後大村益次郎は洋式兵制を以て藩兵を訓練した。この時に当って薩長二藩は前年来の宿怨をすて、漸く接近した。

薩州藩は禁門の変に際し会津藩と連合して長州勢を敗退せしめ、公武合体を称えていたが、慶応元年二月武田耕雲斎及び筑波勢の降人数百人に対する惨忍な処刑を見て大いに怒り、ここに幕府に対する考えが変った。一方長州藩が前途有為の士を徒らに失う状態を見て、長州再征の不可を論ずるようになった。西郷吉之助隆盛は禁門の変で捕えた長州藩士十人を長州に送還し、さらに下関で長州藩の要人と会して五卿の周旋に奔走した。慶応元年四月幕府が長州再征の事を決するや五月西郷は坂本竜馬を伴って帰藩し、征長の出兵を拒絶し雄藩連合を企図した。薩長両藩の融合は容易に進捗しなかったが、坂本・中岡慎太郎等が仲介の労をとって、或は長州藩に対し、船艦・銃砲購入の便を図り、或は薩州藩で必要な米を長州から供給せしめた。こうした努力の結果、薩州藩代表小松帯刀・西郷吉之助と長州藩代表木戸貫治桂小五郎は坂本竜馬同席のもとに、慶応二年二月五日六箇条からなる盟約書を交換した。かくて幕府は長州再征を強行することによって西国二大雄藩を敵とするに至った。

## 三

慶応二年七月二十日将軍家茂が長州再征半にして病死したことは、幕府にとって大きな痛手であった。家茂には嗣子がなく、その後継者の選衡について苦しんだ。前将軍家定の夫人天璋院は家茂の遺命の如く亀之助の相続を希望したが、将軍家茂の夫人和宮は時局重大の時なれば四歳の幼少である亀之助よりも国難に処し得る人物を選ぶべきである、と言われた。これより先、大坂城中では板倉・稲葉両閣老は松平慶永と共に慶喜に宗家継承を勧めたが、慶喜は幕府の内外に政敵が多いことを洞察し、容易にこれを受けなかったが、八月二十日漸く将軍の喪を発し、慶喜の宗家相続を布告した。将軍職は宗家の相続者が当然就くを例としたが、慶喜は四囲の情勢に鑑みて、諸侯を会して衆議の帰する所に従って決定しようとした。

当時京都の情勢は洛外に蟄居を命ぜられていた岩倉具視が薩藩を始めその他の尊王志士と倒幕の秘策を練り、また朝廷では王政復古派の山階宮・近衛忠房等と佐幕派の賀陽宮・二条斉敬等とが対立していた。しかし十月に幕府は王政復古派の人々の監視を厳にしたので形勢は幕府に有利となった。しかも薩州藩及び同派の堂上・公卿は九月七日朝命を以て尾州・紀州両藩を始め二十四藩主の上京を命じたが上京するものは僅かに加賀・備前・松江等の数藩に過ぎず、薩州藩が冀望するところの衆議を以て幕権を押える計画は全く失敗に帰した。ここにおいて板倉閣老は堂上・諸侯の間に慶喜推挙の促進を説き、賀陽宮・二条関白を始め尾州・紀州・会津・桑名以下の諸侯の協力を得て、十一月二十七日朝廷は議奏・伝奏をして慶喜に将軍宣下をするよう伝宣せしめられた。かくて十二月五日慶喜は禁中で将軍宣下をした。

これより先、慶喜は宗家相続を承諾する際幕政改革を行うことを条件とした。九月二日慶喜は施政の方針を書き八箇条からなる改革案を閣老に示して励行を命じた。人才の登用、賞罰の厳正、冗費の節約、陸海軍の充実、外交の刷新、貨幣・商法等の改正である。

当時英・仏両国公使の対日政策は、見解を異にしていた。仏国公使はどこまでも幕府を援助して利権を獲得しようとしたが、英国公使は既に幕府の権勢も末期的現象を呈しているとの判断のもとに西国特に薩・長二藩に接近し、王政復古運動を援助しようとした。

慶応二年七月仏国公使は小倉で老中小笠原長行との間に艦船・武器の供給を約し、ついで江戸で日仏商社の設立、借款、武器の供給等について談合した。これに反して英国公使は部下を西国諸藩に派遣して工作を進めた。慶喜は自己の改正案を着々と進めたが、長州再征は幕府に大きな衝撃を与え、幕府の政権返上の日は日一日と近づいてきた。

本書は編修者の玉晁好みと言うか、落首張紙等を集め、移り行く世情を興味深く取上げている。本書第二、一二頁の「憂天私言」は「東武書林万屋兵四郎著述の由」とあるが、本文は当時の国情を適格に把握し内治に外交に対処する政策を心憎いほど明確に記述している。しかしその大要は佐幕的な傾向があり、慶応元年八月十三日東都元四日市自身番内に何人かが縄でつるして置いたものという。

# 連城漫筆第一

## 緒言

一本書ハ小寺玉晁ノ蒐集史料ノ一ニシテ慶應二年二月ニ始マリ同十二月ニ終リ連城紀聞ノ後ヲ承ケテ丁卯雜拾錄ニ連續スル者ナリ猶前後ノ史料ヲ刊行配布スルコトアルベシ玉晁ノ傳記ハ既刊東西評林ニアリ就テ看ラレンコトヲ望ム

大正八年七月

日本史籍協會

# 連城漫筆 一 目次

# 丙寅 連城漫筆

一

○寅四月十一日出備中松山侯藩中より來狀同廿日江戸江著

昨十日朝六時前浪士七八十人程倉敷御陣屋江乘込致乱妨候ニ付助勢人數差出呉候樣御同所手代ゟ申來候旨奉行中ゟ申出候且所々ゟ注進ニも連島江三艘著船跡三艘沖合ニ有之右三艘之人數上陸ニ而人足を取倉敷柳橋と申所迄荷物爲持運候上一同立歸り候樣申聞候ニ付不審ニ存居候処無程大炮小銃打出御陣屋燒拂表門裏門共拔身鎗ニ而嚴重ニ圍候故死人も多分有之趣手代抔も燒死候哉逃去候哉更ニ樣子不分由御陣屋而已燒拂町家も無別条由町人婦人抔ハ至而穩之趣其後同所法隆寺江屯集致居候由右一条昨晝後注進有之候ニ付直ニ御武器掛其外役々惣出應援之人數繰出方取調暮六ツ時揃ニ而夜四時有修館ゟ一同繰出尤農兵頭三浦恭一郎ニも余程早ク出張之処夜半過笠岡御陣屋より被　仰越候も倉敷御代官櫻井久之助殿藝州ゟ歸掛同所ニ逼《逗カ》留右ニ付乱妨人同所江目懸可罷越候爲難計依之援兵賴被　仰越付其後伊山寶福寺江屯集致候趣注進有

之種々評議之処俄之事故大混雑今朝ニ至り候而も同所江屯集致居追々當地江押寄候抔と風聞而有之候云云此上如何成行可申哉難計先と不取敢申進候以上

四月十一日

相模守在所備中國領分井山寶福寺ニ致屯集候浪士召捕方人數差向候処槇谷之方江立退候樣子ニ付板倉伊賀守樣援兵城中手薄之趣ニ而引返相成松平備前守樣援兵三軒屋迄出張之趣ニハ候へ共未到著相成不申候然処賊徒引返小山寺江楯籠去ル十三日丑之刻致發炮候ニ付夫々人數等手配大小炮打懸及戰爭候処賊徒ゟ之大炮ニ而陣屋內左之通燒失仕候

東之方

郡會所壹ヶ所但長屋壹ヶ所

西之方

學問所壹ヶ所　長屋三ヶ所　西門壹ヶ所

右之通御座候此上少人數ニ而戰爭之勝敗難計致心痛候趣在所詰家來ゟ注進申越候相模守儀も兼而肥後守樣ゟ願濟之上去ル十五日在所表ゟ出立仕候趣申越候ニ付不取敢此段御屆申上候以上

四月廿一日

蒔田相模守家來
小倉熊雄

○去ル十四日於大坂表井上河內守殿ゟ同所詰家來之者被召呼別紙御書付貳通被成御渡候ニ付寫相添此段申上候以上

四月廿三日

木下備中守

別紙

木下備中守ゟ

毛利大膳家來南郡屯集之內百四五十人國許當月四日夜脫走致し候由大膳家來ゟ申出候由松平安藝守ゟ屆出候右も去ル十日備中倉敷御代官所ゟ及乱妨其後近鄉致橫行居候趣ニ付人數差出早々討取候樣可被致候

松平三河守

關伊勢守

三浦備後守　　伊東播磨守

右之面々江討手被

仰付候尤松平備前守板倉伊賀守板倉攝津守江も先達而討手被　仰付

候間可被得其意候

四月

○私領分備中國成羽飛地連島西之浦百姓宇平と申者方江去ル九日夜浪士躰之者七人罷越酒爲給候樣申聞候ニ付及斷候得共押而申聞無據爲給候趣夫ゟ同所百姓正平と申者方江罷越晒木綿繩等相調申候も岡山江使者ニ參候ニ付沖迄大船ニ而參り下《シモ》村江著岸可仕之処風惡敷當所江廻り候間夜中ニも候得共人足三十人可差出旨申聞候ニ付驛場ニ茂無之及斷候得共强而相賴候間何れ江罷越候哉と相尋候処備前まて罷越候間倉敷迄繼立吳候樣申聞及異義候ハヽ手打ニ可仕趣ニ付恐怖仕無是非近所百姓共彼是申談候內追々浪士躰之者多人數上陸仕候間弥恐怖人足差出置其

儘村役人ゟ届出候段連島詰家來ゟ申出候ニ付早速出張仕候処最早立去候跡ニ付村役人共相糺候処武器類爲持倉敷ゟ向罷越候趣ニ付不審ニ存急速右之段同所御陣屋ゟ走り使を以及注進候処最早御陣屋放火ニ而近寄候儀難相成段罷歸申出候前書人足とも追々罷歸倉敷前髮橋ニ而荷物下ヶ休息可仕旨申聞酒爲給爲褒美金三両貳分相渡勝手次第可引取旨申聞候付直ニ引取候段申出候趣在所ゟ注進有之候右連島之儀も成羽居所ゟ拾里程相隔且家來少人數相詰居候義ニ付急速同所警衞人數差出無油斷手配仕猶模樣ニ寄倉敷まて繰込候趣ニ御座候尤私在府中人少ニ而心配仕候旨家來之者より申越候委細之儀も追而可申上候得共不取敢此段御届申上候以上

四月廿三日

山崎主稅助

○寅四月大坂ゟ備前侯ゟ御届書之内名前書

別紙

覺

生捕　長藩櫛部坂太郎支配　西岡龍太　廿五才

同　同同　長尾喜代熊　拾六才

同　防州　山本茂一郎　拾四才

同　同　石田惠　拾七才

討取　淺尾正之助　三十五才

神田新田畑中ニ手負行倒死　壹人

但右之通届出候後首ハ

公義御役人御見分之上御取歸被成候由村役人より申出候

死骸所々之合印

騎兵隊

浦上爲吉忠成

右之通御座候

四月十六日

又同家ゟ生捕貳人追達有之候其餘も船ニ而立退申候

○先達而御屆申上置候長州脱走之徒備中國近領所々横行及乱妨候ニ付私領分東阿曾村城山昌源寺ゟ人數出張罷在候処右之徒共去ル十四日未刻迄ニ引拂同國連島ゟ乘船退散仕候ニ付翌十五日在所ゟ人數引揚申候段家來之者ゟ申越候此段御屆申上候以上

四月廿六日　　木下備中守

四月廿五日朝松平周防守宅ゟ銘々家來呼可達覺

松平因幡守

松平土佐守

伊達遠江守

宗　對馬守

毛利大膳父子始

御裁許ニ付而も赤坂今井村元吉川監物抱屋敷ニ被差置候同人家來共御
差戻相成候筈尤船ニ而被差遣候ニ付船中爲警衞重立候家來差添藝州廣
島表迄差送同所小笠原壹岐守旅宿江相屆差圖請候樣家來江可申付候尤
御取締之爲ゞ御徒目付壹人乘組候積ニ候間委細之儀も大目付御目付可
承合候

水野出羽守
津輕式部少輔
戸田淡路守

毛利大膳父子初
御裁許ニ付而も元陸軍所ニ被差置候毛利大膳家來共御差戻相成候筈尤
船ニ而以下同文言

秋元但馬守
板倉主計頭

同文言　去々子年其方共に被御預置候毛利淡路家來共

關　伊勢守
加藤遠江守
竹腰龍若

同文言　毛利左京家來共

木下飛驒守

同文言　毛利讃岐家來共

堀田攝津守

右之通御達有之尤翌廿六日御徒目付銘々家來に立合前条之通銘々家來に而相達候由

右ニ付五月十日比江戸表ゟ御軍艦ニ而出帆ニ而相成可申哉万端伺中ニ

御座候

欠マヽ

○　宅ニ酒井飛驒守家來呼達之覺

別冊竝横文字書翰酒井飛驒守ニ相贈候趣ニ而佛國海軍士官ゟ差出候ニ付飜譯書相添相達候旨宅ニ飛驒守家來呼可渡事

佛國海軍士官ゟ差出候書翰寫

於巴里斯

千八百六十六年四月十七日

海軍ミニストル館

君

壯美なる貴國日本を余發セし以來江戸并横濱よくセシラミス船中余ニ厚意之所置有之事も余末永く忘却せさる所なり余ら親睦之情を台下ニ通知せんことをインセンニール、ウヱルニー君ニ諧ひ我陸軍兵士之官服各様を画きし小冊受納あらん事を願ふ是ハ余嘗而セシラミス船中に來訪せられし節余同伴之榮を得たる台下之令郎君に展示せると台下ニおゐても喜び給ハんと余思へりウヱルニー君も愈事業ニ取掛る事なきハ横須賀製造場おゐて諸船も修復し且裝鉄船をも造築するを得るの期遠からずと余望めり余おゐても唯其初端を開きしのミなき共絶へぜ此大事業ニ付貴國政府ハ幇扶をいたさる事大慶之貴國之寛大なして且慧敏文明なる政治を以て國帝の勢を賑ハしめ我等との交誼を全して宏麗なる貴國と富を尙盛大ないたさきん様余ニおゐても深く祈る所之余か愼敬之意を信し給ひ且台下之忠僕《本ノマヽ》なるの榮あり

日本ニ在ルフレガツト

セシラミス船指揮官

カヒタインーウヱリー官デキリヲ

上書
プリンス
サカイ閣下江

佛國海軍士差出横文
字書翰同飜譯書
佛國陸軍之兵士官服
各様画一冊

右五月廿日持歸同夕
宅江留守居呼渡ス

○寅四月十五日於大坂板倉伊賀守殿江薩藩ゟ差出候書付
即今内外危急之時勢《イ節》防長《イ長防》御所置之儀其當否依《イリ而》
皇國之御興廢ニ相拘り候重事ニ而實以不容易御儀ニ候《イ処》追々御達之趣茂
被爲在猶又來ル廿一日迄ニ大膳父子等被召呼若今度御請不仕候へも

御討入ニ相成候ニ付其旨相心得御差圖奉待候樣被
仰渡候趣承知仕候一昨年尾張前大納言樣《イ殿》爲(イナシ)御惣督御差向伏罪之筋相立
解兵迄相成候処却而御譴責同樣之御都合ニ而就中神速　御上洛之
朝命御受無之而已ならす改而不容易企有之由を以　御再征被　仰出
御進發相成終ニ今日ニ立至り　御討入之時宜ニ相成候而も天下之乱階
被爲開候事實ニ明白成事ニ御座候從
朝廷時勢《イ世》相應之御所置を以寛典ニ被處候御趣意被爲在候処　御奉戴無
之由傳聞仕天下衆人物議喧々不堪聞次第ニ御座候征伐も天下之重典國
家之大事後世青史ニ不耻名分大義判然相立其罪を鳴らし令を不聞して
四方響應致し候樣無之候而も至當とハ難申《イ出》凶器妄ニ不可動之大戒も有
之當節天下之耳目相開候故《イ而己》無名を以兵機不可振も顯然明白《イ著》なる譯ニ御
座候況や國人不可討と謂ニ於てハ却而撥乱濟世之
御職掌ニ而動搖を被釀出候場合ニ相當り候。前《衍》條天理ニ相戻り候戰闘於

大義御請難仕假令出兵之命令承知仕候共不得止御斷申上候間虚心を以
御聞屆被下候樣奉願候条右之趣京都詰重役共ゟ申上候樣申越候付此段
申上候以上

四月十五日　　松平修理大夫内
木場傳内

右於京都傳奏衆ゟ差出ニ相成申候由

○四月廿八日大坂御城帳

一伊賀守諸向ゟ相觸候趣
兼而被　仰出義有之候処近比無挑灯ニ而夜行いたし候者も有之哉ニ
相聞如何之事ニ候已來家來末々至迄挑灯相用萬一心得違之者有之お
ゐてハ可為曲事候

四月

○五月六日

一去ル朔日藝州廣島表國泰寺おゐて名代之者共ゟ小笠原壹岐守

御裁許申渡書付之寫

毛利左京名代 毛利伊織
毛利淡路名代 福間式部
毛利讃岐名代 平野郷右衛門
吉川監物名代 金田靫負
毛利大膳
毛利長門
毛利興丸

毛利大膳毛利長門家政向不行届家來之者黒印之軍令状所持
禁闕江發砲候条不恐
天朝所業不届至極ニ付可被處嚴科処任用失人益田右衛介福原越後國司
信濃於出先条々之主意取失及暴動候段罪科難遁深恐入三人之首級備實検
猶參謀之者共斬首申付寺院蟄居相愼罷在候旨自判之書面を以申立其後

御疑惑之件々相聞候付大目付御目付を以御糺問之趣弥恭順謹愼罷在候
段申立之趣御聞届相成候得共元來臣下締御之道を失ひ家來之者至犯
朝敵之罪候段其科不輕不埒之至候乍去祖先巳來之勤功を被
思召格別寛太之
御主意を以
御奏聞之上高之内拾万石被　召上大膳ハ蟄居隱居長門ハ永蟄居被
仰付爲家督興丸ゟ貳拾六萬九千四百拾壹石被下候家來右衞門介越後信
濃家名之儀ハ永世可爲斷絶旨被
仰出候

毛利伊織
福間式部
平野郷右衞門
金田靫負

今般申渡候
御裁許之趣早々歸國いたし主人ゟ申達候上來ル廿日迄大膳初夫々御請
差出候樣可申達候
五月
○左之通御觸
毛利大膳父子
御裁許御請書差出候期限當月廿九日まて御猶豫被
仰出候樣去ル十九日藝州おもておゐて吉川監物ゟ願書差出右願之通
御猶豫之儀等松平安藝守ゟ御達相成候間來ル廿九日期限ニ至り請書
不差出節ハ問罪之師被差向候間弥來月五日諸手一同討入候樣可致候
尤請書差出候ハヽ速ニ相達ニ而可有之旨口々討手一之先二之見之面
々ゟ相達候旨板倉伊賀守殿ゟ御達有之候
右之趣爲心得在尾州在坂之輩ゟ可被相達候

五月

○六月四日大坂御城書ニ

御進發懸り御目付ゟ伊賀守申渡之寫

壹岐守事九州路爲指揮一昨二日藝州出帆小倉表〻相越候段申越候間爲

心得相達候御供萬石以上已下之面々〻可被達候

○大坂御城帳拔書

五月十七日

一美濃守ゟ相達候書付寫

毛利大膳父子　御裁許万一及違背御討入相成候節も四國九州討手之面

々一方之爲指揮老中若年寄之内出張可有之候間御供萬石以上以下之面

々〻可被達候事

酒井河内守

同廿日

備中倉敷乱妨之徒鎮靜相成候ニ付其方儀此節登坂可被致候且又倉敷表之儀ハ松平備前守ゟ人數差出候樣相達候間同所江分配致し置其方人數ハ備前守人數と代り合引揚候樣可被致候

右之通去ル十七日美濃守宅江留守居呼出し相達候由

○江戸御城帳拔書

五月九日周防守ゟ申達之趣

西洋銃隊調練之儀ハ外國之利器要術を採御國之御武備一際御嚴整ニ可被遊旨御趣意を以先年中より御世話も有之事ニ付右御趣意相心得勉勵可致ハ勿論ニ候得共近來習練之道實理を失ひ虚飾ニ流レ兎角新奇を好ミ自己之工夫才取交遊戯同樣之擧動致し又ハ從來之御制度も不顧外國人ニ齋〔齊カ〕き服を著用候向も有之哉ニ相聞漸々士風をも破り且一躰之御趣意ニも相振レ以之外之事ニ候以來形容ニ不拘眞實ニ修行致シ筒袖陣股引之類異樣之仕立并花美之品一切相止都而陣服類稽古之外平常猥ニ著

用之儀不相成若心得違之者有之候ハヽ急度御沙汰可有之候条其旨可被
心得候
右之趣向々ニ不洩様可被相觸候
十日
　　　　　　　　　　　　　　　　松平加賀守
宰相被　仰付之
十一日
　　　　　　　　　　　　　　　　松平加賀守
其方儀未昇進之御沙汰難被及筋ニ候得共父中納言數年格別精勤其上
御續柄別段之
思召を以今度宰相被　仰付候事ニ付出格之儀と可被心得候
右昨日和泉守申渡候由
○
五月十五日出廿一日著大坂來簡同廿二日出書類共

當月七日比ゟ兎角雨天引續込り入申候追々申上候通諸色至而高直ニ而當時百文ニ上白米壹合四勺より下白六七勺迄酒ハ一升七百三四拾文いたし餘り高直ニ而下々之者難澁と相見昨十四日朝五時何國共なく人數凡壹萬人程難澁躰之者大坂中町々米屋へ押入玄白之無差別乱妨同樣ニ而理不盡ニ米一升貳百文ツヽ差置又も取迯之者數多有之或ハ酒屋江も右同樣之所業ニ及ひ酒壹升ニ百文ツヽ差置是又取迯之者澤山有之彼是拒候米屋酒屋ハ家を打潰し候樣申聞候付無據賣切ニ相成候趣申聞候へ裏土藏江押入俵等持出し迯去候よし鴻池江ハ凡三千人程押入壹人ニ付金子五両ツヽ借用致度旨申聞左も無之候得も家を打潰可申旨懸合ニ及ひ候由阿治川邊ニも竹鎗持候者三百人程固メ居候趣在坂方江注進有之候付在坂方ゟ玉屋ばし御藏江御人數御固有之私共米屋酒屋才見物參候処軍同樣ニ御座候右ニ付町中店々不殘戸を〆罷在殊之外騒動ニ御座候

公邊よりも今朝迄ハ何之御構無之哉是先ハ如何相成候哉町々米屋共ゟ右之次第屆出申候且五石程取出し錢貳貫九百文程請取候も有之七八石取出し壹朱と貳貫八百文請取候も有之四拾五石程取出し候茂有之米屋酒屋之内ニ而彼是申聞候者家十七八軒も取潰候由右米屋ニ參り候者町々群集いたし火事場同様ニ御座候何れ茂風呂敷又ハ袋桶類持參いたし男女小兒之無差別夥敷事ニ御座候右之躰ニ而ハ夜分ニハ火附強盗之程も難計と町々ニ而ハ驚入心配いたし居候

五月十五日

右一件ニ付同廿二日

御城ニ而承候へハ右乱妨人之内七八十人大坂町奉行所へ御召捕御吟味御尋之処何れ茂米穀を初各別高直ニ而一統暮方ニ込り候付無據夫々米屋ニ無心ニ參り候旨申聞候由夫ニ付而ハ發徒人可有之候間其發徒人可申上旨　御沙汰之処何レも御請ニハ其發徒人と申ハ當　御城之内ニ御

出有之候間
御城内御吟味被下候様申上候由ニ而手ヶ附不申由ニ相話承り申候
一長州ゟ御請之義廿日も相過候付何方も同し事相待候処去ル朔日藝地ニ而名代之者ハ被仰渡候上名代之者申上候ニハ十万石御引上之儀ハ私共おゐてハ御尤奉存候得共歸國之上申聞候上若哉奇兵隊之方承引之程無覺束旨申聞候由右奇兵隊ハ至而手强く先達而大目付御目付ハも各別强キ理解之上書も出し置候由江戸屋敷初取毀ホ之儀も寛大之御所置ニ無之ホ種々理解有之由ニ御座候何卒早行平穏
還御之程奉祈候
○西筋模様聞書
一長州名代之者　御裁許之趣歸國之上大膳父子并分家又一家中ハ夜及披露候由之処奇兵隊中々承引不致高之内十万石御引揚を立腹いたし候哉何レ此分ニ而差置かさた旨申候而戰爭ニも可及心得ニ而既ニ先手繰出

候由ニも風聞致し藝地出張之小笠原壹岐守殿ゟ井伊侯榊原侯初出張之
面々井
公邊御人數ホ長州領藝州領之境迄人數繰出しニ相成嚴重之御警衛有之
との風聞承り候事
一紀州樣ゟ御用向ニ付爲　御使御用人津田監物御目付野口駒五郎義近々
大坂表發足此表江罷下候筈ニ付旅宿御手當ホ被　仰談候事
但　前樣江紀州樣ゟ御直書參り候との御事いつれ長州御片付行屆兼
候御一条歟ニ噂御座候
一五月十七日　御沙汰書之通　御討入相成候節ハ四國九州討手之面々一
方之爲指揮御老中若年寄之内出張猶
御進發之御模樣專御調之由ニ相聞何分先方ゟ仕懸參り候而も無是非御
討入可相成哉實ニ込り入候形勢ニ相成申候
右も五月廿七日夜承候事

○五月朔日於廣島國泰寺
一御所置之趣申渡

毛利大膳
毛利長門
毛利興丸

別段申渡

毛利興丸

今度祖先之舊功を被　思召其方江家督被下候上も如前々長州藩江居城致し大膳長門儀同所江差置毛利左京毛利淡路毛利讃岐吉川監物江万事相委子家政一新領内鎭靜致シ父祖之舊愆を補候樣心掛專可被抽忠勤候
右之趣本家宍戸備後介當日病氣ニ而不罷出候付末家吉川家來名代之者四人江申渡有之

毛利左京名代
毛利伊織

毛利淡路名代　福間式部
毛利讃岐名代　平野郷右衛門

今度大膳父子御咎被　仰付且興丸ニ家督被下候条得其意其方共并吉川監物一同申談家政向引請宗家扶翼領内を鎮静致し後來決ゟ御苦労不相成急度取締相立候様可被励忠勤候

吉川監物名代　今田靭負

同文言重立引請宗家

右之外ニ申渡三四通有之略之

同日

松平安藝守ニ

宍戸備後介
小田村察《本ノマヽ》四郎

右之者共御用有之候問暫滞藝候様可被相達候

五月

（原朱）〔欄外ニ〕

此両人ハ奇兵隊之内ゟ撰出來り候風聞

五月九日両人共宿寺ニ公役人踏込御召捕藝州侯ニ御預ケ相成

五月十日

松平安藝守ニ

宍戸備後介

小田村察四郎

備後介義ハ寂早名代之御用無之候両人共御不審之廉有之候ニ付其方ニ被成御預候間得其意取締向之義厚可被申付候

（原朱）〔欄外ニ〕

「宍戸備後介ハ本名山縣小助と申由

一五月十九日吉川監物ゟ使者を以當月廿九日迄御請日延願出候事

(原朱)按ニ周南孝孺ノ子孫欽周南ハ徂徠門人ニテ長州明倫館創建ノ時教授官タリ通稱山縣少助ト云

○御城帳

五月廿三日

御先手
本間彈正
大屋頼母
組共

同廿四日

右藝州表ゟ罷越候付　御目見被　仰付

酒井河内守

右昨夕著坂ニ付爲伺御機嫌登　城

同廿五日

紀州様此度之討手之面々爲先鋒御惣督先藝州廣島表ゟ來月五日迄ニ御

出張被遊候樣被仰出之趣昨夕御家老呼出稻葉美濃守ゟ書取相渡候由

松平伯耆守

廣島表ニ紀伊殿御出張之節差添被差遣候旨被

仰出

京極主膳正

四國九州討手之面々ニ爲御取締被差遣候旨昨夕於奥美濃守相達之

一御進發掛り御目付ゟ板倉伊賀守申渡候由ニ而書付三通

去ル十九日藝州表ニおゐて吉川監物ゟ差出候書面并松平安藝守ニ相達候書付寫相達候間得其意來ル廿九日期限ニ至り請書不差出節ハ問罪之師被差向候間弥來月五日諸手一同討入候樣可被致候尤請書差出候ハヽ速ニ相達候・（ニ脱カ）而可有之候右之通り口々討手一之先二之見面々ニ相達候間此段爲心得御供万石以上以下之面々ニ可被達候

五月

松平安藝守

毛利大膳父子

御裁許申渡右請書差出候期限差延候義難相成筈ニ候得共此度吉川監物差出候書面之趣無余義相聞候間願之通來ル廿九日迄猶豫之儀承屆候万一期限迄請書不差出節ハ即

御裁許違背ニ付速ニ問罪之師御差向被成候間此段可被達候

五月

本家毛利大膳父子

御裁許并末家中ニ被　仰渡之趣去ル朔日於廣島表末家名代之者ニ御達御座候段彼是奉恐入候然ニ闔國士民之情狀中々以私式容易說諭行屆候義無覺束次第ハ已ニ名代共ゟ申上候由ニ候得共猶毛利左京始共申合度義も御座候処名代之者歸邑掛ケ途中不都合之儀も有之漸此節罷歸候旁道路掛隔之場所柄迅速申談之都合難出來甚以痛心罷在申候

就而ハ不取敢私ゟ御願申出候間微衷之程御亮察被成下此上奉恐入候
得共當月廿日迄御期限何卒格別之　御沙汰を以當月廿九日迄御猶豫
被　仰付被下候樣
公邊ニ向ケ宜御執成之程偏ニ奉歎願候以上

五月十八日

吉川監物

五月廿六日

一松平伯耆守今朝御軍艦ニ而藝州表ニ發途

大坂御定番 保科彈正忠

若年寄被　仰付

同加番 本多肥後守

大坂御定番被　仰付

右於　御前被　仰含之

保科彈正忠

御進發御供被　仰付　　　　　同　人

座順之義増山對馬守次ヽ被　仰出候

同廿七日

一紀州樣ゟ美濃守ヽ御達書

紀州殿藝州表ヽ發向ニ付海陸ニ而昨廿日ゟ追々人數繰出し候義御座

候此段申達候樣被申付候

右承知仕候旨御同朋頭を以申聞候　　　　　紀伊中納言殿

明廿八日

御對顏可被遊候間例刻御登

城被成候樣可申上候事

一成瀨隼人正義登

城於牡丹之間美濃守ゟ御用談
　但御用品相分不申候
廿八日
紀州様御登
城御用部屋ゟ御通被遊御老中ゟ御逢當日ニ付御機嫌御伺被遊畢而御老
中罷出
御對顔被遊旨申上之
一公方様御座之間御上段御著座

紀　州　様

右御出席
御對顔藝州廣島表ゟ御出張被遊候付
御懇之　上意有之御陣羽織御麾御拜領被遊御老中御取合及ひ御退去御
用部屋おゐて御老中ゟ御逢廉々之御礼被　仰述

右相濟ゐ再御休息所おゐて
御對顔御貳度目御取分ニゐ御膳御酒被進并思召を以御檜重一折御拜領
被遊右御礼御側衆ゟ被　仰述御退出被遊候

一御目付ゟ相達候書付之寫
講武所砲術方巡邏被
仰付候ニ付
御三家方ゟ途中ニゐ御行合申候節歩兵同様片寄筒相立兵隊附属役々共
笠相用候儘御警衛之格ニゐ御會釋不爲仕旨講武所奉行申聞候間此段申
達置候事
　五月　戸川鉡三郎
同廿九日
一美濃守座順之義伯耆守次与被
仰出

□□〔虫損〕朔日

一京極主膳正明日發途御軍艦ニ而藝州表ニ相越御目付松浦越中守同助木原兵一郎附添相越

同二日

□□〔虫損〕□通御觸出ル

□〔虫損〕般長防御征伐ニ付藝州表ニ軍勢出張米穀諸品共拂底之趣ニ相聞候間土地有餘之分ハ可成丈彼地ニ積送り商人共相對を以賣渡候樣可致候右之通中國四國西國北國筋御料ハ御代官私領ハ領主地頭ゟ不洩樣早々可被相觸候

六月

一紀州樣御城附之者ニ相渡候書付寫

紀伊殿御出張之儀期限後御著藝相成候樣ニ而ハ何分ニも御不都合ニ有之候間御手船著坂候ハヽ一刻も御早く御出藝被成候樣可申上候事

□□（虫損）様未中刻大廣間江　出御

右藝州路江相越候付　御目見被　仰付

別手組頭取取締役　鈴木猪三郎

一紀州様今朝六半時之御供揃ニ而御出張被遊候

一公方様未中刻大廣間へ　出御

御持頭　加藤織之助

曾我主水組共

石坂弥次右衛門組共

右藝州表江罷越候付

御目付被　仰付

□□（虫損）牧野若狭守今朝藝州ゟ著坂直様登

城仕候ニ付彼地模様内々及探索候処尓と致候義ハ相分不申候へ共毛利

左京初末家共吉川監物ゟ書面差出候由□□（虫損）大意ハ抑攘夷之義を發端ニ

致し夫々段々始末書并へ此程□□□□（虫損）趣ニ而も四民共屈伏不仕候ニ付段々説諭致候へ共聞入不申何れニ茂四民共感伏仕候様寛大之御所置被仰出候様左茂無之ハ寂早死を決し候外無之随而期限之通受書も指出不申旨左京初監物ゟ長文之書面去月廿五日藝州コバ村ト申所迄激徒共之内持參松平安藝守家來迄指出候哉之趣ニ相聞候へ共右之儀も御聞入無之弥來ル五日ニハ御討入相成哉之御模様ニ相聞申候

六月朔日

○去月廿三日藝州表おゐて左之趣有之由

一長州騎（マヽ）兵隊と申組長藝國迄凡六萬騎計ニ而押寄候付其趣夫々ゟ御注進有之候間作州様ゟ一ノ手二ノ手三ノ手迄御繰出シ唐津様ゟも一二三ノ手迄御繰出し彦根様ハ已前ゟ藝州城下ゟ三里程も長州地近クゟ御出張ニ相成居候処今般國境迄御出張之由

公義御役々之義も何々と申事相分不申候

一長州騎兵隊と申ハ巳前毛利家大家之時分ゟ御暇ニも不相成少之給米頂戴罷在候処何分此比（本ノマヽ）之義ニ而ハ候へ共只今ニ而も給米ハ無之□□（虫損）家之由ニ而此分多有之今般之義ニ付而も右之者共必死之□□（虫損）付騎兵隊と相唱申候義ニ御座候

一宍戸備後介義㝡前藝州表ゟ罷出一旦引取二度目罷出候節ハ追々□（虫損）聞行届候哉右備後と申ハ全く僞者之由露顯騎兵隊□□（虫損）頭立候者之由ニ付藝州表おゐて御召捕相成當時ハ番人□□（虫損）敷警衛之趣ニ御座候右之通昨四日夕方藝州飛脚相□□（虫損）戸田周平通行ニ付承り候処前顯之趣申聞候間此段□□（虫損）申上候
□□□（虫損）條ハ作州様御飛脚江川牧太郎様今津久三郎様御通行ニ而□□□（虫損）聞候右之趣昨夜ニ而奉申上候筈之処深更ニ至り承り候付猶又今朝相糺書取奉申上候

六月五日

○□□（虫損）隱岐守ゟ御達

去月廿六日長州より使者として木梨平之進と申者相見候ニ付□□□（虫損）外
引受候由右大意左之通
□□（虫損）御達之儀有之大膳父子出藝之　御沙汰ニ付爲名代□□（虫損）之内宍戸備
後介被差出候依而不遠御達可有之然ニ舊臘大小監察を以御糺問之節父
子情實并二州士民之情態不明亮之上夫々詳ニ被聞召候段御書下ケ相成
候ニ付頓ニ徹上㝡早平常之　御沙汰可有之儀と闔國渴望罷在候然ニ億
万一街說之如く闔國意外之御達品有之節も父子ニおゐてハ□□（虫損）承伏可
仕候得共猶士民ハ飽迄歎願ニ可及左もる時ハ定而御討入可相成其砌も
不得止臣子之分盡死力防戰之決心致し候ニ付自然右等之節ハ御領界人
數分配可致兵備間此段御隣接旁致吹聽候
右之通在所表ゟ申越候付御屆申上置候以上

龜井隱岐守内
神野　務

○五月廿四日大坂より

紀伊殿

家老衆ゟ

去ル十九日於藝州表吉川監物ゟ差出候書面并松平安藝守ゟ申達候書付寫相達候間得其意來ル廿九日期限ニ至請書不差出節ハ問罪之師被差向候間弥來月五日諸手一同討入候樣可被致候尤請書差出候ハヽ速ニ相達ニ而可有之候

五月

右之通口々討手一ノ先二ノ見之面々ゟ相達候ニ付而も紀伊中納言殿ニ而右日限迄ニ藝州廣島表ゟ御出張被成候樣可被申上候事

右ニ付紀州樣一番手人數廿五日蒸氣船ニ而出立相成右蒸氣船歸坂候ハヽ二番手六月朔日中納言樣御發途之趣

一藝州勢八千人程國境ゟ六月中比ゟ詰懸榊原井伊家も右同斷之趣

一先般四家家老本國ロ引取之節奇兵隊ニ妨ら（らカ）れ急速歸城不相成候ニ付御談も延引之由併實事不相分
（虫損）□月六日江戸ニ而誌

○（虫損）□月

一公方様今午下刻　出御

御使番　寛　助兵衛
土岐左近

右藝州路ロ軍目付被差遣候付
御目見被　仰付候

同　森　惣兵衛
芝山小兵衛

右同所松平伯耆守爲差添被差遣候付
御目見被　仰付

○六月□〔虫損〕日

一大目付御目付ゟ伊賀守申渡候由ニ而御城附共江一紙ニ而相達候書付寫

毛利興丸

一昨子年家來之者共京師江乱入
禁闕江發砲候条於大膳父子其罪難遁嚴科ニ茂可被仰付候処恐懼謝罪三家老之首級備實檢其後弥恭・〔順脱カ〕謹愼之趣ニ付　天幕之御主意を以格別寛典之
御裁許五月朔日申渡廿日を限御請書可差出旨之処廿九日まて猶豫之儀吉川監物ゟ願出候ニ付承届候処闔國士民疑惑欝憤切迫之情狀鎭撫難届旨を以此上猶寛大之　御沙汰被　仰出候樣三末家監物ゟ又候書面差出右期限ニ至り御請書不差出候是迄も至艱國情御斟酌恩威両道を以國家之大典被正候処終ニ御請不致候条
天幕之命を遵奉不致　御裁許違背不届至極ニ付問罪之師被差向候間此

旨可被相心得候尤硬命之ものを御誅鋤被成候　御主意ニ付無罪之細民末々之者ハ猥ニ動揺致間敷候
右之通松平安藝守を以毛利與丸并三末家吉川監物ヘ被達候間萬石以上以下之面々ヘ可被達候
六月
○六月六日
松平安藝守ゟ差出候
毛利大膳末家并家老共其外ゟ差出候書付寫
演說覺
今般　幕府ゟ
御裁許ニ關係致し候歎願書ハ決而御取次被成間敷旨被　仰出候段御通達被下候処從來國情徹上不仕而已ならす遂ニ斯迄被　仰出候而も下情益欝塞前日ニ倍蓰仕說諭之手段も無之忽沸乱を促し遂ニ天下之禍端を

啓候事必然之勢ニ付祖先已來之唇齒之御交誼敝藩窮厄御躰察被下是非
共　幕府向今一應御盡力別紙之次第御取計被下候樣主人共〻伏而奉
願候事ニ御座候就而ハ江波湊ニ罷在何分之御沙汰可奉待筈之処被爲於
御尊藩候而も御混雜之儀且兩國人心沸騰之折柄懸念之筋も御座候ニ付
岩國新湊迄引取
御沙汰奉待候

（以下七行原朱）
〔欄外〕

一御目付より伊賀守諸向江申渡候書付寫

毛利大膳父子
御裁許申渡候処末家其外等歎願松平安藝守を以差出候へ共兼而同
人江申達置候趣も有之候付右歎願書ハ差戻候樣安藝守江相達候間
爲心得相達候尤指戻候書面寫別冊之通候間是又爲心得相達候
右之通御供万石以上以下之面々江可被達候

今般宗家
御裁許之趣私共ゟ大膳父子與丸ニ可申達と之御旨尚國内鎮撫筋盡力仕候処御地迄差出候名代之家老御達被爲在候処全躰宗家三老宍戸備後助爲其一途差出候得共此者ハ社可被　仰付之処其儀無御座剰滞在被　仰付驚惑之至り奉存候殊ニ國内切迫之情状も兼而申上置候通ニ付右之御次第柄傳承仕名代之家老共之歸途を遮り候故暫高森驛滞在仕僅（本ノマヽ）ニ一先歸宅仕候仕合ニ御座候就而も末家中申合度候得共彼是隙取期限余日無御座候ニ付不取敢監物ゟ廿九日迄期限御猶豫相願置鎮撫方之儀も精々談合取懸り候内願書之趣御許容被遂難有仕合奉存候前（本ノマヽ）与申合盡力仕見候得共從來之士民ニおゐてハ大膳父子奉
天旨竭臣分無地之御事ニ奮勵感激仕居今般不容易御達書之趣有之由追々傳聞仕如何之御次第哉と疑惑憂憤不一方切迫之情別紙之通歎願申出當宗家家老共ゟも末家中ハ願出筋實ニ無余儀情實有之加之宗家名代宍

戸備後助御預ヶ相成候由傳聞仕候ニ付而も又候一層之悲憤を増し殊更説論鎮撫其方便ニ絶へ何共不得心之次第於私茂□□□（虫損）是非徹上不仕候而も不相叶奉存候然ニ前段情態罷在候を只管　台命服膺而已ニ心附御威權を仮り無理ニ押付候節ハ忽國内沸乱ニ立至り候ハ必然ニ有之私共支封之分として内も宗家始沸乱之勢を啓き外ハ天下騒擾之端を成候而ハ祖先之微功不被爲棄厚キ

御主意ニ茂相戻り何とも不相濟儀ニ而即國内鎮撫盡力仕候様与之　御趣意ニ相背弥以奉恐入候義ニ奉存候窮厄之御事御酌取被　仰付何卒天地天地廣大之御度量を以上下感服仕候様

御寛大之御沙汰被　仰出被下候様奉歎願候

右之次第ニ付而も私共江御達筋之儀茂于今兎角之御請申上候様難仕奉恐入候此段

幕府向江宜様御執成被成下度奉懇願候以上

五月廿五日

毛利左京
毛利淡路
毛利讃岐
吉川監物

嘉永度外夷之御所置よりして　御國威日ニ陵夷し人心不服之機有之候ニ付　御父子様深心苦慮被爲在　幕府ニ
叡慮御遵奉御示誨之御所置被爲在度段御建白被爲成候得共　公武之御間御齟齬之趣有之遂ニ戊午已來異常之變を釀し内憂外患
皇國未曾有之御大事ニ付御嘗《本ノマヽ》観不被忍辛酉之歳又々御建言何分ニ者
幕府於ゝ今一際
叡慮御遵奉御盡力相成天下之疑惑を解キ上下御一致御示誨之御策被爲
立度猶又　大樹公　御上洛
敕諚台命を以　御國是天下ニ御布告有之度段をも被　仰上候処御採用

之上　台諭を以　御上京
叡慮御伺之処下田条約於關東被爲濟候上言上嘆　思召
敕許ニ而も無之其後自關東拒絕堅固御約定且至當時仮條約をも御破却
御拒絕被遊度　思食候との御事右も
皇妹御東下之節五ヶ年乃至七八年ニハ諸夷盡掃攘可被安
宸襟候との御誓書閣老御連名ニ而被差出候御事右才之御次第を以
叡慮台意共攘夷御確定之段此時初而御伺定相成候段ハ連々御末家様方
は御通達相成候通ニ有之終ニ　大樹公　御上洛君御神明ニ被爲誓
敕諚台命を以攘夷御布告ニ相成候段ハ固ゟ御承知被爲在候御事ニ候
御父子樣ニ於而も御感激ニ不被爲堪聊藩屛之御任御身家を以大難ニ被
爲當度攘夷御魁被爲成辱も　幕府ニおゐてハ齟齬之御取扱被　仰出續
而京都御差停ニ相成從來　御父子樣御心志を被爲勞開鎖二途ハ
皇國重大之事ニ付前件御伺定之通

叡慮御遵奉　台旨御承順被爲成候而一箇御私見を以御去就不被爲成ハ顯然之事ニ有之候処一旦如此御次第ニ相成下々ニおゐてハ一統疑惑憂憤之余り　闕下近く歎願仕度不得止之心事より脫走之變ニ立至り其砌外夷大擧致襲來候処前斷次第ニ付奉

敕攘夷も一變して一己私鬪之姿ニ相成無余義一先止戰之御取計ニ而被爲及御愼被　仰出候折柄御官位御稱號被　召上東西御邸被取毀尙而只管續年御誠意御徹上被成度同列之者以下數人を以　闕下不敬之罪をも被謝尾州督府御陣拂相成候処又候　大樹公　御進發ニ相成大坂表ニ同列之者罷出候樣御達有之其後大小監察御下藝

天朝幕府之御耳目として御尋問之上一々國情民心御落意御承知相成候処今日ニ至り候而意外之御達被　仰出此度御名代衆ニ御渡相成候由承知仕一統驚愕悲歎人心（イ情）恟々罷居別紙之通申出別而私共不肖重役之者御父子樣かくまて御寃枉（マヽ）被爲蒙候義を不能奉雪候而ハ上ハ　御先君樣ニ

申譯無之下ハ衆人之鎮撫制馭決して不相叶生を天地之間ニ容るゝ所無之此上も一死之外無御座候實ニ臣等切迫之情不自禁狂《マヽ》而奉哀號候間何卒正大至當之処を以斷然御所置上ハ

御先君樣ニ被爲安下ハ二州生民を御救筋被成下候樣泣血奉懇願候謹白

丙寅

五月　　　　御家老中

謹而奉申上候事

乍恐　御兩殿樣多年之御忠誠一朝湮滅仕候而已ならす爾來　御國難相連候処　御冤罪を雪御鴻恩之萬一ニ奉報候事ハ不相成生を偸ミ日を曠《ムナシ》く仕候義多罪之至り誠以奉恐入候然処今般又々不容易　御沙汰振被

仰出候由實々驚愕悲泣之至りニ堪不申候抑癸丑以來外夷之御所置なして　皇威日々陵遲人心不服屢內難をも生し候次第ニ候　御兩殿樣を被

為悲深く御力を　公武之間ニ被爲竭
敕諚台命御遵奉日夜ニ勉勵被遊候処豈圖讒構百出御寃罪次第ニ相増候
故臣子之至情切迫之餘甲子之變ニ立至り候へ共全以
朝廷ニ奉對不遜之心底毫末も無之段も天地鬼神も知る所ニ有之候処事
柄不敬ニ渡り候を以く奉恐入候次第ニ付國家之汚辱をも不被爲顧柱石
之臣を罪ニ處せらせ　御両殿様御恭順之御誠意を
天朝幕府ハ御露呈被爲成候御事ニ有之候処如何之浮說御取用相成候哉
却而　將軍家御進發ニ相成其後
天幕之御耳目として三監察藝州御下向國情民心委曲御領掌相成候段被
仰聞候付而ハ御誠意貫徹之時可有之奉存候処又候今日之形勢ニ相成候
ハ實ニ上天覆育之　御聖意ニハ決而無之御事是偏ニ是非曲直を不問只
管二州必滅之定算を暗ニ贊成仕候向有之故ニ候冣早如何様御誠意を被
爲盡候共決而御採酌も無之与奉存候然処　御両殿様兼而　御奉上之御

志厚く被爲渡候へ共抂而其指令之通寸土をも削り小責を御請被爲成候様之儀とも御座候而も却而御名義も不相立一歩を退候も一歩を進め遂ニ二州御泯滅ニ至り御罪名のミ天下萬世ニ遺り人々差《マヽ》笑を被爲招候事必定ニ而誠ニ不堪苦慮痛念之至ニ奉存候然も此御大難ニ當り候而も如何ニ候其宜を不被失様其力を被盡社稷を御衛護無之而も上も御祖先之神怒を被蒙下ハ二州士民決而其怒を歸せる所可有之奉存候私共是迄生を偸ミ日を曠し何共無申譯此度一統議決仕候処有之仮令　台旨ニ出候而も上件之通不條理成御沙汰有之節も誓而奉命不仕奉存候ニ付乍恐兼而申上置候恐惶敬白

丙寅　五月　長防　士民中

○丙寅四月廿二日迄ニ長州人罷出候面々西寺町旅宿　上下四十八人

家老　宍戸備後介　徳應寺

用人　小田村素太郎　上下拾五人　善正寺
赤川又太郎　上下七人　同
佐伯太郎右衛門　下壹人　同
松良　此人桂老臣歟
松村玄仲　眞行寺
河崎武兵衛　上下七人
仲取方役人　三人
〆七拾三人
長府家老　毛利伊織　上下五拾七人　元成寺
金子蔀　四人
徳山家老　福間式部　上下五拾七人　圓龍寺
飯田市左衛門　二人
清末家老　平田郷右衛門　上下廿五人　常圓寺

片見小次郎　四　人
岩國家老　今田靫負　上下五拾人
用人　目賀田彦助
〆人數百八十九人
惣〆貳百六拾貳人
右五月朔日何れも國泰寺ニ罷出御所置被
仰渡前ニ有之
一同月二日三末家幷監物名代四人之者ゟ私共之如キ卑賤之者ニ如件御大事件承候而ハ深く恐入候義ニ付備後介義ハ宗家之名代之義ニ候間同人ニ被
仰渡候樣仕度との義藝藩ニ向歎願候処閣老ニ而其儀も御聞濟難相成筋有之ニ付御差戻ニ相成候処三末家名代之者ゟ筋とハ如何樣之御儀ニ御座候哉奉伺度旨申出候ニ付藝藩寺尾生十郎ゟ種々説得ニ及ひ右も承知

いゑし候由右等之次第ニ而彼是遲滯いゑし四日ニ及候へ共三末家并監物名代之者歸國之催も無之ニ付閣老ゟ藝藩ニ被仰付今日中是非出立致し候樣被仰渡候処其夜もゴテ〳〵致し翌五日拂曉出立ニ相成候其節も又一書差出し何レ後々ゟ歎願仕候義も可有御座候其節御採用被成下度ト云大意之書面之由□□（虫損）閣老ゟ御附紙ニ而藝州侯ニ向御下ケ相成候其御付紙之御趣意ハ□□□（虫損）御裁許向之儀ニ付而も御聞届難相成との由右御附紙寺尾生十郎持參岩國迄一同罷越半ハ說得半も國情探索之爲ニ御座候由同六日出立同十一日歸藝致し候岩國表事情左之通

○生十郎岩國表よて其藩人ニ追々出逢十日夜ハ監物と面會可致との約定ニ相成至極よき都合ニ相運ひらけ候処其夕備後介被召捕候との報告有一藩大騷動致し候ニ付寺尾も何事ゑらんと僕を遣し樣子窺ハせ候処正敷備後介を御召捕ニ相成との由口々ニ申居其內ニ備後介馬抔も歸り來り申候との噂も有之右之風聞傳承候得共其夜約定之通監物ニ面會を

相促し候処彼藩用人罷出申候ニハ備後介御召捕相成候上ハ速ニ御討入被成候哉も難計是迄折角御懇談相願候へ共盡力之術無之ニ付今日ゟ先ハ少も御談申上らさく候との返答ニ付同廿一日寺尾歸國ニ相成候尤彼騒立候ハ備後介被召捕候と心得違ゟ之事と相見候依之猶又藝藩ゟ十二日使者相遣し備後介ハ藝藩ニ御預ケ相成御召捕ニも無之御尋之義有之との御趣意ニ付総而士分之御取扱振を通達之為先使者被差立候由ニ御座候

一五月九日宍戸備後介小田村両人ニ永井主水正様牧野若狭守様ゟ御糺之筋有之ニ付國泰寺ニ朝五時可罷出様前夜藝藩を以御達相成候処一應御請申上置翌朝ニ至不快之旨ニ而御斷申上素太郎計可罷出旨藝藩を以申出候ニ付是非共病を押而罷出候様ニと彼是御往復八時ニ至り如何ニ候不罷出模様ニ付陸軍局ニ御申付歩兵を以彼宿寺を御圍被成宿寺内ニ別手組御持小筒組ニ而踏入御徒目付御小人目付ゟ口達ニ而其方共義御

不審之筋有之ニ付松平安藝守ゟ御預相成候との旨御申渡両人御請之上駕籠ニ乗セ晩方閣老御旅館ゟ御引取相成候尤途中別手組御持小筒組ニ而嚴重警衛有之候

但備後介家來共ハ其夜引取候樣ニとの御達ニ付翌十日拂曉一人も不殘歸國いたし候尤両人之者ハ藝州役人ゟ十日御引渡ニ相成申候

備後介よハ右樣之儀を早く察しゐるや離別の酒宴を設ケ候よし中ニも備後介ゟ切腹を□□□（虫損）者も有之由相聞候御踏込之節もまゞ酒宴中ニ有之候由

□□（虫損）備後介小田村素太郎御召捕藝藩ゟ御預ケ之事本名山縣半藏ニ而御召捕ニも無之宍戸備後介ニ而御預ニ相成候依之家老一門之格式も有之御丁寧ニ被成藝藩ニ而も吟味役所之近地ニ新規家作被申付諸賄手を盡し□□□（虫損）の蚊帳絹夜具ニ而三度之御料理御丁寧饗應有之候よし

同十日藝藩執政辻將曹御咎被　仰出愼セ置候樣閣老ゟ御沙汰ニ付閉門

謹愼罷在右ニ付藝藩國情騷然數通之建白書面差出候由尤學校之社中ゟ强く申立候由其趣意ハ家老両人迄御咎ニ相成候義ハ如何樣之罪有く之御事欤不可計知候得共街説流言にも過境上坂いたし不都合ニ付而之義故と申觸候由然上ハ全く両人之不都合而已ニも無之畢竟君上江御沙汰之次第有之哉難計然処君上ニも毛頭御誤ハ無之筈御上坂御催之儀ハ上朝廷幕府下ハ刀民之爲を被　思召候而之御儀ニ候得も公明正大少しも右ホ之御沙汰被爲受候義無之筈辻將曹御咎之御趣意若一右ニ關係之事ニ無之長防御所置向ニ而備後介なと荷擔いたし不都合之儀於有之ハ上之御苦勞ニ預らふれ我々共右両人を糺問致し誅戮を加へ可申候且又全く右両条共ニ如此自己之計ふひニ而無之專ら御爲を存込周旋盡力仕候義却而御嫌疑を蒙り御咎被　仰付候義なきハ實ニ寃罪ニ相當り候ニ付私共閣老江罷出存分申開仕候樣いたし度君上ニ而彼ホ両人右樣之寃罪を蒙り候を今日迄何等之御糺し不被爲成候御儀ハ一向腹入不仕候依

之一藩中騒立區々之議論沸騰いたし候義も天下ニ對し可耻の最第一と奉存候誠ニ以臣子として默止そるニ不忍慨歎之至ニ奉存候両条之儀明瞭被成下候様致度との文言の由

五月十一日朝小瀬川ニ建札之寫　小瀬川藝防之境之大河廣島西九里　○案ニ暴徒ゟ建候ならん

立石孫一郎

此者事多人數を誘ひ屯所ニ砲發いたし役附之者を殺害せしめ數多之器械を取出し迯去剰他國ニおゐて令乱暴重き制禁を背く重科難遁候此度立歸るニ依て討取首獄門ニかくる者也

引頭兵吉

此者事立石孫一郎ニ一味し屯所ニ砲發役附之者を殺害せしめ數多之器械を取出し迯去剰へ他國ニおゐて乱暴せしめ重き制禁を背く重科難遁候此度立歸るニ依而討取誅伐せしむるもの也

吾妻左源太

和田五郎

此者共事同文迯去重た制禁を背く科ニ依て誅伐せしむるその之

本城藩ゝ人　泰（秦カ）野小得ゝ太

小木宬一郎　西村幸次郎

林　障之介　浦上爲吉

山上熊之進　玉木熊吉

佐川榮治　上山力之助

高田益助　秋本三郎

矢野小助　岩本忠吉

尾崎四郎　愛本熊太郎

渡邊源藏　山脇岩吉

櫻井政太郎　水本廣太

別木小次郎　益光勇次

正田作右衛門　　　正田久次郎
岡本亀之助　　　加藤治之助
片野武　　　三好榮吉
橋本榮吉　　　渡邊治助
中井熊次郎　　　田中猪右衛門
沼澤貞吉

此者共事立石孫一郎に一味し屯所に砲發役附之者を殺害せしめ數多之器械を取出し迯去剩他國ニおゐて乱暴せしめ重く制禁を背くニ依て誅伐せしむるもの也

一五月十二日閣老小笠原侯に左之寫内届有之候由
右も去月廿六日長藩木梨平之進使節として津和野侯に申込口上書之
〔虫損〕□度御達之儀有之大膳父子出藝之
御沙汰ニ付爲名代一門之内宍戸備後助差出候依而不遠御達可有之然ニ

舊臘大小監察を以御糺問之節父子情實并二州士民情態ホ明亮言上夫々
詳ニ被
聞召候段御書下相成候儀ニ付頓ニ徹上寂早平常之
御沙汰可有之儀と閤國渇望罷在候然ニ萬一街説之如く閤國意外之御達
有之節も父子おゐてハ尖々承服□（虫損）仕候得共士民おゐてハ飽迄臣子之分
盡死力防戰之決心いたし候付自然右ホ之節も御領界ニ人數分配及□□（虫損）
□間御隣接旁致御吹聽候
右之通在所表ゟ申越候ニ付御届申上候以上

五月

一同十三日藝藩ゟ御達長防國内動搖いたし候趣ニ相聞候ニ付先手人數早
々繰出し候樣御達御座候処右両人之家老御咎ニ付一藩之動搖中ニ付他
邦ゟ人數操出もどころなく無之一藩如何樣之内變を生し候も難計候間
閣老ゟ向御書取を以御内願相成候由之右御書取之大意ハ國内不居合ニ

付右鎮撫方甚苦心致し候間御先手之儀も暫時御用捨相願度國境固之人數ハ早々操出し可申候との事之由然処右ニ付而猶又議論生しさるみや半時許過く右之書面御願下ニ相成候由

一同十四日番頭一隊三百人程岩國境大瀧迄出張

一同十五日右藝藩不折合ニ付若殿紀伊守様ゟ御直書出左之通

今般長防　御裁許被
仰出候義ニ付情態考瞭いゐそ所ニ而もあまり紛乱ニ可立至哉ニ候処當今外夷之患も不容易折柄内地兵乱差起候而も此上士民之疾苦不一方折角寛大之
叡慮台命も無詮事ニ相成如何ニも不忍座視不取敢
殿様御上坂可被遊
思召之処久々御不快其義難被遊我等御名代として致上坂即今之情態巨細申上於膝下

台慮をも委委（悉カ）相伺候上奉安
宸襟度乍慮外寸補をも差備致微衰（衷カ）存立義も有之処有故而令延引候就而ハ赤心空敷相成遺憾而已ならぬ却而御嫌疑共相成候欤年寄共両人迄爲愼置候様との
御沙汰ニ相成如何様之御次第欤ハ不相分候得共實ニ存外之仕合痛歎此事ニ候乍去此義ハ一家一國之事共可申欤此中隣藩　御裁許違背遂ニ干戈之　御沙汰と相成候上ハ
御凱陣及遲々候様ニ而ハ其虚ニ乗し醜夷之覬覦眼前ニ有之不止一家一國之悲天下之疾苦今日ニ百倍し□□□（虫損）之程如何可被爲在哉と慨歎不可堪次第ニ而斯る苦難之御場合ニ付何レも熟慮勘辨致し存旨有之者ハ無伏臓可申出候万一存意包臓いたし自己之振舞ホ有之候□□□□□（虫損）意ニ反し不都合之義ニ付其段屹度心得下知相待候様可致候

五月

案ニ世子之臣下ニ示さるゝ説甚非也閣老壹岐守様
御裁許被　仰渡之爲ニ御出張之処夫をさし置脇ゟ上坂膝下ニ而伺候
抔不相濟事之其上外夷之患を唱て長州之御所置を猶も寛柔ニ致し度
趣向と相見候國内を治る事能ハずして外夷を防くる〔事カ〕の可成哉先ッ内
を治めて而して後外を治むべし

一同十五日より十九日迄士分以上惣登　城

一同十六日七時比壹岐守様公用人ゟ御切紙到來唯今壹人御旅館ゟ罷出候
様御達御座候ニ付即刻罷出候処左之御書付壹通公用人を以心得之爲め
見せ置候との御事ニ而寫取候而宜たとの演説ニ付即寫いたし候

長州末家抔之者共ゟ別紙差出候処書面之趣も御座候ニ付差出申候此
段申上候以上

五月十六日

松平安藝守内
西本清助

書面之趣ハ無餘義事情ニ有之候得共廿日之期限遲延相成候義不相成

候間支ル者有之道路相塞り候儀ニ候ハヽ如何樣共致說諭万々一承服不致節も　御裁許を拒候ニ相當り候付討破り候而奉命之義取計可申自然手ニ餘り候次第も候ハヽ期限ニ不至内早々可申出旨可相達候尤御裁許江關係いたし候歎願書ハ已後決而取次申間敷候事

過ル四日奉歎願候書中之趣

御聞屆難被爲成候ニ付御差下相成候尤歎願之品ニ寄

御裁許ニ關係いたし候義ニ候ハヽ御採用ハ無御座候間其旨急度相心得候樣御書取之趣一應奉畏候然処本家江之

御沙汰之趣ニ付國内人心ニ關係し疑惑を生し道路□□□□虫損歸邑不容易高森驛滯在辛苦此時ニ御座候間此段御憐察被成下此義追々不得止情實歎願可仕儀ニ可有御座候間宜御含置被下候樣御序を以

安藝守樣江被　仰上置被下度伏而奉泣禱候以上

名代

四人連名

五月

一同十七日前件備後助御召捕ニ而も無之御預なりと申儀を岩國ニ通るた
め安藝守様ゟ被遣置候御使者初尾倘太郎渡邊惣藏歸藝岩國城下之模様
高森驛出陣之次第[虫損]藩ニ而張紙いたし候由
岩國國境ニ人數所々ニ出張相成居候由
高森驛（防州之内ニ而廣島ゟ十四里半西なり此所ゟ山口ニ十七里山口ゟ萩ニ七里）みく奇兵隊多人數出張本藩の
重立候人物も出張之趣寺院町家ニ幕打宿陣いたし候由赤川又太郎三末
家名代吉川名代今田靱負ニも此所ニ留ふき本藩并三末家ニ之使者之往
復ハ絶間なく餘程之混雜之由

一同十五日壹岐守様公用人を以拜見被　仰付候三末家差出候歎願書并御
差圖御附紙を以藝藩ニ向御差戻相成候付藝藩ゟ岩國并山口迄御使者立
野一郎右衞門昨十四日發藝之

一同十七日廣島江波〔城南離島〕江著船之趣船見番所ゟ申届

長藩　野村右仲〔ママ〕

岩國藩　紋田四郎兵衛

右翌十八日藝藩植田乙次郎應接有之候処本藩并三末家ゟ之書面持參ニ而備後助并小野村〔ママ〕両人御渡被下候様ニとの趣申出右書面ハ甚文章も不調粗暴之件々有之右ハ植田直樣相戻し候而宜候得共一應閣老御披見ニ入差戻相成候尤少しも御取上無之ニ付同夜退帆仕候由

一同十八日同所江著船

岩國藩　香川源左衛門

右翌十九日藝藩ニ而應接有之候処過日御裁許被　仰渡候三末家名代高森驛ニ而差留られ候付歸邑致し堅〔ママ〕く候ニ付來ル廿九日迄御猶豫相願度段申出監物書面指出

一同十八日野村帶刀愼　御免相成候事

一同日安藝守樣ゟ當藩ニ爲御知奉翰

以手紙及啓上候然ハ昨夕小笠原壹岐守樣御家來之者御呼出ニ而毛利大膳父子　御裁許被　仰渡候後防長國民動搖致し候哉之趣ニ付己桿村ニ先手之人數早々操出差圖相待候樣可致旨御書付を以被　仰渡候右ニ付不取敢御家老一手之御人數御操出相成申候右爲御知被　仰進度此段各樣迄宜得御意旨被　仰付如此御座候以上

五月十八日　　　上田志馬

一五月脫走人御吟味書条々

一永井雅樂を存居候哉同人風聞如何ニ候哉

國内ニ而正議之者ニ御座候

一德山家老富山極飯田幸藏を存居候哉

奇兵隊之内ニ飯田小左衞門と申者寺社奉行ニ御座候

一領内山口邊ハ步行いたし候哉

山口明林《マヽ》館ニハ為稽古罷出候

一山口之様子存居候哉

大砲五十挺備有之岩城山ニも大砲八挺モルチール九挺地雷火百廿五箇御座候鯖山ニ關門一ヶ所勝坂ト申谷ニ關門一ヶ所有之候得共大砲ハ無御座候小筒ハ三挺御座候

一山口ニ外道無之哉

山城路之閑道御座候石州路ニ重《オモ》ニ通行之都合ニ御座候

一勝坂ゟ山口迄何程里數有之候哉

里數三里ニ御座候鯖山峠ニ懸り道巾一間ニ御座候

一明林《マヽ》館ニ而稽古之節教候者士人誰ニ候哉

立石孫一郎ニ御座候処當時伊吹正吉ト申者ニ而此者ハ土州之浪士ニ御座候而年齢廿二三孫一郎代りとして昨年十月比ゟ罷出申候私義今市正傳ニ屯尤人數四百人程右人數之内ゟ廿人程ツヽ隊長ト同

道明林〔マヽ〕館江稽古ニ罷出候
一此程ゟハ時勢其方幷國内之者歡候哉
右時勢を歡候者ハ第一奇兵隊之者ニ御座候此隊ハ異船打拂之隊ニ
而根陣ハ吉田ニ御座候大砲隊百人小銃三百人六十人ツヽ山口江交
代罷出候
一北条隊ハ如何相成候哉
官助隊ト相改申候
一山口ハ一昨年取毀其後土手抔修復いたし候哉
土手も其儘相成居申候
一大膳父子ハ何レニ罷在候哉
山口新城屋敷ニ罷在候
一明林〔マヽ〕館ハ廣く候哉
□□□〔虫損〕備程立候場所ニ而屯所ハ廿軒御座候騎〔マヽ〕兵隊ハ山口ニ百人程

入込居候山口江入込候ニも合尾ト申所海邊ゟ罷越候得共入込候義
出來申候
一山口ニ大砲數挺備有之哉
明林館幷石州口ニ備有之候
一地雷火ハ如何樣ニ出來致居候哉
壹尺程之箱ニ而板厚巾中の焔硝入ハ壹寸角ニ而何分小サク出來有
之地雷火埋場所ハ下之關小瀬川其外ハ隊々請場々々ニ埋ミ山口ハ
大廻りニ埋有之一年も立候ヘハ糸を附替申候
一大砲製造罷在候哉
鑄立罷在候
一除隊之儀願出候者も有之候哉
除隊之儀願出候者ハ一代鉛銕堀致し候役ニ遣申候
一藝州ゟ大砲相廻り候哉

下之關迄持參候樣承り申候
一異國人ニ交易いたし候哉
茶を買込候由且隊中之者長崎ニ而筒と交易いたし候者有之右ニ付
其者除隊申候
一役人之内勢ひ宜者ハ誰々候哉
山内梅三郎十八才ニ而隊の惣督ニ而御座候此者勢ひ宜ク御座候清
水美作ハ五十才位ニ御座候
一山形小助を存居候哉
山形小助ハ異國ニ罷越船買入歸り候尤赤根竹人も同樣頭立罷越候
義と存候
一山形小助異國ゟ罷歸り候ハ何頃ニ候哉
昨年十月比ニ御座候異國下之關ニ六挺砲大分ニ相越候由承り居候
一大砲ハ如何ニ候哉

臺場ニ有之分用ひ不相成趣ニ而鑄直し可申と異人持行候而いまゟ
出來不參候

一宍戸備後介ハ正議ニ候哉
正議之者ニ御座候（渠ゟ正議トいふハ表裏ニて不識激暴の事なり下倣之）
大島郡ニ町兵農兵罷在右之内頭ハ齋藤一郎兵衞と申候

一公邊ゟ御討入ニ相成候得ハ宜存居候哉
國内の人心二タ道ニ分レ居候

一大膳長門ハ國内諸方ヘ人數出張爲致候哉
官助隊警衞ニて長門三田尻ヘ罷出申候尤惣人數二千人程ニ御座候
浪士諸方之他藩ニ而海邊局ニ罷在候
但小倉ヘ御申付探索之処千人餘赤根竹《マヽ》人之隊木谷周藏其以下之者利欲ニ走り候者口（虫損）外隊ニてハ商隊と申候浦靫負も家來有田小太郎大津三郎抔正議之者ニ御座候（是も矢張激徒ニて申正議之）先

達而木谷周藏先陣の願出候得共商隊ゟ〆賤き者ハ隊入難相成ト
申斷候
一井上登一之助ハ奇兵隊之軍士ニ而評判宜候哉
評判宜御座候
一山口城下ハ五月雨ゟ〆少々不都合之樣ニも申候由如何之譯哉
石州路之山上之水の手を切候得も水城中ヘ押入候事故是を恐き候
一隱密之者諸方ヘ出居候哉
桑原左門僧侶ニ變し關東ヘ出居候尤是ハ政府ゟ被申付候儀ニ御座
候其外一向宗の坊主多人數諸方ヘ罷出申候此分金剛隊之者ニ而御
座候
一他國ゟ長防ヘ入込候隱密之者ハ捕押候哉
捕押へ候而五十日入牢夫より山口ゟ〆城中の小遣ニつらひ居候
常吉吟味

一寺町よりゝ寄合いたし候節ハ何ぞニ候哉
重ニ萩藩旅宿ニ御座候
一毛利伊織ハ人物善悪を承知候哉
評判よろしき者ニて何事も能相分り候人物ニ御座候
一國ハ穏ニ候哉
何分穏ニ無御座候
一不宜者數多有之候哉
福原若津和泉十郎と申人不宜候長府ニて召捕相成申候只今迄目付役ニて長府ゟ金を出し町家へ割渡などいたし人心を引立候へ共町兵農兵ホ起り立因循沸騰いたし不宜旨ニて動搖致し候ニ付和泉十郎切腹仕候義ニ御座候
一政府重立取扱候者名前承知候哉
桂小太郎悉く政務仕候高橋晋作ハ當時長府と萩との間ニ在所を構

居人數を指揮いたし候事

一和泉十郎切腹何比ニ候哉

昨年十二月ニ御座候夫ゟ之義長府より取鎮申候福原若津ハ和泉十郎と從弟ニ御座候熊野直助福田千馬當時ハ退役仕候

一當時家老名前承知候哉

三好内匠千五百石　細川下野二千五百石　藤市之助桂縫殿両人千石ツヽ田代壹人七百石右之通家老役相勤罷在候

一右之外役々名前存居候哉

町奉行みく井上藤藏四拾歳熊野九郎二十六七才外ニ西小文吾四十五才位七百石ニ而評判宜者ニ御座候

○□（虫損）月廿□□（虫損）夜廣島尾之道町ニ張紙

□□（虫損）

今度毛利大膳父子嚴科之　御裁許被　仰付候次第所謂雲霓晦ニ冥日月ニ同

樣ニ而大膳父子末家及士民ニ至迄御趣意之程難奉服候根元大膳父子信義誠實ハ　天朝及幕府ヨも能被爲　知召候処今度　御裁許抑　聖上斯御不審ハ毫末無之筈全く執權之讒佞且役威を振ひ自己を挾ミ邪政を進め天下之乱を起し遂ニ德川家を覆し候隱謀顯然奉對
神君怨敵重罪難遁速ニ逆黨及征伐中央之雲霧吹拂日月清光之時節相待候外無他事依之逆黨小笠原壹岐守幷同腹同志之首討取神明正道ニ奉備度一念發起ス近日小笠原宿陣ヘ向及兵發候乍然藝侯ニ對し人民騷擾憚も有之候間來廿八日迄退散被致候樣御取計奉賴入候若期限ニ至り等閑候ハヽ最早憚も不顧責入遂本懷可申候依同肝之士憚念處二達如件

丙寅月日　　神長防

義兵

案ニ此張紙ハ一向文盲愚人之作之此度之御裁許ハ
朝廷ヘ御奏聞之上被　仰渡候事ニ而小笠原ハ唯其　台命を御傳被成

候而〔已脱カ〕然るニ此御寛大之　御裁許を御請不仕候ハ大膳父子己が罪有を悟り得さるニ愚も又甚し實ニ防長共ニ差上一所懸命之地を願候筋なり然るニ十万石位收る位ハ實ニ僅の事ニ然るを惜ミて御請不申上國家之亡ふるを招く身の上不知と可云長州の罪甚多シ先年殿中にて久世侯を罵候節已ニ叛逆の志有之と小子見認置候

上使中根一之丞様を闇殺致し候一條ニ而も御征伐有て宜候と被存候其上御許容も無之前ニ異船無辜を打拂ひ兵端を開きて敗北シ降参を乞候抔大罪實ニ日本の大耻辱なり其他軍令条を出し候事印形を家來ニ盗まれ候様之申譯ニ有之候へ共印形ハ他人ニ貸し候品にて無之此申譯ハ立不申候得共　御聞届有之ハ誠ニ御寛宥之御事ニ然るニ難有共不奉存此度之　御裁許不足ニ存し御請不仕ハ實ニ可悪之甚之無程國家滅亡ニ至り始て目覺可申奉存候又案ニ此張紙もしくハ其他之人の所爲ニあらずや當節士人小笠原侯をふくみ居る者多かるべし

○□（虫損）月二日出廣島來簡
□□□（虫損）州一条□（虫損）五月朔日　御裁許被　仰渡御請書同廿日迄ニ差出可申
□□□□（虫損）之処使者歸途過激之者通し不申右ニ付大ニ延著相成候由ニ而
吉川ゟ廿九日迄期限御延し被下度旨歎願仕候処　御聞届相成定而廿九
日迄ニも御請書差出可申左候ハヽ平穏ニ可相濟との世評之処存外之事
人氣居合不申候付御請書得差出不申と申上候付速ニ御討入ニ相成候□（虫
□□□□□（損）ゟ追々御操出しニ相成候様子當手も當月中旬ニハ進ミ可申
と日々用意有之候實ニ此度ハ天下之一大事ニ御座候
○昨朔日松平伯耆守様御著藝明日ニ而紀州公御著ト申事ニ御座候壹岐
守様ニも評判不宜其譯も當藩ハ隣國之事故穩ニ濟し度と周旋致シ小笠
原様ニハ御威光御張被成候故之今日承候得も藝藩村上某吟味役相勤候人のよし小
笠原様ニは藝州之密事内通仕候ニ付大ニ御疑惑を生し重役野村なと閉門
被　仰付候様子之処或日安藝侯小笠原侯ト御酒宴之節御議論有之何か

之事件ニ而御疑有之哉と御尋ニ付無據御藩中村上と申者ゟ委細承り候段御答ニ付此比村上御召捕ニ相成廿人ッヽの番付有之由村上ト申人ハ隨分才子之由承り申候何之爲ニ主人の事を內通致し候哉難相分候下評ニも小笠原樣より金子千両被下候故實ニ無之事迄も申上候由も申候付全慾心故欤共申候

○備中ニハ參候浪人同所ニて御召捕ニ相成候者申口ニハ備前を說付官軍を挾討ニ可致積り之処其間も無之御打取ニ相成候由ニ御座候長州ニ歸り候者斬首いたし候由虛實難相分と相聞申候

案ニ小瀨川ニ掛札出し候義ハ難信候浪人之僞謀詐術ニても可有之哉ニ被存候

一小笠原侯明三日小倉ニ御廻りニ相成候由今迄當地ニ而　御裁許迄も御取計ニ相成他ニ御移りニ相成候ハ如何之譯欤不相分不評判故松平伯耆守樣と御代被成候事欤と被存候此說如何四國九州の勢指揮京極侯壹人ニて御手薄と思ひしニ紀ヲ附御老中伯耆侯蒙ふ

を小笠原侯ハ兼而御裁許御取扱之上小倉ニ赴かるゝの手筈なるへし豈輕々數不評判なりとて持場替の事あらんや不評判といふハ□□□□□意の如くならさりし故□□□□□賤の謗りしなるへし○肥後ハいよ／＼御討入ニ相成候を大ニ悦ひ四日夜
不意を襲度なとゝ願出候よし承り申候實ニ御忠節と被存候可恐可憎ハ
薩州なり○此一両日ハ諸家様ニ御達ニ而早打之聲續キ申候

六月二日

○五月十九日出藝州ゟ大垣藩通用寫
□□□□（虫損）呼出ニ相成候長州人と名代ニ而六人罷出當月朔日
御裁許被　仰渡候右之内宍戸備後介小田村文助參り居候処朔日も宍戸
病氣ニ而罷出不申全實病ニ而腫物發シ候由外之五人ハ麻上下著用罷出
於國泰寺被仰渡候由承り申候何故欤宍戸小田村ハ御指留ニ相成其外之
者ハ急ニ國許ニ立歸
御裁許之趣父子ニ申聞廿一日迄ニ御請書差出候様被仰渡候付早々致歸
國候宍戸備後介事ハ此度御呼出ニ相成候宍戸備前養子ニ相成候趣ニ申

名代ニ罷出候処實ハ過激之頭山縣平藏事備後介と相唱居候由ニ付當月九日宍戸并小田村御呼出ニ相成候処罷出不申候ニ付御召捕ニ相成申候其節ハ町中大騒動ニ而町々辻々大炮を構宍戸寓居之寺町佛言寺ハ藝州侯ゟ先江御使者參り今日御呼出有之候而茂只今ニ至罷出不被申候ニ付强而御召連相成候由申聞置同人未タ門を出不申内歩兵并別手組抔ハ八重十重ニ相圍ミ御目付ゟ御申渡有之候処恐入候様子ニ而穩ニ駕籠ニ乘申候由嚴重ニ御固御召連ニ相成申候宍戸ハ奇兵隊之長ニ山縣平藏と申事以前御糺問之節ゟ知レ居候事哉又ハ今度備中事御召捕ニ相成候浪人ゟ相分り候哉何分宍戸ハ天罰之同人寓居之佛言寺御吟味相成候処床カ下ニ火藥鐵砲抔貯置有之地雷火并迯道茂有之万一異變之節ハ迯道ゟ遁レ出地雷火を引候積之処其間も無之御召捕相成候由承申候是迄長人抔長州人之金を散し候を大ニ悦ひ居候処地雷火抔之顯候而ゟハ若御召捕ニ相成不申候ハヽ定而廣島ハ焦土ニ可相成と大ニ長州人を惡ミ候

様ニ相成申候御召捕之節も官軍御手都合宜皆々感心仕候大愉快之事之

一宍戸火薬を持來候節ハ四斗樽ニ入酒之様ニ致し船ニ而積入人を雇ひ為持運候一樽を残し開キ人足ニ振舞候故皆々尤酒之心得ニて御座候由

一宍戸御召捕ニ相成候支相知レ大騒動ニ相成候様子追々承候へハ本藩長州之事ニて御請致度候得共過激之徒道を通シ不申故御裁許書持候者も途中ニ滯居候様子ニ而右ニ付御請書差出候期限御延被成下候様歎願致候処御下ケ紙ニ而願之趣御聞届□□□虫損是非討破り候而通り可申若手ニ餘り候ハヽ官軍御進メ□□□虫損討破通可申与御沙汰ニ相成否廿一日期限迄ニ申出候様被仰渡□□□虫損御座候へ共未申出候併

一昨十七日夜長州人之船貳艘著之由□□□□□虫損参り候事哉相分不申候以後佛言寺御貸渡之儀も□□虫損ゟ御斷ニ付未船中ニ罷在候様子ニ承申候今日ハ大小御目付□□□虫損ニ相成候趣ニ御座候宍戸を請取ニ参り候抔と下評も有之未相分不申候萬一右之者仮ニ御請申上過激之者鎮静迄期

限御延引相願候ハヽ定而穏ニ相濟可申哉と被存候何分追々切迫ニ相成長州も士民ハ大ニ官軍之來り候を恐候樣子ニ御座候榊原侯之御先備御家老只今迄海田市驛ニ宿陣之処昨十八日廣島之西古井と申所迄進ミ相成候當手之勢（大垣ノ軍勢）も追々順參り候故□□（虫損）仕候併長州も是迄之話とハ大ニ相違本藩トハ一致茂無之樣子奇兵隊も八百人と申事其内無據加り居候者多ク格別強兵ニ而ハ無之と申事御討入相成候而茂奇兵隊丈ケ御討取ニ相成候ハヽ本藩ハ降伏之樣子ニ御座候間大合戰ニも有之間敷与被存候實ニ皆々退屈何レ茂急ニ相濟候樣仕度と奉祈居候

一五月節句小笠原樣初當地ニ御出張之御人數不殘爲調練城下之東東照宮之御社ニ御參詣相成拜見之人群集仕候歩兵三大隊御先手組別手組大砲三座凡四十餘人行列實ニ美々敷事ニ御座候　御武威ニ不恐者ハ無之皆々得力申候必勝之勢ニ相見申候　御武威を御示し之

一宍戸ハ藝州ニ御預ケ相成晝夜百廿人ツヽ之番人之由ニ御座候一両度御

吟味有之候様子ニ御座候へ共申上候義ハ下々ニ而相分不申候右申上度御便り廿二三日比迄延引相成候様承候処廿日ニ相成候間先大略申上候

五月十九日

副啓今朝承候処長州船参り居候様本文ニ認置候船ハ宍戸之従者宍戸御召捕ニ相成帰國いたし候処國元ニ而主人を捨帰候迚入國難相成旨申候ニ付無據又々船ニ而出藝歎願申上候様子ニ御座候長州一条追々□□□（虫損）相成居候様子ニ候処宍戸御召捕之後又々□□□（虫損）相成何事も難相分長々相成候ニハ實ニ困入候

一奇兵隊ハ赤之陣羽織白之袴ニ御座候由ニ而百人よ而も貳百人ニ相見申候様子百姓ゟ之注進ニハ一萬□□（虫損）も有之様子ニ御座候得共半分ニ御座候

□□□（虫損）城下□（虫損）大砲を構嚴重ニいたし有之候得共全官軍ニ敵し候□□（虫）□□□（損）奇兵隊を恐候様子之

□□□屋敷ニ罷在候長州人御預ニ相成居候処今度本國ゟ□□□シニ相（虫損）
成蒸氣船ニ而當地ゟ參り候話有之

今度祖先之舊功を被
思召其方ゟ家督被下候上も如前々長州萩ゟ致居城大膳長門も同所ニ差
置毛利左京毛利淡路毛利讃岐吉川監物万事相委家政一新領内鎮靜いゐ
し父祖之舊懲を補ひ候様心懸専可抽忠勤候

毛利興丸

毛利伊織
福間式部
平野郷右衛門ゟ
金田靫負
毛利左京

毛利淡路
毛利讃岐
吉川監物

（原朱）別紙前書之
別紙之通毛利興丸名代宍戸備後介江可申渡之処同人病氣押而も難罷出
候ニ付其方共より興丸江可達候
右之通主人江可申達候

毛利左京
毛利淡路
毛利讃岐

今度大膳父子御咎被
仰付興丸江家督被下候条得其意其方共幷吉川監物一同申談家政向引請
宗家を翼領内を鎮靜いたし後來決而
御苦勞不相成樣急度御取締相立候樣可被勵忠誠候

毛利伊織
福間式部
平野郷右衛門
金田靫負

別紙之通與丸家老に可相達候

五月

毛利與丸
家老

（原朱）別紙

今度大膳父子御咎被
仰付與丸ニ家督被下末家左京淡路讃岐吉川監物ニ家政向引請監物ハ重立取扱宗家を扶翼領内鎮静ニいたし後來御苦労不相成急度取締向相立可申旨相達候間家同《マヽ》共一同申談幼主輔佐之力を盡し取締向急度心附家政一新いたし候様可抽忠勤候

毛利興丸

毛利左京

毛利淡路

毛利讃岐

毛利興丸江

江戸表おゐて被下候屋敷場所之儀も追而相達ニ而可有之候

其方家來共之内是迄過激之及擧動候者与いへとも悔悟いたし候ニおゐてハ一切御構無之且右ニ加り候百姓町人も勿論其餘之者共速ニ其家々江立戻り銘々本業相勵可申候尤別紙高橋晉作桂小五郎以下之者ハ相尋候義有之候間廣島表江差出候様可被致候

高橋晉作

桂小五郎

小田村文助

村田次郎三郎
太田市之進
佐々木男也
波多野金吾
天野謙吉
北條瀬兵衛
佐世八十郎
林　主稅
山縣一作事平藏

毛利與丸に
宍戸備前

右之者先年來大膳家政向取締向之儀厚心配候由之処當時退隱罷在候哉之趣ニ候今般大膳父子

御裁許申渡其方ヽ家督被下家政一新領内鎮靜候樣申渡候ニ付而も任用可被致候

毛利輿丸ヽ

今般大膳父子ヽ
御裁許申渡其方ヽ家督被下家政一新領内鎮靜候樣申渡候付而も先年來大膳家政取締向之儀厚心懸居候永井雅樂ォ同樣之者共當時退役又ハ咎ォ申付有之哉之趣ニ候間夫々任用可被致候

宍戸備後介赤川又太郎御召捕御人數左之通

牧野若狹守樣
永井主永正樣
平山謙二郎樣
御徒目付貳人

御小人目付貳人
別手組貳組
千人隊二組
小隊二隊

右ハ於國泰寺玉込其儘寺町ニ出張

安藝守様御人數
御目付貳人
御徒目付貳人
御小人目付貳人
町廻り三十人
懸り役々數十人

○六月十七日比小倉戰爭模樣他藩通用寫
小倉領田之浦臺場御家老鳥（島カ）村志津摩殿隊長ニ而人數相詰居候由之処今

十七日曉六時比長州ゟ奇兵隊之者蒸氣船三艘ニ多人數乘組田之浦ニ罷越烈敷砲發致し人家ニ打込一旦退き又候地方ニ乘寄砲發致し破裂丸打込人家燒立候由之処人夫共散乱志津摩殿騎士ニ致指揮砲發いたさせ蒸氣船一艘打沈候由（三發程當り候趣）之処奇兵隊三百人程直ニハツテイラニ乘組上陸小銃を以互ニ戰爭餘程防戰候趣ニ候へ共何分島村勢少くして不得止引退候処其儘三百人餘田之浦へ屯集いたし置候兵粮玉藥被取候故之趣ニ御座候

一右蒸氣船五艘は其儘同御領門司浦ニ相廻地方ニ寄破裂丸を頻ニ打込候間人家燒候由小笠原幸松丸樣御人數ゟも砲發いたし猶又隊長澁多見勢も一同ニ相成致砲發候由

同日九時比幸松丸樣御人數鳥村澁多見勢一同ニ大里ニ引返シ相固候趣田之浦門司浦とも餘程致燒失候哉之趣ニ御座候右一件ニ付小倉家中井下々迄過半御繰出相成候猶又肥後ハ人數士分之方三拾騎足輕躰百人程

召連大里ゟ御繰出相成申候
一小笠原壹岐守様御人數も夕刻御繰出ニ而可相成御模様相聞候得共弥御繰出相成候哉此義ハ未見聞不仕候内出立致し候付取極難申上候
一今十七日暮合頃迄ニ肥後御人數四百人程小倉御城下ゟ著いたし猶又追々御人數繰出相成候趣ニ御座候
一中川様御人數ハ未御繰出不相成今十七日申刻極早追ニ而士分之方御國許ゟ注進ニ引取候趣猶又諸家様ニ而極早追ニ而御引取之趣ニ御座候
一右ニ付市中老若男女大混雑諸道具ホ相片付二三里田舎ゟ立退候様いたし居候此上如何相成候事哉誠ニ騒敷事ニ御座候
一右戰爭ニ付討死手負餘程有之由ニ候へ共只今之儀ニて相分不申候以上
前書ハ國許横目役之者今十七日混雜中小倉ゟ罷歸り見聞候段申出候書付故定而事實相違候事も可有之候へ共昨夜半國許十八日出之急飛脚到來申來候儘入御覽申候以上

五月廿四日

十七日曉馬關ニ猥烟上り候趣ニ御座候右蒸氣船不殘日之丸之印を建居候如何ニも近々乘寄候哉ニ相聞候

○御城附聞繕書　藝州口

六月廿一日夜松平伯耆守殿御差圖ニ依而手勢并官軍も交り居候哉凡□（虫損）百人程大野村邊爲巡見相越斥候之者差向候処賊徒之方ゟも差出候付味方之斥候ゟ短筒ニ而打放し候処何方ニ欤迯去候由然処俄ニ賊徒ゟ八百人程之人數ニ而押寄候付味方三百人之內百人を賊徒之退口ニ伏勢ニ相廻し貳百人味方より大砲を以烈敷打候処賊徒敗走を追打味方百人之伏勢俱ニ賊徒を挾打ニいたし首級討取分取ホ左之通之由味方打死ホ一向無之由

　但本文戰爭ハ廿日之由ニ相聞候得共爾と不相分

一首級三十五賊徒之死亡不知數

一分捕太皷六ツ玉藥簟〔簞ヵ〕笥二
一六月廿五日明方大野村水野大炊頭陣場江賊徒方ゟ押寄候趣遠見之者ゟ注進有之無程賊徒五百人程山上ゟ拾匁筒位之小筒打懸候付水野方ゟハ大砲を以打懸候趣無程賊徒等立退候由ニ御座候
一同日官軍と賊徒と余程戰爭有之由ニ候得共委細之譯未相分不申候
○石州口出張福山侯御屆
去十六日石州口唐田峠陣取相待居候処長州人濱田境內關門迄押寄津和野關門打破奇兵隊千人計通行いたし尤關門番五六人出居候処三四人即死漸々一人相助り駕籠ニ而罷歸申候其後追々近寄〔欠ヵ〕、次第有之午刻頃益田驛江押寄濱田藩ゟ一之手唐田峠江繰出候付右藩江打合人數裏手ゟ不意ニ勝達寺江押寄夫々嚴重陣取居候処敵二道ゟ押寄遂ニ二之手共及砲發候ニ付味方ゟも打出し互ニ砲戰いたし候へ共敵方万福寺藪之內ゟ打懸候ニ付當りも不相分砲發勝敗不決敵引退致退陣候事ニ御座候人數之內別条無之併和田佗美右手被打抜候へ共命ニ氣遣ひ無御座候勿論敵今以益田驛滯陣いたし何刻猶又砲戰相始候も難計御座候間嚴重手當いたし相待候事ニ御座候旨彼地ゟ申越候ニ付此段御屆申上候以上

六月廿四日　　　　阿部主計頭內
大林金左衞門

○紀州樣御家老安藤飛驒守殿藝州御先勤として被相越候処長州家中ニも藝州長州國境ニ相固罷在候由然処安藤家陣中邊りふに澤山ニ寄集り候付無何心おどしニ鉄砲打候処長州方ニ而も一戰初り可申と存直ニ押寄參り候由之処安藤方ニ而ハ何心なく罷在候由ニ而風ニ意ニ打込き無余義一戰相成候由之処安藤方即死八十人程怪我人多分出來致し候由右死骸船ニ而大坂表へ乘上り夫ゟ國元へ引取申候由

一去ル五日比紀州樣御乘船ニ而藝州ニ御下著紀州樣御宿陣へ長州ゟ夜討ニ參り候由是又御人數之內ニハふく即死人有之趣ニ御座候書外更ニ不相分旨申來候事

六月十日出同十五日著

○六月廿五日宮驛通行之節承

講武所大砲方調役目付兼川井武三郎ゟ只今承ル

一當月十一日夜彦根勢廿日市ゟ三里大島笠の井ニ入引返し候夜宍戸美濃五百八十人程打死御達シ直ニ惣勢乘込壹万千百八十七俵和筒二百三十七挺西洋筒四百八十七挺鎗貳百六拾七本分取討取首三百九拾三首手負其（共カ）打拾四百人程打入未相分

一小笠原壹岐守殿九國大名ニ御出尤人數廿九人上下之十二日細川越中守同勢下ノ關燒立九里程上り分取高名之儀申來ル

一十二日夜松平土佐守人數六千七百人ニ而中ノ關ニ責懸り同夜松平式部大輔（隱岐樣若殿）三千八百人ニ而二陣ニ攻懸り四國勢ハ土佐守ニ附属相成阿波公一手丈別手五千人ニ而上ノ關ニ上ル由

一右同樣ニ申上火急故ニ御咄ニ而承ル誠ニ此度之儀も大變之次第

六月廿七日六ッ半比ニ承ル江戸ゟ之早追之

○六月廿日出浪華ゟ之來簡

長州表追々戰爭之場合ニ相運ひ十二日ニも岩國新港大島と中島之由百姓計罷在候由ニ候処十二日

公義陸軍方三兵隊蒸氣船貳艘ニ而押寄セ猶又松山勢も押寄右蒸氣帆柱上ゟ遠見いたし候処山之上ニも大砲等振付有之其外所々ニ伏勢等有之樣子ニ付先歩兵之内二大隊上陸爲致候処敵方ゟ大砲打出し戰爭中松山勢敵後ロよ里大砲打懸候付敵方敗北暫時ニ乘取候由敵死人漸四人ニ候得共大砲兵粮等數多分捕有之候由右ニ付同所を足留《溜カ》ニいたし十四日岩國ニ攻入候筈之由又十四日より岩國へ御討入之筈ニ而井伊掃部頭榊原式部大輔謀し合十三日夜九ッ時比クハと申所ニ井伊勢著致し候処即座ニ敵方より夜討仕懸井伊之勢引返し八《四カ》十八場《坂カ》と申所迄參り先手之家老木俣土佐此所ニ踏止り敵軍ニ討入同夜ゟ十四日終日戰爭有之終ニ相引

ニ相成併井伊方討死四百人程のよし右之節榊原勢も八十人程討死有之哉ニ而相聞敵方討死も可有之候得共爾と不相分亦一説ニも榊原勢ハ大竹と申所迄出張候得共討死ハ無之由ニも相聞候由右之邊ゟ西之方下之關之模様爾と不相分細川家ハ何をよしても

公義之御威光相立候様ニと段々是迄盡力いたし長州奇兵隊之内ニ家來廿七人程爲入込置候処此節右廿七人細川家へ不殘歸參いたし長州方之謀略要害之次第逐一呑込罷在候由ニ付細川家ハ下之關寄手無程勝利可有之哉之由講武所奉行遠藤但馬守其外大砲師範役ホ昨日御目見今日發足之由右之次第ニ付是ゟ追々相分り可申候へ共先今日之処ニ而ハ是丈ケ之事之伊豫松山松平隱岐守至而すしどき勢ひく押寄候よし細川ト隱岐ハ何方ニ而も大ニ評判宜相聞申候

六月廿日

○大坂ゟ來簡

豫州松山十二日飛脚只今入著長州模様承候処松山一番手ゟ三番手迄御軍艦より防州禿島江一時乗入同所民家三百軒計焼計(拂カ)陣取候様子然処十一日夜ニ入防州一面之大火之様子煙夥敷一昨年京都大變之砌大坂ニ而見請候通ニ而誠ニ大變之儀ニ御座候且阿州様一番手ゟ三番手迄松山迄御出張有之趣御座候藝州表之儀も十日朝廣島おゐて不殘勢揃ニ而十一日ゟ夫々口々江御出陣有之趣云々

○御使番松浦弥五右衛門ゟ承合候由之書付寫

御城附ゟ六月廿五日差出

一六月八日御軍艦方乗組御軍艦ゟ大砲四發程大島江打懸候得共敵方ゟ砲發無之事

一同十一日大島久貝湊ニ而砲發打合有之敵方も臺場躰之物拵相構居候趣同所家數八拾軒程有之由右町内へ地雷火を扱(拵カ)敵方ニも公邊御人數右湊江上陸可致と心得居候処同所ゟハ上陸不致少々所を替

上陸致し候付敵方ニも大ニ周章ニ而出合候付散乱ニ相成砲發打合有之就而も人家之内ニ潜伏可有之ニ付御軍艦ゟ焼玉を以人家半分通焼立候付敵兵不殘山上ニ迯去候事右跡ニ而大砲六挺籾三千俵分捕いたし地雷火ハ發し不申事ニ御座候

一右迯去候敵兵山上ゟ大砲打懸候へ共公邊之御人數ニも中り不申又々御軍艦より山上ニ大砲發し申候敵兵貳人討取候よし

一公邊御人數と松平隱岐守人數千五百人程ニ而上ケノ庄と申所ゟと久貝港と挾討ニ攻上り候処敵兵敗軍いたし不殘散乱いたし候由同所ニ而四人討取大砲四挺分捕致し候由

公邊御人數ハ御軍艦方之外不殘上陸いたし候由

一十三日曉七時敵方軍艦ニ而襲來大砲六挺打懸申候由右ハ公邊御人數松平隱岐守人數上陸いたし有之を心得候と見へ申候夫ゟ御

軍艦と打合相成御軍艦ゟ焼玉實玉數發打懸候処敵船江中り候と見へ六時下之方江向迯去候由御軍艦ハ朝日丸敵之砲發ニ而少々損し候よし

一大島ゟ岩國迄十里餘り海陸有之由

一今十四日早天ゟ大島之内今一ヶ所有之山ニ潜伏いたし居候哉も難計候付

公邊御人數并松平隱岐守人數を挾討ニいたし候筈右山ニ敵兵無之候ハ、最早不殘岩國江向迯去候事ニ相見申大島も乘取相成候よし

右之趣宮島罷在候御徒目付鏑木千之助一昨十二日九時比ゟ見切ニ相越昨十三日暮六時廣島江歸著同人ゟ聞取書ニ候事

大島出張

六月十四日　歩兵奉行

河野伊豆守

戸田肥後守

歩兵二大隊
御持小筒組二隊
右之趣赤坂同役江藝州表より申來先ハ實事ニ相見申候
○聞繕幷藝州及大坂ゟ申來候趣（謄寫氏曰前寫全同說ハ省之も有）
一岩國新港大島郡之儀大砲打入候而も敵方も一切手を引穩便ニ罷在候由ニ付百姓躰之者江次第柄相尋候処戰爭之儀ハ實ニ思ひも不寄事ニ有之同所之義ハ吉川監物領分之由ニ而別段戰爭之儀觸流ホ而無之候兵粮ホ御入用ニ候ハヽ少々位も御用立候而茂不苦旨申居候よし
但大島郡之義ハ十六万石程之場所ニ而宍戸備前領分之趣承及候処本文之通ニ付而も右之內ニ監物領分も有之義ニも可有之候
一長防百姓共申立候も此領內之儀ハ多分之延地も有之儀ニ付十万石位之儀も御請相成戰爭無之穩便ニ御事濟相成候樣ニとの趣一同願立候よし
一備中倉敷乱妨之砌生捕相成候者之內十六才ニ相成候者□□（虫損）之者ニ而抑

五六歳之比ゟ長防之地理才能々記臆此□□〔虫損〕ニ而も年比ニ而相成候ニ付奇兵隊中江加入いたし候者之由今度嚮導之役之御用之由

一下之關邊之模様兎角實説相分不申候へ共其内細川家脱走致シ長刕奇兵隊中ニ入込居候者廿七人不殘歸參致シ長州方之謀略要害之次第逐一呑込罷在候付細川家も無程勝利可有之哉之由

一長防討入方ニ付細川越中守ゟ藝州おゐて申立候ニハ凡二千人程致討死候積ニ相成候へハ萩城之儀も越中守一手ニ而引請可申旨申立候よしの処御聞届相成候由

一越中守目印立候家來共乗組候船之數大小相交何百艘共なく小倉沖ニ充滿致し居候由

一越中守家風之儀も累代
公邊ゟ被　仰出候義ハ假令如何樣之次第ニ有之候共誹判いたし候儀も決而不相成一途ニ　公裁を相守候樣嚴重之掟ニ付百姓町人迄誠意を以

御忠節可申上段行渡り居
神君之御恩澤祖先已來太平三百年之御報恩時節到來難有事と勇立居候
由
右□（虫損）苦ゟ申越候趣依御賴寫之

六月廿九日　　　佐□（本ノマヽ）□□□

中□（本ノマヽ）□□様

○七月　日於江戸　紀州様ゟ御同朋頭に爲御物語之趣

紀伊殿藝州口先手之人數水野大炊頭引纒大野村に致出張候処去月十九日朝六時比賊徒同村北之方山上ゟ大炮火矢放發致シ襲來十四五ケ所ゟ大小炮打立候付右人數ゟ大砲打懸及接戰候処本道ゟ茂一隊之人數押寄民家を燒立炮發相襲候付頻ニ大小砲打立一時半計及接戰候処賊徒敗走散乱致候間猶追討致候処玖波邊に迯去候付人數大野村に揚取候旨右接戰之節賊方遊擊隊之内宇山宇作と申者討死其外生捕分取才有之候旨藝

州表ゟ申越候委細之儀も未難相分候得共先此段各迄及御物語置候
右奉承知河内守ニ可申聞置旨申聞候由ニ御座候
一六月十九日藝州表おゐて松平伯耆守殿より紀州同役江被相渡候書付寫
大野村江賊兵爲誅伐御人數出張之処今曉俄ニ賊兵より及發砲候処夫
〻手筈行屆一同不惜身命格別勇奮苦戰速ニ勝利之段一段之事候依之
出張之者江御酒御肴被下之候間夫〻爲戴候樣可被成候此段可申上候
六月

○尾州詰藝藩江國許ゟ之文通摘要

松平伯耆守樣當月六日朝五時御供揃ニ而御登城被遊夕七時過御下り被
遊候樣子ニ御座候御老中樣御登城も實ニ世の中代り候事ニ相成申候紀
州樣も當月六日元蒲生樣御屋敷江御著被遊候野村樣御屋敷蒲生樣御屋
敷御両家共紀州樣御下陣ニ相成申候三位小路江二間梁ニ四拾五間之小
屋相建紀州樣御人數御入込ニ相成申候御本陣御門北之方江貮間梁十五

間之小家相建御門ゟ西之方ニ馬建ニ相成兼而申上候通伯耆守樣小笠原樣跡ニ御著ニ相成申候一目邊ハ一昨年之通誠ニ賑々敷兼而申上候通二川樣備相組共先月廿一日小方村迄出張相成候処別紙御觸寫之通藝州口一之先討手　御免相成候付當月十日十一日両日ニ不殘御引取ニ相成申候依而御國境間道海岸島々迄御人數御繰出ニ相成申候

一先月廿七日彦根樣榊原樣廿日市ニ御越ニ相成公役衆歩兵ニ至迄長州御領分大島と申所ニ而度々戰爭御座候由御座候去十二日彦根樣榊原樣小方樣ニ御越相成一之手御人數大竹岩國ニ御越相成十四日朝榊原樣御人數ゟ岩國ニ向二三度砲發致し候処晝四ツ半時比長州ゟ蒸氣船ニ公義之御印を立岩國沖合ゟ大砲打出し彦根勢榊原勢御両家ゟ蒸氣船ニ向為御人數御繰出シ相成候処長州勢小方村山ゟ貳三百人も案外ニ出御両家樣ハ四十八坂迄御引取被遊候処長州勢弥增盛ニ相成候樣子ニ而御両家樣ハ大分ヤふれ候樣子ニ付彦根殿樣も御船ニ而廣島誓願寺ニ御引

取御人數も廣島ハ皆々引取榊原樣も海田市元御本陣迄御引取御両家樣共初陣ゟ大ヤふき右ニ付夕八ッ時比ゟ御城も惣出仕私も出張之積ニ而町方迄一寸參候処彦根御人數榊原御人數四五人十人程ッヽ引取候を見懸實ニ目も當ふきぬ事ニ御座候彦根榊原両家ハ多く大砲十一挺長州ハ取ふき候樣子ニ御座候大竹小方村邊一軒も不殘燒亡成樣子ニ御座候

一十四日曉九時原新五兵衞樣備組共草津迄御出張相成申候十六日晝後淺野豊後樣甲斐村迄御出張同夜九ッ時比木村外記樣備相組共草津迄御出張又十八日夕方本多庫人樣備相組共御出張相成申候

一十五日紀州樣御人數大野村迄御出張相成同十六日作州御人數明石御人數彦根樣御人數榊原樣御人數

公義步兵隊五百人程大野迄御出張相成今十九日明六ッ時ゟ戰ひ今朝大砲之音止間なく廣島ハ聞申候今晝前惣太夫樣御出御咄ニて今日之戰ハ長州大負之由ニ承り申候

六月十九日認

旦　那　様と有之

○此節尾州詰之藝藩重役池之内次郎左衛門ゟ同藩藏奉行ホゟ之通用扱書

六月十九日出廿九日著前文略

十四日以後種々風説相聞候へ共爾と取留候證説も無之処今十九日朝六ツ時比ゟ又々西之方ニ而砲響夥敷相聞所ニ寄煙もミへ玖波欤小方欤の巷説區々私ハ日之出前早朝ニ新藏ゟ出らけ粮米相渡候処四ツ時過も砲響烈敷其後少々間斷も有之く又相聞候ハ共追々間遠ニ相成晝前ニハとんと相止聞へ不申候然処追々風聞ニも今日ハ官軍方大勝利防長賊を追討發砲し小瀬川を越四五丁防州領ゟ討入候趣ニ相聞十四日返報之討入も愉快之軍ニ有之由ニ御座候歸宅承ハ二川殿縫殿殿調子三太夫小鷹狩某ホ晝比出張ニ相成候由己斐草津ゟ西野も山も討手之人數充滿夥敷軍勢之由此勢なれハ速ニ御征伐相違も有之間敷明石大垣井伊榊原

（原朱）藝州邊ニ而穢多之事チ都而革太と相唱候由

公義御人數此御方御人數ホ〆く數萬大造之事之由敵方革太を遣ひ候由（原朱）藝藩之事此御方ニ而又革太を遣ハれ候由革太獅《マ》師《ヽ》ホ余程有之趣之石州口官軍是又手際之由ニ相聞此許御家中或ハ子弟末々ニ至迄出張ホ之出立甲斐々々敷何もも行裝立派感心ニ御座候陣羽織小袴筒袖其外得道具諸職人大差問大混雜此時ニ而晝夜不眠之由晒木綿白晒ホ仰山賣買直段も頻ニ引揚ケ武家飢饉町家豊年此時ニ御座候平生無僕之の出張ニ被雇賃素ゟ高直日々　御城ヽ出歸之雇賃も過當之趣ニ相聞餘ハ万端御推察末略

六月十五日出同廿九日著

去月廿一日二川殿井組其外御番頭三頭新組頭二頭小方出張在陣之処公義ゟ御免ニ付當月十日右此御方御人數引取ニ相成其跡ヽ井伊侯榊原侯両家御繰出シ御陣所ニ相成候処昨十四日曉ゟ戰爭初り防劦方ゟ前後取卷キ大砲小銃を以責らけ相戰候処瞬念之間ニ両家大敗軍小方大竹玖波迄一字も不殘灰燼と成昨日八ッ時比ゟ終夜両家敗兵夥敷廣島ヽ引取

廣府大混雜前代未聞之事防州纔ニ四五百人之人數官軍両家ニ而一萬人位ハ可有之欤衆寡難敵と云事も可有之筈然ニ斯一戰大敗走殘念至極此事之殊更大砲船兵粮機械才ニ至迄悉く捨置迯去敵方之物と成井伊家ニハ砲器なくてハ再戰ハ出來間敷前代未聞見苦敷事昔源平之戰ニ水鳥之羽音ニ驚キ敗走至此度之事大砲之響ニ氣を奪ハれ取物も取あへず敗走と相見候夫ハ兎も角も御領分三ヶ村も燒打足踏致し候段恐入候次第依而昨夕已來尙又別而御警衞向嚴重所々方々御手重ニ相成御城ハ元ゟ諸役詰切と成小袴陣羽織著出勤被　仰出玖波小方さし渡し近き事ニ付曉ゟ四ッ時比迄大砲響此許ニ相聞へ候事ニ御座候實ニ防長重々大罪可惡之嗛此一件諸方ハ巨大ニ聞へ御懸念可被成此御方御家人ハ小所口屋番ニ而も一人も怪我ハ無之尤所之百姓町人小數之卽死怪我才有之趣両家家老卽死怪我之說も有之候へ共虛實不詳両家共昔ハ名家四天王之家ニ候得共子孫之末ニ至候而モ今度之如く比興至極成敗走泉下直政公康政

公之大罪人之戰場燒跡江ハ紀州御人數

公義御人數出張繰出シ候由尙追々明石侯津山侯も御參集之由何分玖波ゟ東ハ無難ニ御座候間必御懸念被成間敷末略

同上

先月廿六日彥根樣榊原樣廿日市江御越ニ相成公役衆步兵ニ至迄長州領分大島《マヽ》軍と申度々戰ひ御座候樣子ニ御座候去ル十二日彥根樣榊原樣御両家とも小方村江御越相成一ノ手人御人數ハ大竹岩國江御越相成十四日朝榊原樣御人數ゟ岩國江向ケ貳三度大砲發致し候処晝四半時比長州ゟ蒸氣船江

公義之御印を建岩國沖合ゟ大砲打出シ彥根勢榊原勢御両家ゟ蒸氣船江向ケ御人數御繰出し相成候処長州之勢小方村山ゟ二三百人も案外ニ出御両殿樣ハ四十八坂迄御引取被成候処長州之勢弥增盛ニ相成候樣子ニ而彥根殿樣ハ御船ニ而廣島淸願寺迄御引取御人數も皆々廣島江引取榊

（原朱）此條ハ六月十九日出尾州詰藝藩江國許ゟ之文通摘要再出ル

原様も海田市元御本陣迄御引取御両家共初陣ゟ大ヤふ𛁈右ニ付夕八ツ時比ゟ　御城も惣出仕私も出張之積ニ付町方迄一寸參り候処彦根御人數榊原御人數四五八十人程ツヽ引取見懸ケ實ニ目も當てられぬ事ニ御座候両家共大砲十一挺長州ニとられ候様子ニ御座候大竹小方村邊ハ一軒も不殘燒ケ誠ニあハ𛁈ふる次第ニ御座候末略

追啓井伊榊原家來之内大小取落し廣島ふて買求候向多分有之との事何分敗北と相成候へハ中々手の廻ふぬやゑらし肝要之品々勿論多人數との事末略

○御城書

六月十日

一紀州様當月三日手船明光丸ニ被乗込木津川口出帆被致候処同五日藝州廣島表ニ到著被致候旨申來候付此段申達候様家老共申候

同十一日

備前藤井
播州有《ウ》年《ネ》
備中矢掛
備後尾之道
備中四日市
播州姫路
右夫々頭書之通相越候付昨日於御座之間御目見被　仰付
一公方様巳上刻御白書院ゟ
出御



軍目付
御使番御雇御小性《ママ》組
前田乙五郎
本目万之助
川勝十郎左衛門
細井宗左衛門
小菅鋭次郎
酒井市左衛門
大坂加番
永井信濃守
成瀬隼人正
松平肥後守家來
小野權之丞

右壹人ッヽ出席
御目見被　仰付
但隼人正儀も御懇之
上意有之
同十二日
一大目付ゟ伊賀守申渡候書付之寫
松平安藝守井伊掃部頭榊原式部大輔ニ別紙之通去ル八日藝州廣島おゐ
て相達候間此段相心得御供萬石以上以下之面々ニ可被達候
松平安藝守
藝州口一之先討手被成
御免候依之國境間道海岸島々守衛之儀も兼而相達置候得共一際嚴重相
心得候樣可被致候尤松平近江守附属討手之儀ㇵ　御免候間右之趣可被
致通達候

井伊掃部頭
榊原式部大輔
此程相達候趣ゟ有之候得共松平安藝守儀藝州口一之先討手　御免被成
候松平近江守附屬討手之儀ゟ被成　御免候間両人ゟ申談討入可被申候
尤松平三河守松平兵部大輔引續繰詰候樣相達候間可被得其意候
六月
同十三日
講武所方
大砲方
小筒組
右藝州路ゟ罷越候付
御目見被　仰付候
一大目付ゟ伊賀守相達候書付三通之寫

松平備前守脇坂淡路守井伊掃部頭榊原式部大輔ゟ別紙之通去ル九日於
藝州廣島表相達候間爲心得萬石以上以下之面々ゟ可被達候
六月

松平備前守
脇坂淡路守
井伊掃部守
榊原式部大輔

藝州口一之先討手松平安藝守
御免被成候付而も早々出張候樣可被致候尤兼而相達候通應援之積可被
心得候
六月

藝州口一之先討手松平安藝守
御免被成候ニ付掃部頭式部大輔申談討入候樣相達候得共攻口之儀書面

之通可被相心得候
六月
同十四日
同十五日
○大坂御城書
六月十六日
一藝州表おゐて左之通紀州樣ゟ被　仰出候書付之寫
紀伊殿廣島表御在陣中
御先鋒惣督之廉を以藝州石州路討手之面々都而両道之指揮御心得可被
成候此段藝州路石州路討手之面々并在藝役々軍目付ゟ可相達事
水野大炊頭
藝州口御先手被　仰付候早々出張一之先二之見面々示し合セ進入候手
筈可致候旨被　仰出候

六月十日
同十九日
講武所奉行
遠藤但馬守
講武所砲術師範役
榊原鏡次郎
御目付介
古部孫太夫
同頭取
伴野七之助
陸軍方
講武所方
右藝州路ゟ罷越候付　御目見被　仰付
同廿二日
一紀州様ゟ伊賀守ゟ御伺書之寫
此度出陣仕候段大儀ニ　思召候依之爲　御尋於藝州廣島表交御肴一臺御酒二樽御蒸菓子一折拜領被致候付御礼品御伺之処御礼品ニ不及旨御書取を以申聞候由ニ御座候
成瀬隼人正
右板倉伊賀守ゟ差圖登　城仕候処牡丹之間おゐて御用談有之候

但御用品相分不申候

一松平右近將監軍目付三枝刑部討死致候付代與津富太郎被　仰付

一紀州樣ゟ伊賀守江爲御出被遊候達書之寫

紀伊殿藝州廣島表江出張被致候付粮米拜借之儀被相願候處出格之譯を以於藝州廣島表御渡相成候米三千俵共都合壹万俵拜借被　仰出候付御礼品之儀跡々御金拜借相濟候節之先格者有之候得共此度も出陣中之儀ニも候付如何可被致哉廣島表江申遣度候間宜御差圖御座候樣致度此段申通候樣家老共申候

右御出陣中ニ付御礼品ニ不及旨御同朋頭を以差圖仕候由御座候

以上

○江戸御城書

六月九日

一井上河内守宅おゐて佛蘭西人應接有之和泉守松平縫殿頭立花出雲守其

外懸り御役人相越申候

同十二日

牧野備前守

内藤豊前守

水野出羽守

青山左京大夫

御進發御供被　仰付早々上坂可被致候

本多相模守

同斷被　仰付候得共病氣ニ而罷在候趣ニ付爲名代同氏伊勢守爲差登候樣可被致候

右河内守申渡之候

稻葉兵部少輔

同十五日

内願之趣有之御役御免若年寄格ニ被成下海軍御用引受取扱被　仰付候旨

同十九日

水野和泉守
名代　水野肥前守

思召有之加判之列御免前々之通鴈之間詰被　仰付差扣可罷出旨被仰出之

松平周防守

奥州白川ゟ所替被　仰付旨

松平縫殿頭

老中格被　仰付旨

同　人

外國御用陸軍御用取扱被　仰付之
右奥おゐて河内守相達申候
井上河内守
御勝手御入用懸り可相勤旨
右奥おゐて周防守相達申候
同廿日
阿部豊後
名代　鑑次郎
其方儀御役中不行屆之儀共有之ニ付隱居被
仰付蟄居可罷在旨
豊後分知三千石
御小納戸　阿部長太郎
名代　同　人
阿部豊後御役中不行屆之儀共有之ニ付隱居被

仰付蟄居被　仰付其方儀先達而仮養子ニも相願候儀ニ付豊後家相續被　仰付為家督十万石被下鴈之間詰被仰付奥州棚倉ヘ所替被　仰付依之御小納戸役御免被成候

松前伊豆
名代　藤堂菊之丞

其方儀御役中不行屆之儀茂有之ニ付隱居被仰付蟄居可罷在旨

同人嫡子
松前志摩守
名代　溝口美作守

父伊豆儀御役中不行屆之儀有之ニ付隱居被仰付蟄居被　仰付候家督之儀も無相違其方ヘ被下柳之間席被　仰付追而村替可被仰付候

右昨十九日於井上河内守宅御老中松平縫殿頭列座河内守申渡之大目付

御目付相越申候

同廿一日

一玄同様御登　城追々之通（此日御用多ニ付夜五時比歸御之由）

同廿二日

勤役中貳本道具爲持候様被　仰出之

松平縫殿頭

右昨日於奥河内守申渡之

若年寄被　仰付旨

本多能登守

右於奥周防守申渡之

○

御手前様御一隊一左右次第

御先ゟ為御差登之儀も可有之候間其御心得寄合組并御附属役々ゟ被仰渡候様奉存候此段可申達旨御用方御同席様被　仰聞候依之申達候以上

六月廿七日

(原朱)御用人　山村多門

同　五味織江

同　中西眞之助

同　佐枝新十郎

(原朱)列　寺尾土佐様

當節之形勢に付大御番組二隊寄合組一隊急變之節卽刻口々御固ヵに付出張被
仰付候義も難計候間銘々宅ニ相守罷在其内右三隊打込一隊之半數ハ毎夜
御城ゟ相詰若異變之節三隊附属役々共不殘相詰筈候間其御心得御附属

之輩江茂御申通辭可被成候尤右之趣大御番頭江も申談候間委細御申合
可被成候右ニ付心得書付壹通相達候
但隊長之義詰切ニ不及候得共不時見廻不締之儀等無之樣御取計可被
成候
六月
心得書付
御城江相詰候面々毎日酉之刻ゟ翌朝辰之刻迄相詰候事
但出勤境引取境等節々與頭ゟ御目付江相屆可申事
一鎗幷辨當持參尤同心も銕砲玉藥共持參之事
（原朱）異變之節鎗印附可申
但從者之儀
御城江爲詰切不及候事
一衣服之儀平常も小袴割羽織著用塗笠持參致し候事

但異變之節ハ去ル亥年被　仰出候迅速御城ヘ罷出候節之衣服著用
之事

（以下四行原朱）〔欄外ニ〕去亥年

陣羽織火事羽織小袴伊賀袴等著用
但小具足之儘罷出候而も尤不苦
家來之輩著具之儘召連候而も是又不苦

一詰場所之義ハ未申御櫓之筈候事
一右相詰候面々急變之節卽刻口々御固等ヘ《さ》付出張被
仰付候義も難計候間可有其心得事
一御城ヘ相詰候外宅守之面々若異變有之節𪜈鎗等自身携候而も不苦候
間迅速詰所ヘ駈付可申事
右之通御心得不作法之義無之樣御警衛第一ニ心懸且御場所柄之儀ニ付
火之元別而入念候樣可心得候尤御目付支配之者時々相廻筈候事以上

御先手物頭壹人
両御番與頭壹人
両御番廿五人
御先手同心
貳拾人

大御番組寄合組ニ而三隊之半數未申御櫓ニ相詰筈
隊長も不時見廻り

七月中
大御番三番組
四番組
寄合組

八月中
大御番八番組
一番組
寄合組

九月中
大御番八番組

十月中
大御番三番組

貳番組　　　　四番組

寄合組　　　　寄合組

○七月二日曉信州塩尻宿おゐて浪人等多人數殊之外乱妨およひ
御領分ハ可押入哉も難計旨注進有之候付大田御代官より達書早打ニて
被申越候付御年寄衆早登
城ニて有之候事

但翌三日より若井鍬吉右方ハ早追ニて聞合ニ罷越候由

○六月六日出江戸狀

〔書入二〕（二行原朱）此書草略且属文前後不分明之然共大旨ハ可知

一五月廿八日夜より江戸品川宿打こわし相もし先品川全（本ノマヽ）廿六七軒

一同廿九日高輪より芝大門前迄凡四十一貳軒打毀シ歟（原朱）

一六月朔日二日と所々唐物屋初打毀相初

一同三日夜神田鎗（鎌カ）倉川町北ニて伊丹屋と申鉄物屋打こわし之節町方同心

(原朱)此所不詳

と市中廻り酒井左衛門尉家來と間違出來町方北組同心後藤六藏と申者酒井家來ニ而切殺同心ゟ打毀見物召捕候趣酒井ハ見物ハ拂散迄ニ而必召捕不申候右御沙《本ノマヽ》ゟ町方先ニ刀を拔候由ニ而乱妨ニ刀を拔候者も打捨る御役ハ酒井なりと直ニ拔打ニ切町方ハ内々引取度趣酒井ハ表向ニ而屆ニ相成申候後藤ハ三十四五歲之由三河町一丁目自身番ニ死骸三日計有之候趣實說ニ御座候

一此節江戸市中毀候者一人も未召捕相成不申唯見物之者計(原朱)脫文有べし

此度之毀手ハ天狗と申事ニ而若キ者六七人力量ハ何程共不分屋根渡さゐ又ハ駈廻り方見事ニ有之初も小兒店ニ來く物價高直ニ付施しをすへしといひ諭したるが番頭共小兒と見侮り捨置候內近所ゟ見物多人數寄集り其內ニ何方から若キ者六七人出忽乱妨悉く打毀尤其者共金子等諸品共一品も持行不申彼是いたし候內何方へ行候哉其跡方不相分由見物ニ參り候者ニ承り候ニ何方ニ而承り候而もミな〳〵右同樣之咄し之

一白米百文ニ壹合六夕此節壹合九夕又ハ貳合と申事ニ御座候両ニ白米五月晦杪（本ノマヽ）壹斗壹斗貳升ニ御坐候
一毛利御所置相濟候へハ
御上洛相成少々御滯京之由ニ而此表ニ而も大名五家ニ
御上洛御供御内意有之相濟候ハヽ當月二日比可被
仰付之心組ニ而夫々用意両三日ニ出立可有之筈之処又々前条之趣ニ而
も弥動乱初り可申東西共其混雜困入申候
六月六日認
○六月十二日出江戸書狀之中
一去月廿八日ゟ品川邊芝邊其外所々ニ而うちこはし有之新宿邊同樣依之
町々ニ而も施し出し又も召捕之人數所々ニ相詰候間此節も穩ニ相成申候
右ニ付施し之名前書寫し差上申候尙後便ニ可申上候以上
御府内施之名前附寫下町邊荒増記そ

一金貳分ツヽ
表裏共隣町迄一軒前ニ付
一同一分ツヽ
一同
一同
一同二分ツヽ
一同一分ツヽ
一同
一錢壹貫文ツヽ
表裏共隣町迄一軒前ニ付
一金一分ツヽ



通一丁目 白木屋彦太郎
同 須原屋茂兵衛
〔一〕あふミ屋
〔中中〕あふミ屋
古梅園中惣きの國や
大藤 一角丸いとや
谷口さとうや
同二丁目 小林新兵衛
同 山城屋佐兵衛
通二丁目 伊勢屋徳兵衛
同 藤木ぬり物店

一同
一同
一同
一同
一同三分ッゝ
一同壹分ッゝ
一金一分ッゝ
一同
　表裏共隣町迄一軒前ニ付
一同三朱ッゝ
　同
一同貳朱ッゝ
　同



同　(中村屋
　　いなもや
同　山形屋三郎兵衛
同　そゝや武助
同　柳屋五郎兵衛
室町二丁目　勝田あふ物店
同　角万りん物店
同　山本屋嘉兵衛
下はき町　溜屋金物店
同　家主定兵衛
同　家主中

一同貳分ッヽ
同
一同壹分ッヽ
又貳朱ッヽ
一同一分ッヽ
一同三分ッヽ
但四ヶ町ヶ間へ表裏共
一同壹両貳朱ッヽ
一同壹分ッヽ
一同
一同三分ッヽ
四ヶ丁ゝ



中橋埋地
（おりや　きん利
越前や　きんふんや
水あめや
南傳馬町一丁目
大坂屋庄三郎
同
唐物中島屋
同
店　中
中むし
實母散　喜谷
同
竹村藤兵衛
勝田両店木村屋
三彦　大坂や　桝

一同貳分ッヽ

一同

但し拾六丁ハ

一金三朱ッヽ

但二ヶ町一軒ニ付

一同壹朱ッヽ

一白米六升ッヽ

但四ヶ町ヶ間へ壹軒ニ付

一白米男五升女三升ツヽ

但八ヶ丁ヶ間へ壹人ニ付

一金千両

但し壹軒ハ拾両ッヽ

一同壹分ッヽ



こふく町 伊勢屋吉郎兵衛

新右衛門町 川村傳左衛門

本材木町五丁目 御木具屋

同 姫路屋庄太郎

同二丁目 和泉屋三郎兵衛

深川平の丁 干鰯店水戸屋

駒込片町 菊屋店中

深川北川町 近江屋喜左衛門

但し八ケ町へ出入之者ハ金貳分ツヽ

一同貳両ツヽ

一同壹分ツヽ

一同

一八ケ町ゐ金貳分ツヽ

一白米壹斗
金貳分ツヽ

一錢壹貫文ツヽ

一金壹分ツヽ

一同

一金壹分ツヽ

一同

大傳馬町一丁目 太物店中

同 外泉忠

同 田畑屋次郎右衛門

同 小津清右衛門

本両替町 三谷三九郎

本石町 近江屋三右衛門

（鴻池茂兵衛
石橋榮藏

深川さか町 越後屋喜左衛門

同 久住五左衛門

芝口壹丁目 松坂屋呉服店

同 丸市

一同
一同
　但し五ケ町に
一同
一同
一同貳分ツヽ
　又壹分ツヽ八ケ町に
一同貳朱ツヽ
一同
一同
一同

金吹町　播磨屋新右衛門
南かやそ町　〽小西両店
淺井
竹川彦太郎
深川さか町　みそ店ちくは
同　山屋喜介
同　肥前佐賀御會所
同油店ヽヽ　藤屋藤吉
同　池北屋
同　石川

一同
一同
一同
一同
一同貳分ッヽ
　三十八ケ町ニ
一同壹分ッヽ
　八丁ニ
一同貳分ッヽ
　十八ケ丁ニ
一金壹分ッヽ
一同貳朱ッヽ
一同

同　和泉屋
同　池田屋安兵衛
同　宮本安兵衛
同　高須屋
新右衛門町　川村傳左衛門
よしや富右衛門
芝田町　千波太郎兵衛
さゝ同油ぬり　須松屋清左衛門
同　たゝ屋
同さが町　米屋勇介

一同
一同
隣町迄
一同貳分ッ、
　夜商人ハ一分ッ、
一同
隣町迄
一同
一同壹分ッ、
隣町迄
一同
同
一同三分ッ、
　百餘人ハ裏店ハ壹分ッ、
一錢三貫文ッ、
裏々ハ
一金貳分ッ、
　出入之者ハ壹両ッ、



同油堀　兵庫屋義兵衛
同油店　山屋喜左衛門
近江屋四軒共
木川新宿　三軒ツヽ
赤坂傳馬町　同斷
本郷　五軒共
神田　七軒ツヽ
靈岸島新川　八軒ツヽ
本所相生町　三軒ツヽ
本町四丁目　四軒ツヽ

一同
　町内へ
一同
一同壹分ツヽ
　五丁江
一錢六貫文ツヽ
　四ケ町へ
一金三分ツヽ
　隣町迄
一錢貳貫文ツヽ
　四百八十人江
一金貳分ツヽ
　隣町迄
一同壹分貳朱ツヽ

内藤新宿
　樽金之内ニ而
小石川水道町
　貳軒みく
瀬戸物町
　伊勢屋伊兵衛
市ヶ谷御門外
　六軒みく
茅場町
　竹川彦太郎
本船町
　米店貳軒共
いづみそし
　鴻池屋平吉
牛込神樂坂
　貳軒みく

一同壹分ッ、
一同貳分ッ、
一同壹両一分ッ、
一同壹分ッ、
外ニ百五人ハ壹分ッ、
一同三分ッ、
隣町迄
一同壹分ッ、
三ヶ丁ハ
八ヶ町ハ
一同貳分ッ、
出入之者ハ壹分ッ、
同
一同壹分ッ、
同
一同



元四日市 貳軒ゟゝ
青物町 四軒ゟゝ
大傳馬町一丁目 三軒ゟゝ
深川 山屋喜助
東八丁堀 大坂屋庄三郎
小あミ町 四軒ゟゝ
駿河町 越後屋八郎兵衛
三軒ゟゝ
三十軒堀 鳥羽屋淸左衛門

一同
七ヶ町へ
一同貳分ツヽ
五百三十人ニ
一同
一金貳分ツヽ
外ニ壹分ツヽ
一同壹分ツヽ
一同壹両壹分ツヽ
一同三分ツヽ
一同壹両壹分ツヽ
一同
出入之者ニ壹分ツヽ
一同壹両壹分ツヽ
裏々ニ
一同貳分ツヽ



深川六軒堀 三軒ゐ〱
呉服町 伊勢屋善之助
ふき屋町 三谷三九郎
呉服町 米屋角万貳軒共
淺草田原町 三軒ゐ〱
通四丁目 三軒ゐ〱
通町 白木屋彦太郎
南傳馬町三丁目 十五軒ゐ〱
室町 利倉や錢屋共
檜物町 山本三治外拾軒ニ而
日本（橋脱カ）・通一丁メ 八軒ゐ〱

裏町江
一同三分ッ、
隣町迄
一同
三ヶ町江
一同壹両ッ、
五ヶ町江
一米壹升ッ、
十ヶ町江
一錢三貫文ッ、
一金三分ッ、
出入之者江
一金壹分ッ、
隣町迄貳分ッ、

同 三軒み〻
御藏前 七軒み〻
四ッ谷傳馬町 四軒み〻
新川 鹿島清兵衛
麹町 越前屋又四郎
千住小塚原 三軒み〻
通旅籠町 大丸屋庄左衛門

右之外麹町岩城其外市ヶ谷邊ニ而も伊勢屋庄次郎初所々ニ而施候得共委敷施し高不相分候

○大垣藩士ゟ藝簡書取十四日十五日之事 同説故略之

十九日大垣家老戸田權之助番頭山本十藏

公義御人數ニ隨從兵粮相護衞大野口ゟ罷越候処敵兵粮を目懸候哉大垣
勢ゟ寄來候処廿間許之所迄引付例之大砲打放候処二發的中散乱いゐし
生捕三人分取多く其所ゟ紀州勢明石勢鑓を入候而悉く散乱し大垣中間
壹人脚を怪我而已伏見街道同樣又々大砲ニ而勝利大慶之至一昨夜早打
爲知參候藝州詰閣老ゟ勝利御届第一之初之由ニて承り申候
一九州口ハ細川侯初地雷火ニ而御人數大分損し候と申事其後追々御討入
長府淸末已ニ落城と申候是ハ遠方故實否未詳候何分四天王も時勢ゐく
致方無之候藩中ゟも西洋嫌之士有之此度藝州ゐく井伊侯御陣立拜見旗
幟陣羽織等見事實ニ四天王と感し候よし西洋砲少く和流筒多く御座候
よし然るニ敗走大垣ハ筒袖陣羽織ニ見苦しき袴ポニ而西洋砲計一向見
苦敷候得共勝利故我を折感服仕候段申越候異人
公邊御人數行軍拜見兒戲ニ近しと申候由も此場と存じらせ候
六月廿七日

六月十五日出大坂來簡之由ニ而只今寫來候旨ニ而走乱の寸紙を見るよ
嚴島ニ屯いたし候　公邊御人數八日出帆九日十日周防へ討入候處小島
大島兵士更ニなく土民穩和ニ尊敬いたし素より
公邊ゟ御構無之右二島不戰して乘取候姿ニ有之由大膳父子初末家中及
重臣才弥恭順ニ相聞候よしいまた奇兵隊の姿ハ見せ不申趣之
十五日長谷川御用召之御切紙之由十六日御用人欤と之由

○大坂御城附聞繕

紀州様藝州御出陣之後和歌山より大坂江罷出候御家老山高左近義も藝州江出陣いたし候様彼地より被　仰越去ル六日比藝州江出立仕候由同人附属之面々も一同出立仕候由是ハ大坂表江御留守居ニ相越候御家老ト云云

一紀州様御人數之義實地江向ひ候得共當時西洋法之大砲隊并銃陣隊ニ而無之候半而ハ迚も勝利ハ無之との御見究ニ而和哥山表ニ相殘居候面々

暫老躰と申程之者迄も西洋法之手續修練いゐし候樣急便を以和哥山表ゟ被仰越何レも修練仕候よし所謂盜人を見て繩をなへの如し尤嚴重ニ御世話有之

一鉄砲之儀　紀州よくれ定上り抔と申御祕事ぬ有之由ニ候得共夫才ハ御廢相成西洋銃頻ニ御用ヒ被遊候よし右ニ付此程もミニヘールル此表おゐて御買上急速藝州ゟ御廻し相成候よしよく四百挺御買上

一防長之賊徒ハ誠ニ西洋法ニ熟し山坂嶮岨之場所之進退實ニ普通之人物とハ思ハをぬやうニ熟練いゐし居候哉之由よく中々手強キよし然ニ寄手諸藩之面々ニも先ツハ舊習之軍法を以殊ニ火繩砲よく向ひ候付先ツハ賊徒之方ニ利有之寄手之方ニ弱ミ有之よしニ付官軍歩兵隊才ゐくいれも諸藩寄手之弱ミを補ひ候道理のよし此程御同朋頭之咄有之誠ニ歎息之次第ニ御座候

一此節ゐ至り舊習之儀而已申西洋法之手續才不致面々も自身之上之滅亡

ニ相成候義を不存一トロニ命不知ト申物ゆく其身壹人なきハ至し方も無之候得共壹人之滅亡ハ一家之損ニ相成一家之損ハ一國之損ニ相成儀ニ而此程松平右近將監抔之敗走實ニ歎息之由　營中にての噂ニ御座候

一紀州樣御家老有本左門事去ル五日朝藝州廣島發途今九日朝著坂同人咄六月廿五日曉方大野村水野大炊頭陣場おゐく戰爭之義ハ最初官軍方ゟ賊徒之方ㇾ仕懸候処賊徒方五六百人程も起立候付官軍并紀州樣御人數俱ニ及奮激明方ゟ晝比迄大合戰有之候処賊徒散々ニ敗走およひ過半打殺し漸二百人程も打殘辛ふして逃去候由右節味方ニ今暫援兵有之候得も賊徒皆殺ニ可相成右節　紀州樣御人數ニ追討可致積之処何分官軍之者共明方ゟ之戰ひニ勞を追討可致氣力無之隨而廿五日之儀も夫切ニ而官軍并紀州樣御人數共夫々引揚ニ相成餘程之勝利之由集兵場所之咄之由翌廿六日官軍并紀州樣御人數示し合松ヶ原ㇾ相越樣子及探索候処暫くハ豪家も有之賊徒共之兵粮焚出場ニ而兵粮等も貯有之由之処人數ハ

一向無之候付同所ニ火を懸兵粮其外都而燒拂いたし候由
一去月十四日之戰ひニ賊徒方ニ捕子ニ相成候大竹村之者共賊徒方おゐて人夫ニ遣ハれ罷在候処とふり致し藝州之方ニ迯歸り度候へ共仕義ニ寄候へハ可切殺躰ニ付ぐつ〳〵と人夫ニ遣ㇾ罷在候処廿五日之敗走之紛ㇾ大竹村之者共迯歸候よし
一右之者共咄しニも戰爭之砌深手を負候を助ヶ歸候へハ金三兩討死之死骸を持歸り候へハ壹人ニ而廿七八兩も骨折賃貰候者有之哉之由右之通ニ付戰爭相濟候場所ニも血ハ澤山有之候へ共賊徒方之死骸ホハ更ニ無之哉之由
一井伊掃部頭ニ而ハ去月十四日敗軍之耻辱を雪候積ニ而掃部頭人數之儀も誠ニ奮發罷在候由ニ付器械修覆相調人數相揃候へハ不日ニ攻口ニ相進ミ可申意氣込之由且十四日之義を强而敗軍ト申程ニハ無之繰引ニ人數を段々ニ引揚候次第ホ中々之手際之由隨而討死等も存外少きよし

一榊原ハ去月十四日實ニ敗軍ニ而只今之躰ニ而ハ右節之耻辱を可雪程之意氣込も無之一向奮發之躰も不相見候

○七月六日午後　紀州樣御本營江御呼出ニ付井上吉藏罷出候処中村廣人を以御渡相成候寫

私儀不肖之身を以辱も御先手惣督之命を蒙り實ニ負（本ノ）乘其任ニ不堪義ニ候得共方今切迫之御時勢ト乍相辨只今退讓而已候も奉恐入再應御辭退之上愚陋を不顧今日迄奉
命仕候義ニ候得共元來弱輩之私衆生ニ不相副（イ劑）惣督之任有無（イ名）而無實軍之進退并敵之重囚を放遣候儀ホ別紙之大事件ニ付而も往々預聞不致義多分有之諸藩進退（イ戰）之兵士江對し何共無面目次第ニ立至候も全
公邊御主意を不奉辨一己之鄙見を以叨重任を任（イ犯）し候故之儀与深悔悟仕此上差（イ羞）耻を忍ひ強而勉強仕候共此分ニ而も往々罪を重可申と深奉恐怖候間何卒惣督之職も今日より

御免被成下候様仕度其上如何様共努力可仕与奉存候此段何分
御許容被成下候様伏而奉懇願候以上
七月六日
討手之面々江
紀公ゟ御達
別紙之通大坂表江相願候付而も今日ゟ藝石両道共紀伊殿ニハ指揮不被
致候間伯耆守殿ニ而指揮ホ有之様被存候此段可相達旨被申付候事
七月六日
右別紙
長賊江被捕候者江申含此書を爲持水野大炊頭江差返候由之寫
紀伊侯先鋒閣下江曰先般
幕府御問罪之師四境江被差向候付而も弊藩四民一統不奉得其意如何様
之御様子ニ候哉奉伺度隣境借地推參仕候処不圖井伊榊原両侯御陣拂相

成愈疑惑罷在候付再應大野口屯所近邊不憚嚴威罷出候次第ニ御座候然処今度松平伯耆守樣より御寛大之御所置を以是迄御抑留ニ相成居候宍戸備後介御差返被爲成候付而も國情巨細御了解之御事と相考最早改而平穩之　御沙汰可有之哉と奉渇望候処道路之風説先夜以來御襲來之樣子承之不堪恐怖素下情鬱塞匹夫不得其所よりして今日之形勢ニ立至り候得共前斷伯耆守樣萬端御聞取被爲在候又候
皇國之騒擾萬民之塗炭を釀し候而も何歟私鬪之姿ニ相涉上ハ奉對
明天子賢將軍恐縮之至奉存候萬願ハ從來御柱石之御任を以明良遭遇之
御場合被爲成候御事ニ付早々平常之
御沙汰被
仰出候樣御盡力之程奉懇願候以上

七月二日　長防士民中

○七月九日　御城ニ而聞繕書

紀州様御家老有本左門昨日著坂今日登　城御老中ゟ御逢申込候趣意委細之譯ハ不相分候へ共乗而松平安藝守ゟ御預相成居候宍戸備後介事松平伯耆守殿一存を以當月二日頃長州ゟ御返しニ相成和睦之儀御申入相成候由右之儀御惣督　紀州様も御承知無之由右之通ニ而も御惣督之詮も無之候間御惣督御斷之儀被　仰立ニ付右之御使ニ左門上坂仕候由

一井伊掃部頭家老新野左馬介三浦與左衛門榊原式部大輔家老原田權左衛門同中老瀧邊九郎兵衛藝州より両人ツヽ使者として差越今日登　城御老中方ゟ御逢之儀申込候由右之趣意是又相分不申候得共備後介長州ゟ御戻相成候段ハ御和睦等相成候義も可有之哉然ニ掃部頭式部大輔儀ハ去月十四日陸軍之援兵等行違之譯より暫く敗走ニも及ひ申候右ハ勝敗之儀も時宜ニ寄候義ニ付致方も無之候得共此儘御和睦抔と申様相成候而ハ御譜代御先手之名折ニ而相成殘念成次第ニ付何れニ而今一應援戰仕度旨家老共使を以願立候哉之由相聞申候

# 丙寅 連城漫筆

二

○寅六月十三日出敦賀土屋氏ゟ來簡

過日ハ甚敷出水當地四十年來とも申事所々山崩田畑皆無之所も多分海邊漁夫凡三百人余死去云々

一大坂表閣老稻葉美濃守樣ゟ若州重役壹人御呼出左之通御達有之候

當時敦賀表ニ罷在候水戸殿元家來共兼而遠島申渡置候処愼身各別宜趣相聞候ニ付出格之譯を以遠島差許候段申渡候尤當分之内其方ぃ預ヶ被

仰付候間可被得其意候

別紙之通相達候付而も出格之御主意柄差含見込次第可被取計事

五月廿五日御目付依田鉡之助其外御徒目付御小人目付衆水府御右筆頭取野村常之助附添當地ニ出役ニ相成廿七日ニ悉除髮浴湯相濟諸有司立合御趣意申渡金次郎初其余三四人程ハ小濱ゟ両刀并紋付麻上下時服被差遣老職格御取扱ニ而准藩士と申事ニ御座候當時永巖寺ニ相移境內之

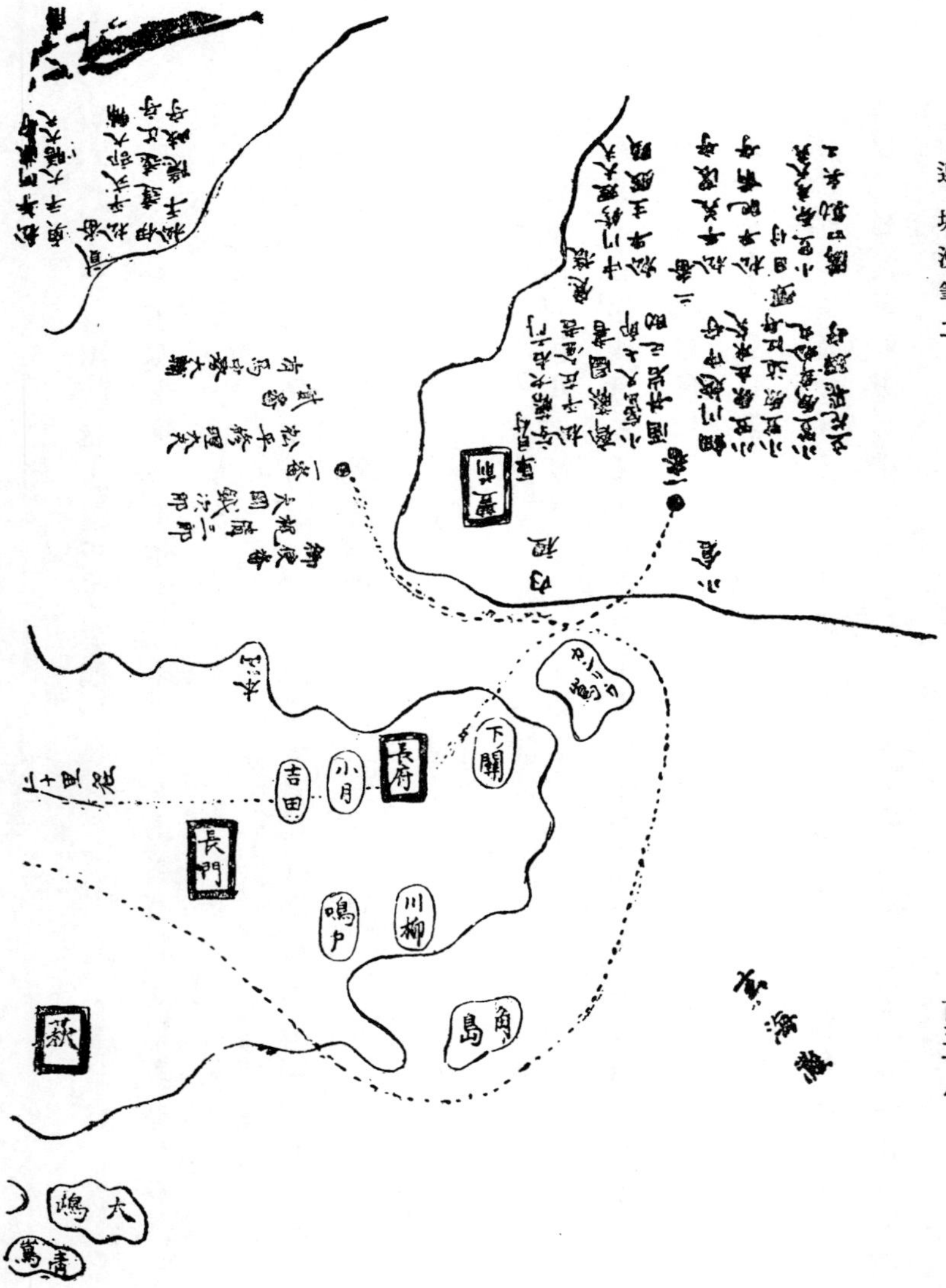
長府
長門
萩
下関
小月
吉田
川柳
鳴戸
角島
大嶋
青嶌

岩国
周防
徳山
山口
石見

徘徊勝手次第日々農兵頭四人町奉行見廻り中候何欤小濱表ゟ引越候由噂仕候格別手重キ取扱ニ而小生輩甚以不審ニ御座候別紙荒増相認入御覽中候

一防長一条茂此比弥御取懸りえ模様噂仕候當月四日下之關初メ市中立退之觸御座候付殊之外上下混雜仕候惣而取引無之由下之關邊姫島公義御軍艦四拾艘程追々來著之申事ニ御座候

御書院番頭 彦右衛門悴　武田金次郎十九才

御一門松平万次郎元家來目付役 御本家士分御取扱　柳下熊助三拾九才

目付同心　照沼粂三郎五拾四才

小林平之進廿六才

安島六三郎廿六才

以下同上　庄司定八廿八才

御馬廻 織右衛門弟　濱野辰次郎廿三才

用部屋坊主　山田勇進廿四才

以下同上　關清一郎

鈴木福太郎廿八才

先手同心　山崎庄八郎四十才

森龜次郎廿二才

小人押　樫村定之助
分一役　谷中祐太郎　廿四才
綿川武四郎　十八才
町同心　石川春吉　廿二才
水戸領青木村神職　原勇　三十三才
水戸殿中間　鬼頭茂兵衛　三十四才

以下同上　古郷丑五郎　廿六才
横山幸太郎　十八才
町同心　中山重太郎　十九才
水戸領西崎村神職　赤館織之助　廿二才
武田伊賀守家來　川井房太郎　廿八才

此外九拾人余御座候得共跡ハ多分百姓ニ而苗字帯刀御免相成居候者又ハ禰宜山伏抔打交ニ御座候濃州加納修験玉龍院良俊と申者も交り居候

○七月五日出藝州ゟ文通之内抜書

宍戸備後介小田素太郎両人先月廿五日夜九ツ時過今村ゟ船ニ乗せ戻し

候様子ニ御座候植田乙次郎立野一郎此人附添被參候様子之
一十九日四十八坂ニ而朝五ツ時ゟ夕八ツ時過迄取合御座候処長州大敗軍ニ而翌日廿日市奥友田と申所ニ而伯耆守様御人數と取合御座候是も長州大敗軍夫ゟ廿日迄戰ひなし廿五日大野四十八坂邊朝ゟ夕七時過迄戰ひ又々長州敗軍其後今日迄戰無之
六月廿一日　峠村友田河津原邊　宮津勝利
同　廿五日　四十八坂戰爭　紀伊様歩兵隊勝利
一四十八坂ハ大野玖波之間難所と相見樹木茂り居候付官軍方ゟ燒拂候由
小島開堤も切流し候由
一小笠原御所置ゟ斯之次第ニ至り只今ニ而ハ小笠原侯小倉ヤふ大坂ゑふ行衞不相分小倉ハ居合切ニ而討入之事一圓相聞不申取合ハ藝州口石州口此外ハ無事ニ相聞申候
一廿五日曉七ツ時比敵方ニ而相圖を揚夜明五ツ時比海手之方丸石ト申所

ゟ船貳艘ニ而長州勢上陸炮發致候付大坂〔垣カ〕勢取合猶官軍後詰いゐし城山下松ヶ原邊凡六七百人又ハ千人共相見一同一發多勢之者不殘大音を揚ヶ同所ニハ水野大炊頭官軍別手組抔當り合大砲打放候処長州形相見不申猶又立出炮發いゐし往還四拾八坂ゟ多人數押寄戰㝡中水野勢兼而伏勢置有之城山上手ゟ松ヶ原通之敵を下り討ニ討下し夫ニ而敵兵難儀ニ相成追々引退海手往還通りも眞之寄兵よく薄く全備へハ松ヶ原之由前文之通ニ而右勝利相成就中大炊頭殿天晴之働御側之方角ニ両人ニ筒壹挺ツヽ持セ置引替々々炮發相成十二三人被討取候由井御家來十八日初而之戰爭ニ大將討取其功を以三百石軍事奉行御引揚堀野六郎と申人武勇を振ひ敵余程討取海手ハ大垣勢出會卽刻退キ双方共討死多候由水野ニハ十四五人之手負討死一両人壹人ハ大御番頭之由只今之所ニ而も玖波松ヶ原之方引揚味方夫々本陣ゟ被引取既ニ其晩も直ニ玖波村ゟ可押寄評議堀野六郎相進候へ共其儀相止官軍水野手配廿六日押寄治定

一討死ハ双方不相變敵兵乘來候馬貳疋曳歸り壹疋ハ廣島へ送り一疋ハ大野ニ殘し置候趣相聞申候

○大垣藩戸田權之助西筋ゟ同藩江之來簡

公私要用申進候御當方人數彈藥護衛一手之官粮護衛拙一手然処六月十三日夜宮島出帆大島江攻入候手筈扠長州境小瀬川ゟ井伊侯先鋒之処大敗廣島迄敗走榊原勢海田市迄退く大島江著三日適逸右之戰地江向大野村桑原と申所江十六日著ク然処十九日曉敵方閑道ゟ襲來寅上刻大戰相成紀州水野方烈敷苦戰既ニ危く御座候処此方拙指揮いたし大炮を横ニ立直し砲發透間なく打立敵散々敗走曉七半時過ゟ初り四ツ時前比戰爭止

一廿五日朝五時比又々賊兵山々谷々ゟ急ニ襲來大小砲打合四半時過迄大雷之如く拙人數も此間之社之鳥居之所ニ而指揮いたし賊兵ハ山間之巖石樹陰ゟ伐り打ニいたし歩兵ハ山下ゟ追々登り大砲嚴敷打懸拙差圖之

大砲も都合能敵ニ中ル水野砲《マヽ》立敵敗走なり委細之儀も若に申遣候也御聞可被下候先ハ両度之大勝利武門之大幸不過之候拙指揮致候社之裏門に敵ゟ打候玉廿五六も打込候跡見へ申候一端之模様ハ實ニ彈丸雨之如く砲聲大雷之如く今日則廣島表に御届差出候処閣老ゟ別紙之通紀州侯ゟ御使者頂戴軍目付ゟ次第柄可申上とく萬端御尋いらよも御感服との儀之夜々襲來之模樣有之㝡早追々數度之戰ニ及可申且案之外可驚物ニ而無御座候追々奏功と存候先ハ取込揮筆御推覽可被下候以上

七月

○寅七月十一日附京便

春嶽侯之事兎角御下坂御困りと申事ニ御座候折々橋公に御出有之由御座候御建白も出申候㝡早御承知とハ存知候へ共別紙ニ申上候已前之嶽公ニ而も無之と奉存候

一典薬頭福井豊後守山《マヽ》高橋安藝守両人共一昨日比歸京

大樹公御病躰奏聞相成申候右ハ御脚氣御余病も被爲加中々御大病之由申候官家ニ而早く風說有之殿下御初其外ニ而茂御跡之御內議も有之欤申事ニ御座候橋君御下坂之御催有之候処とふ欤止り候由承り申候さそ是ハ先御宜方と奉察候猶承込候分可申上候

一長防二州之士民ゟ諸藩之士民ニ遺書といふ物有其大意ハ今度殿樣御寃罪雪不申故私共一同國之爲メ死申候乍去年來皇國之大憂何卒各樣おゐて私共死後ハ別而御盡力被下御國躰之立樣ニ被成下候樣との趣之由哀成書綴さる物ニ承り申候手ニ入次第寫取可奉入貴覽候

一討手之面々ニ御渡相成敵地ニ入候者所々ニ早く張出可申筈之書付平ら而附板木摺いたし一枚も御入用無之由

覺

此度討手之人數を差向られ候ハ大膳父子兼而申立さる通相愼居候よ

し之処悪人邪魔をいたし
公義之御裁許を違背し却而大膳父子之罪を重ねんと計故此悪人共を
誅戮するなきも國の爲を思ひ相愼居守る者ハ一切御構無之事
一旦悪人ニ組するといへとも先非を悔て降參する者ハ其罪を免すへ
し幷隠し居る悪人を訴出るニおゐてハ御褒美被下候事
百姓町人ハ一切御構ひ無之候間安穏ニその産業をいとなミ平常之通
心得へき事
但軍場よりハ老人子供ハ近よらず怪我致さぬ所へなるべく立退へき
事

慶應二年六月　　御軍事方

○春嶽侯建言
此度長防之模様ニ寄　御動座之御場合ニ而可至との義不被爲得止御次
第ニ而可有御座候へ共　御家之安危至大至重之儀と奉恐入候尤是迄

朝廷御遵奉之筋も近年御誠意を被爲盡候而御一手之御運ニ相成御國是及外夷之御所置追々御施行とも可相成候処長防之一条ニ付而も右重大之御急務を却而御排取相成兼人心之歸向難相立諸藩疑惑を抱き良もすれハ公武之釁隙を可生勢有之且天下公私繁重賦役と申物價之沸騰ニより士民困窮之姿相顯候折柄一度華城　御動座ニ相成候ハヽ此際ニ乘し公邊此上之御失躰を口實ニいたし困苦ニ陷り候人心を煽動し如何成禍殃變乱を計り候者有之間敷とハ難被申又長防之激徒ホ擣虛之施策も難計万一大旆西ニ有之京攝ニ動乱を生し候ハヽ天下之大勢中斷し漕運之路壅塞問罪之諸勢も氣分心襲候ハヽ乍恐　御進退爲御谷ニ相成長防之事も是ニ而却而大義御手間取可相成況又兵庫港之儀も御遠議ニ相成候儀も不奉伺其内異船之渡米ホ有之儀爲難差定右樣之御運ひ相成内外御困難之余り長防之件ハ御苟且之御所置相成候樣ニ而も天下一同ニ廟堂之内底を奉洞察御威光之陵夷可申计御次第ニ爲可推移何分公邊ゟ内地

之戰爭を御引起ニ而ハ御失策ハ素ゟ一旦崩動ニ及候乱（イ階）關容易平定可致樣も無之海軍も障碍を生し御運費才も弥增候儀と相成患害混集御安危御浮沈之一機此時ニ可相決義与恐懼悲歎之至奉存候乍憚此邊之御防備御廟筭御違策有御座間敷哉と奉存候得共何分杞憂ニ堪兼候故不顧憚鄙言申上候何分乍此上長防之件ハ華城ゟ夫々之御指揮を以蚤御濟せニ相成當分京攝之間ニ御奉職御應政御施行之御運ひニ相成候樣至願相禱ニ奉存候此義乍恐尙亦委細申上候樣申置候以上

六月　　　　大藏大輔

（朱書）
右原書誤脫甚多不可讀ケ条不少

○六月廿四日阿部主計頭家來ゟ届書

去ル十六日石州口唐田峠ニ陣取相待居候処長州人濱田境內關門迄押寄津和野打破奇兵隊千人計通行致し尤關門番人五六人出張居候処三四人即死漸壹人助り駕ニ而罷歸申候其後追々近寄波（マヽ）知夜次第ニ而午刻比益

田驛ニ押寄濱田藩ゟも一之手唐田峠ニ繰出候ニ付右藩ニ打合人數ハ裏門ゟ不意勝達寺ニ押寄夫々嚴重陣取居候処敵二道ゟ打出シ互ニ砲戰致し候へ共万福寺藪之向ゟ打候付當りも相分り不申暫砲戰勝敗不決敵引退致對陣候事ニ御座候人數之內別条無併和田諚美右手被打貫候得共命ニ氣遣無御座候足輕壹人少々手負其外別条無之勿論敵方今以益田驛致對陣何刻砲戰相始り候も難計御座候間嚴重致手當相待候事御座候旨彼地ゟ申越候付此段御届申上候

六月廿四日

阿部主計頭内
大林金左衞門

一小倉御領田之浦御臺場御家老島村志津摩殿隊長ニ而人數相詰居候由之処今十七日曉六時比長州ゟ奇兵隊之者蒸氣船三艘ニ多人數乘込田之浦ニ罷越烈敷砲發いたし人家ニ打込一端退キ又ハ地方ニ乘寄セ致砲發ハレッ丸打込人家燒立候由之処人夫共散乱志津馬殿騎士ニ指揮いたし砲發爲致蒸氣船一艘打沈候由三發程相當り之処奇兵隊三百人程直ニハッテイラ

ニ乗込上陸小銃を以互ニ戰爭余程防戰候趣ニ候得共何分ニも島村勢少くして不得止事引退キ申候処其儘三百人余田之浦ニ屯集致し置候兵粮玉藥被取候哉之趣ニ御座候

一右蒸氣船三艘ハ其儘同御領門司浦ゟ相廻候地方ニ寄セハレツ丸を頻りニ打込候而人家を燒立候由小笠原幸松丸樣御人數ゟも致砲發猶又隊長溢多見勢も一同ニ相成發砲致候へ共何分相當り不申由ニ而其儘蒸氣船ハ退帆いたし候由同日九ツ時比幸松丸樣御人數島村溢多勢一同大里ゟ引退キ相固メ候趣共田之浦門司浦共余程燒失いたし候哉之趣ニ候得共右一件ニ付小倉家中幷下々迄過半御繰出ニ相成申候猶又肥後御人數士分五六十人程足輕躰之者百人程幷久留米御人數士分之方三十騎足輕躰之者百人程召連大里ゟ御繰出しニ相成申候

一小笠原壹岐守樣御人數も夕刻御繰出しニも相成候哉之御模樣ニ相聞候へ共弥御繰出しニ相成候哉此義ハ未見聞不仕候内出立いたし候付取

極難申上候

一今十七日暮合比時分迄肥後御人數四百人程小倉御城下ニ著いたし尙追々御人數御繰出しニ相成候趣ニ相聞申候

一中川樣御人數ハ未御繰出ニ不相成候十七日申刻ゟ極早追ニ而士分之方御國許ゟ注進ニ引取候趣猶又諸家樣ニ而極早ニ御引取之趣ニ御座候

一右ニ付市中老若男女大混雜諸道具相片付貳三里田舍ゟ立退候樣致居候此上如何相成候事哉誠ニ騷ヶ敷事ニ御座候

一右戰爭ニ付双方討死手負ホ余程有之由ニ相聞候へ共只今之儀ニハ人數ホ之義相分り不申候

以上

前書國許橫目役之者今十七日混雜中小倉表ゟ罷歸見分之段申出候書付故定而事實相違候事も可有之奉存候得共昨夜半國許十八出之急飛脚到著申來候ニ付其儘入御內覽申候左樣御含可被下候

六月廿四日

一六月廿一日夜松平伯耆守殿依御差圖手勢幷官軍も打交り居候哉凡三百人程大野村邊爲巡邏被相越斥候之者差向候処賊徒之方ゟも斥候之者差出候付味方之斥候賊徒之斥候を短筒ニ而打候処打洩シ何方へ欤迯去候由然処賊方ゟ八百人程之人數ニ而押來候付味方三百人之内百人を賊徒之退キ口伏勢相廻し貳百人之味方ゟ大小砲烈敷打立候処賊徒散々ニ敗走いたし候所を追懸ヶ味方百人之伏勢倶セ合（本ノマヽ）、賊徒を挾打ニいたし首級打取り分捕ホ左之通ニ付味方討死ホ一向無之候由

首級三十五賊徒之方死亡數不知大砲六挺太皷貳ッ玉簞筒ホ

一同廿五日北之方大野村水野大炊頭陣場ニ賊徒方ゟ押寄候趣遠見之者ゟ注進有之無程賊徒五百人程山上より十匁又三匁位之小銃打懸候ニ付水野方よりハ大砲を以打懸相成候処無程賊徒立退候由

一同日官軍賊徒と余程之戰爭有之候よしニ候へ共巨細之譯相分兼申候

七月朔日

○池之内次郎左衛門ゟ之書通寫

今曉七時比敵方ゟ相圖を揚夜明ヶ五ッ時比海手之方丸石と申所ニ船貳艘ニ而長州勢上陸砲發いたし候付大垣之人數當り合猶官兵歩兵組後詰致し候場合尚又城山下松原通凡六七百人又千人共相見一同一發多勢之者不殘大音を揚ヶ同方ニハ紀州様御内水野大炊頭殿幷官兵別手組等當り合大砲相放候処右長州勢形相見へ不申候尚又立出砲發致し往還四十八坂ゟ多人數押寄戰冣中水野勢兼而伏セ置有之城山上ハ手ゟ松ヶ原通り之敵を下り討下ロシ夫ニ而敵兵難義ニ相成追々引退キ海手も往還通りも眞之寄手ニ而薄く全く之備ハ松ヶ原通之由前文之次第ニて大ニ御勝利ニ相成就中水野大炊頭殿ハ天晴之御働御側之方角両人ニ替筒壹挺ッヽ渡被置引替々々込替く砲發被成敵兵十二三人被討取候由幷御家來十九日初手之戰爭ニ大將を打取其功を以加増三百石軍事奉行被引上候

堀野六郎と申人武勇を振ひ敵余程被討取候由海手ハ大垣ニ出會即刻退キ尤双方共討死多候趣水野方ハ十四五人手負死絶両人ニ而大番頭之由ニ御座候只今之処ニてハ敵ハ玖波井松ヶ原之方ゟ引取味方も夫々本陣ゟ被引取既ニ今晩ハ直ニ玖波村ゟ可押寄評義ニ而堀野六郎尤相進メ候由ニ候へ共其儀相止官軍水野大垣ゟ手を配り明日之押寄ニ治定相成候趣ニ御座候

一討死之數ハ双方聢と相分り不申敵兵乘來り候馬貳疋牽歸り壹疋ハ廣島表ゟ送り壹疋ハ大野ニ殘し置有之候趣ニ相聞申候

右之探索紀州様御藩御小人目付拙者同藩ゟ承り尚大野村ゟ歸り候百姓ゟ承り候而も大意同様之事ニ相聞候由此御方探索之者書取寫

六月廿五日夜之事

六月十四日　大竹　小方　玖波迄燒打

井伊榊原敗軍

同　廿二日　峠村　友田邊欤
　　　宮津勝利之由
同　廿五日　四十八坂爭戰
　　　紀州勢歩兵隊勝軍之由
四十八坂ハ大野玖波之間難所ニ相見樹木茂り其後何分賊戰ニ而武士戰
ニも無之無《マヽ》之重々不屆至極萬々此御方ハ迷惑千万之

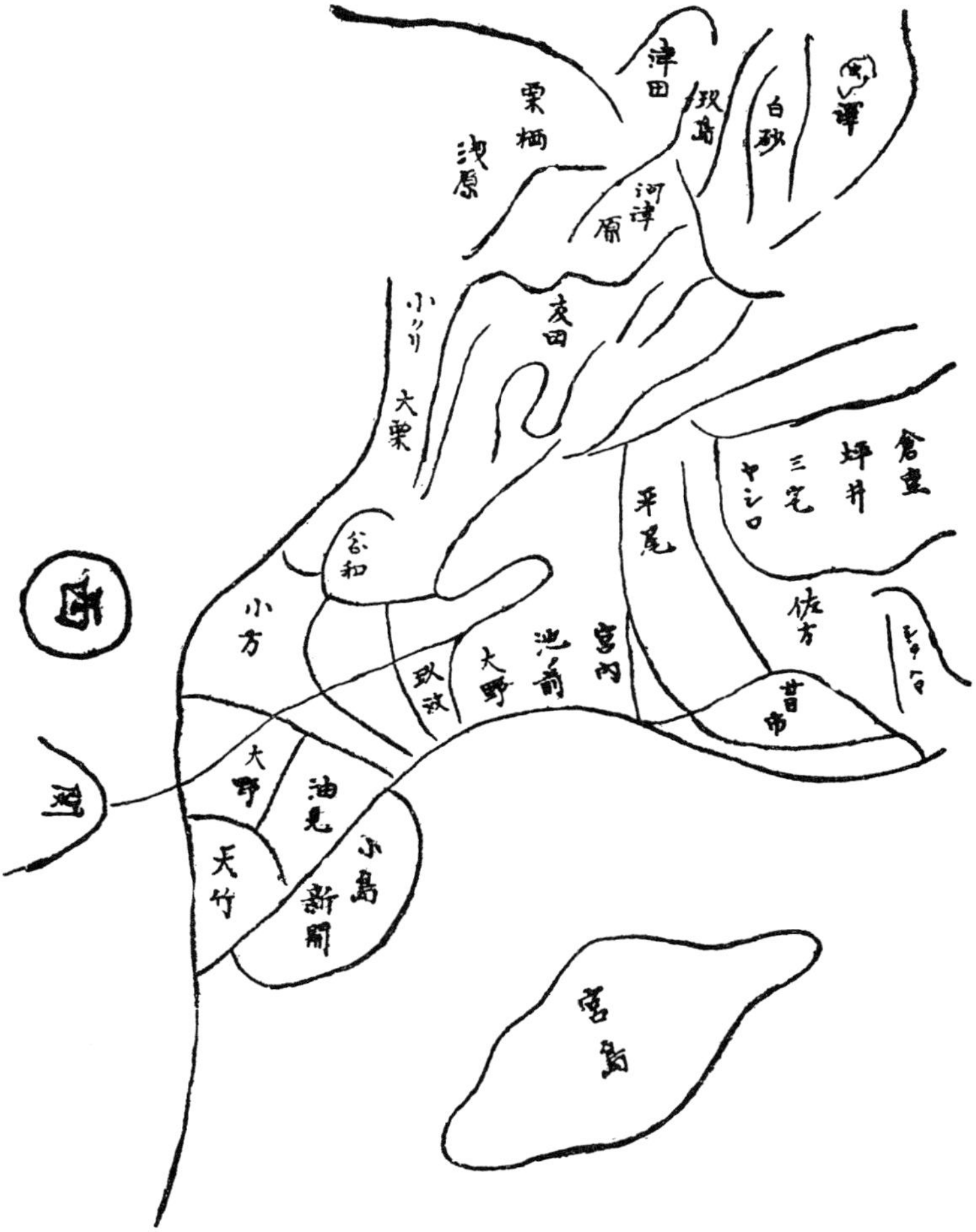
津田
栗栖
白砂
河津
原
友田
大栗
坪井
三宅
ヤシロ
平尾
谷和
小方
佐方
宮内
大野
油見
小島
新開
宮島

○丙寅六月九日
朝五ッ半時比
大坂
御城堀ニ死上り申候
何と申物欤しらす
身丈七尺壹寸
廻り六尺九寸
眼三寸五分
口壹尺貳寸
足三尺貳寸
尾四尺八寸
色青黒く腹白ク
御城代御役所ゟ卽刻
御上様に持參被致候

○七月十八日

細川越中守家來ゟ相達候書付之寫

長防御所置之儀ニ付越中守人數之儀豐後國鶴崎𛁈差出置候処今度御討入期限御達ニ付而も國許𛁈揃置候人數も早々繰出し候処折節海上風順為不宜候間豐前小倉表𛁈順々繰出鶴崎出張之分も豐前路𛁈相廻申候此段申上候樣申付越候以上

七月十三日

細川越中守家來
青地源右衛門

一一橋樣御用有之昨夜ゟ御居越被成候由ニ御座候

一大目付御目付ゟ相達候

出羽守殿加判ハ今日ゟ月番ハ申合次第相勤候樣被仰出候段美濃守殿被　仰渡候依之申達候

七月

（一）丙寅六月十四日彦根、榊原征長兵ト
藝州佐西郡ニ於ケル合戦　図

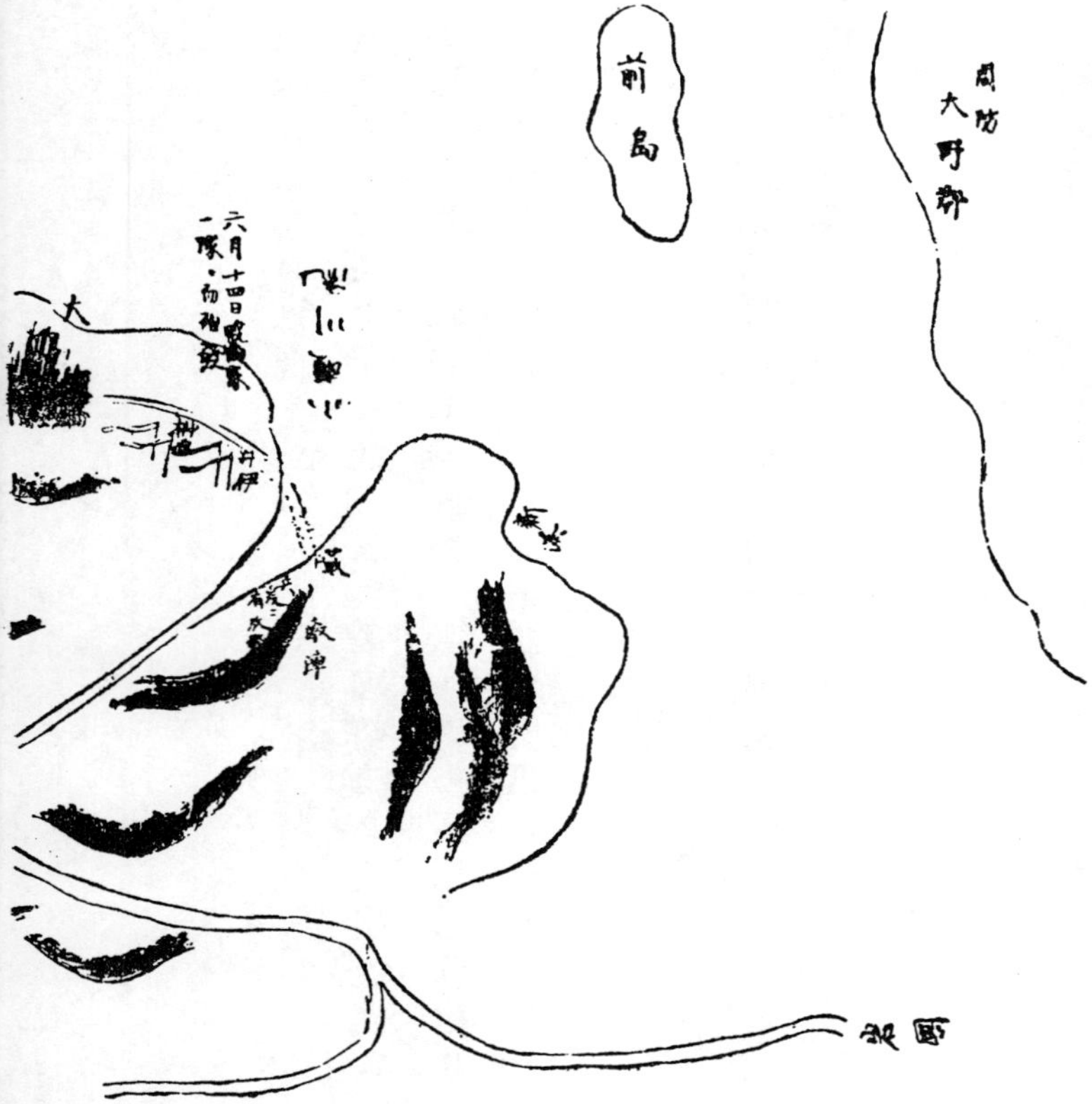

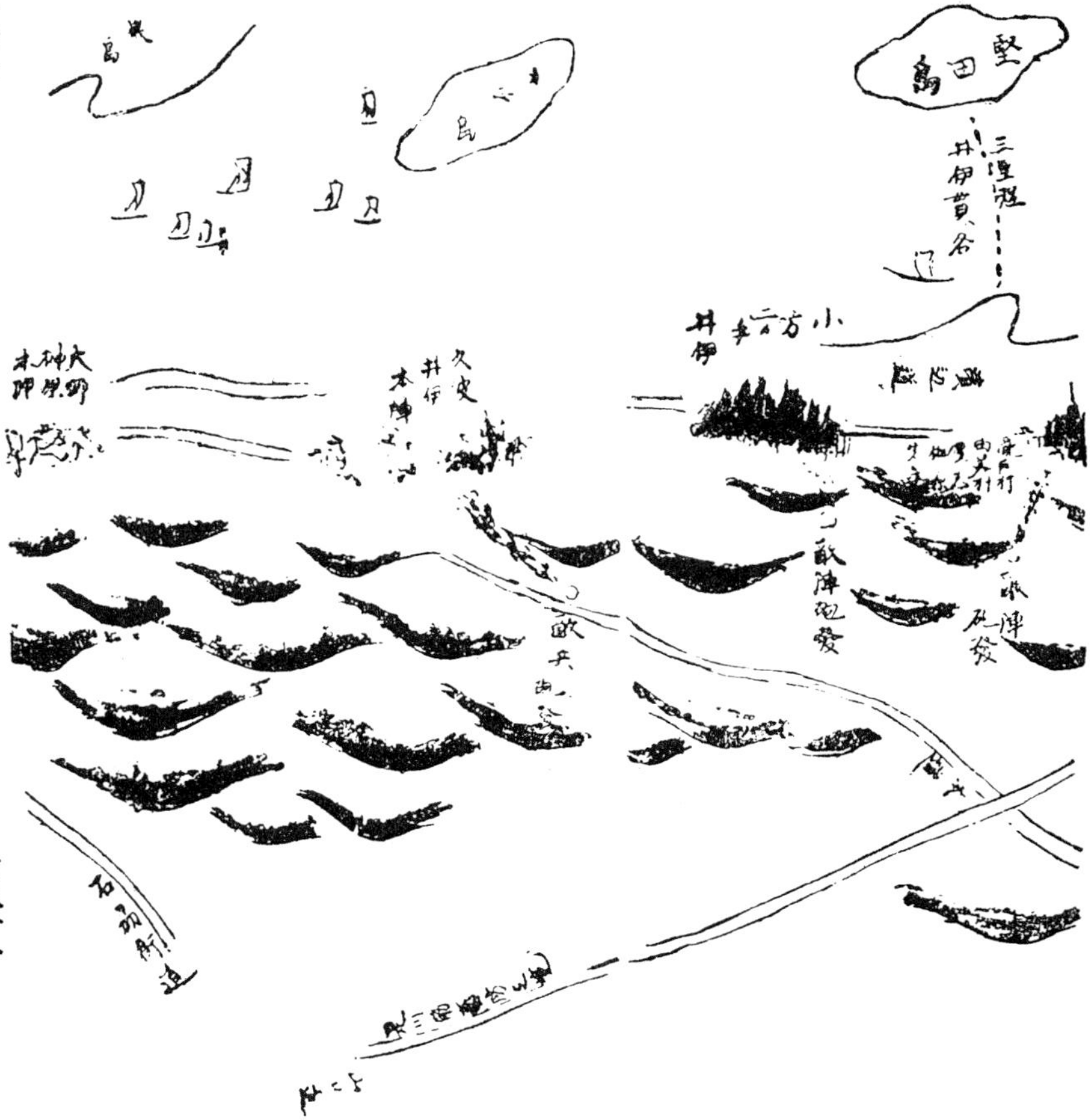
堅田島

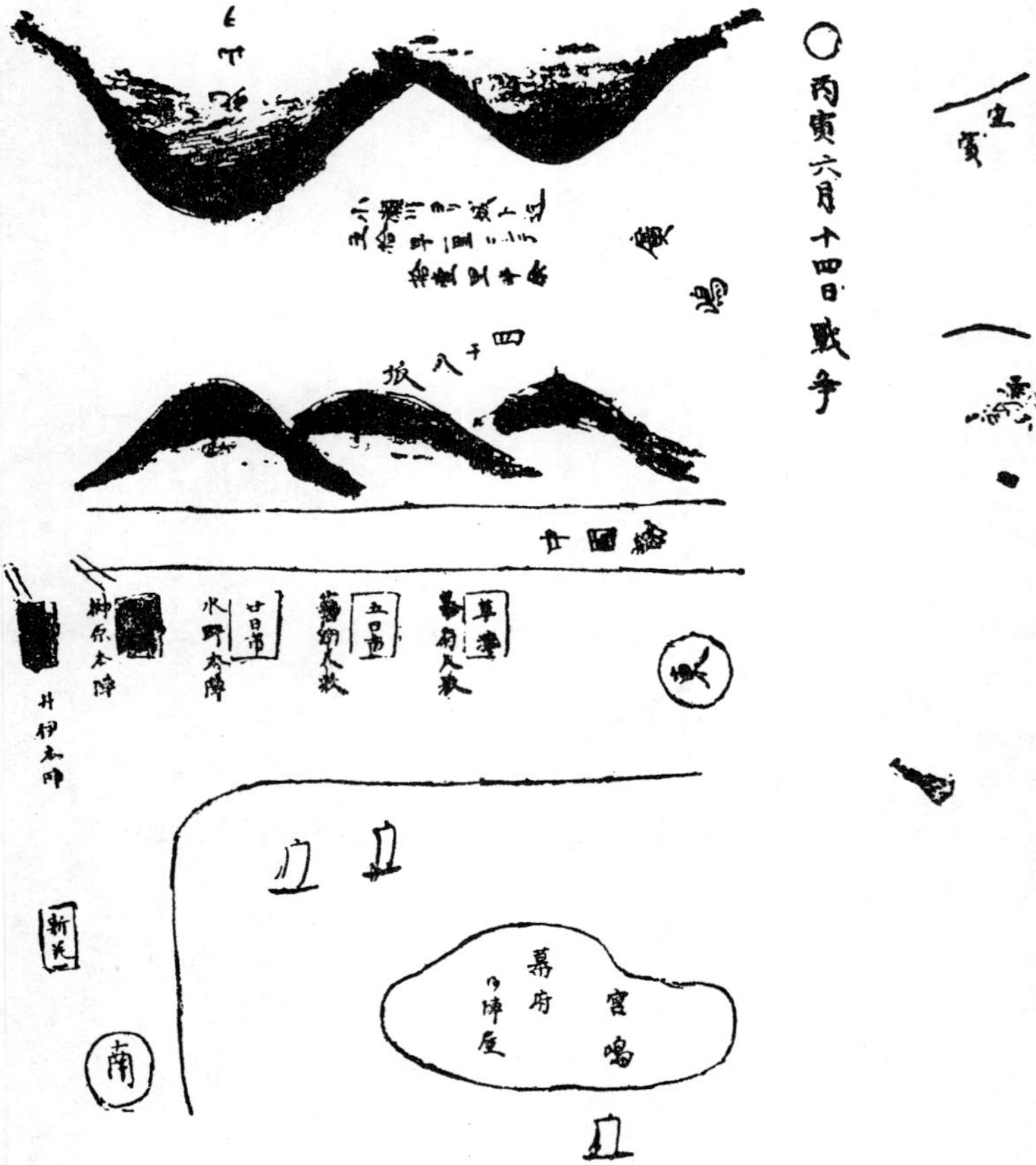
○丙寅六月十四日戰争
四十八坂
草津
藝州人数
五日市
藝州人数
廿日市
水野本陣
榊原本陣
井伊本陣
幕府
小屋
宮嶋
南

○丙寅六月十九日藝州佐西郡大野村おゐて合戰之圖

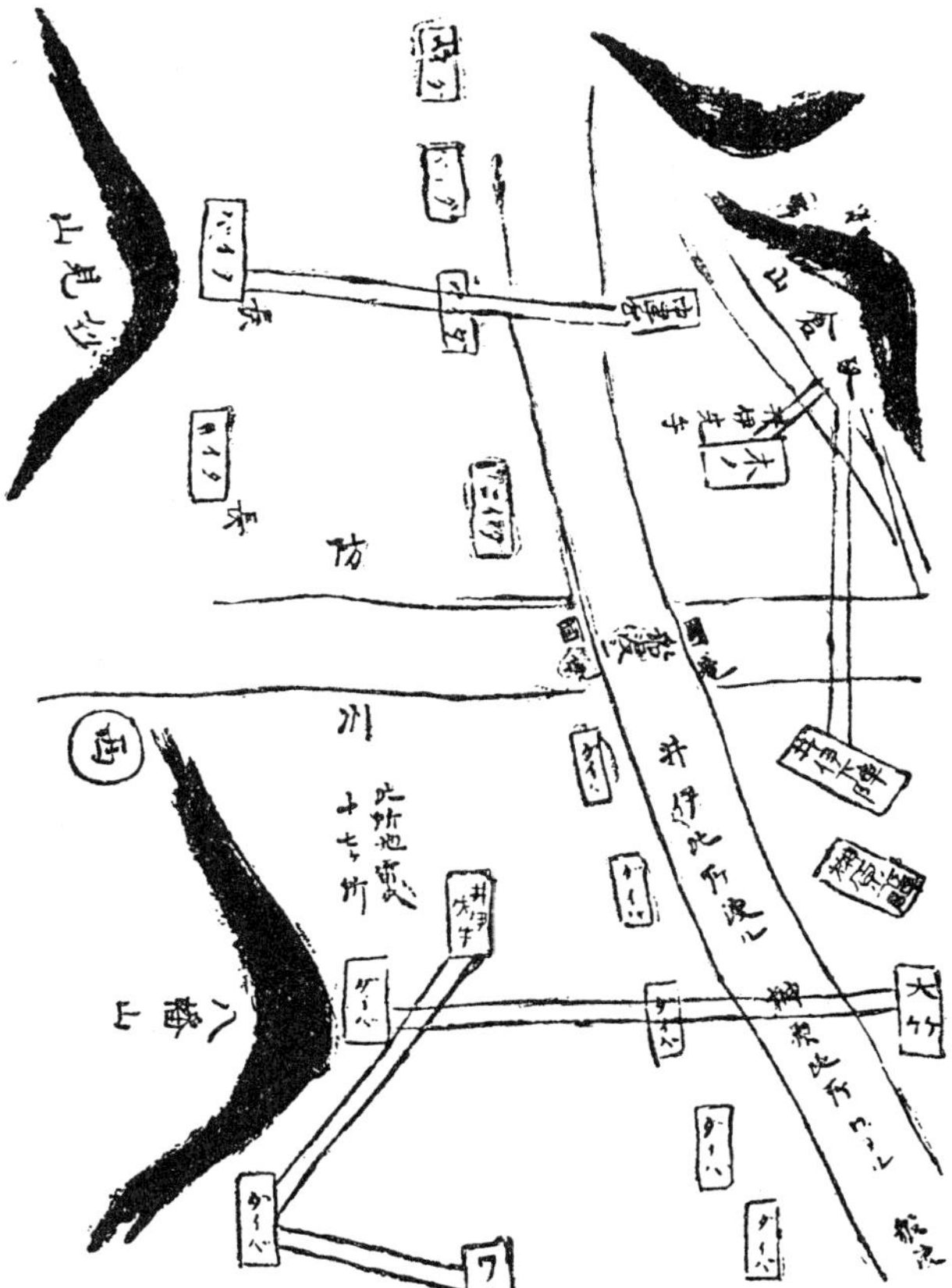

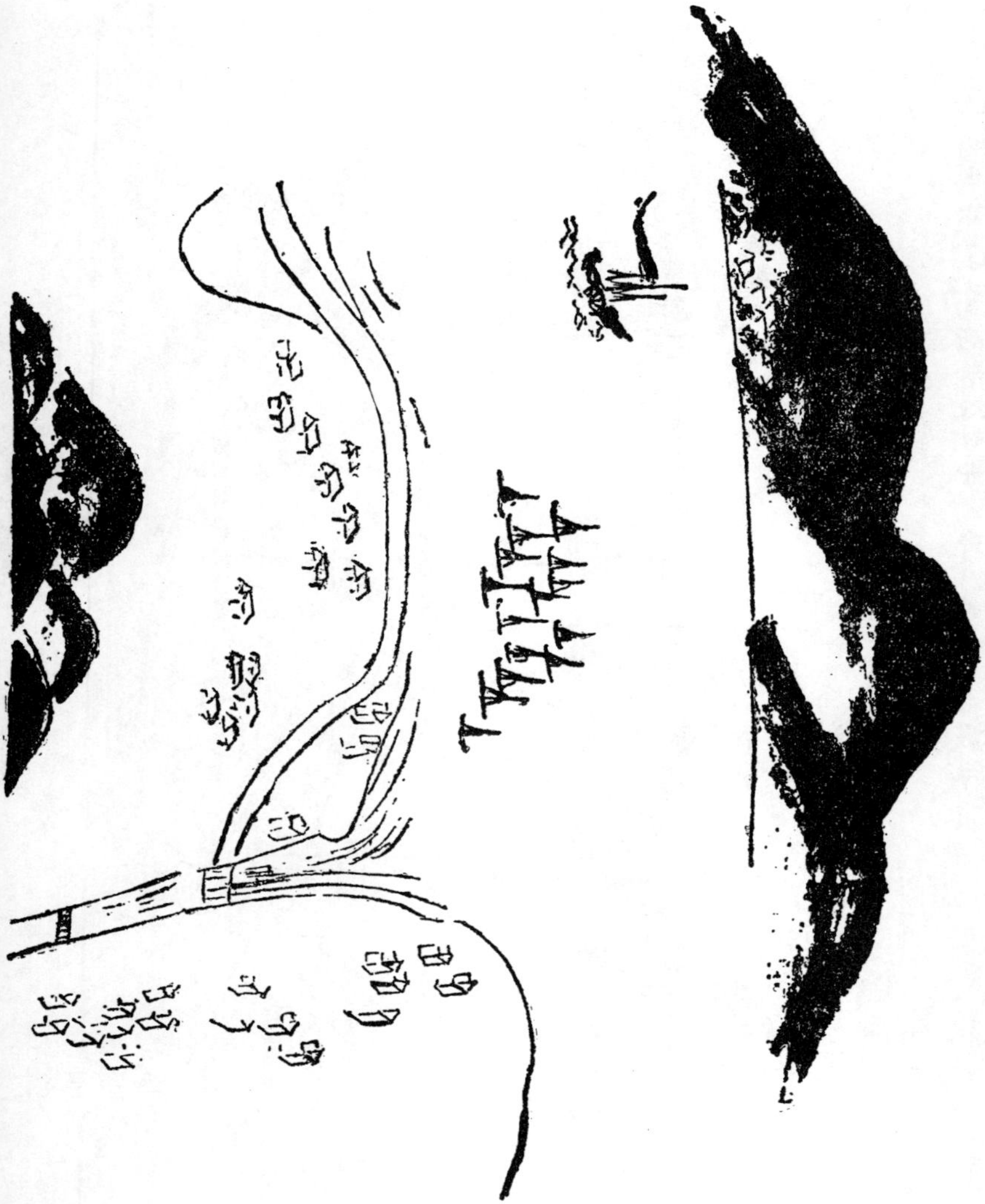

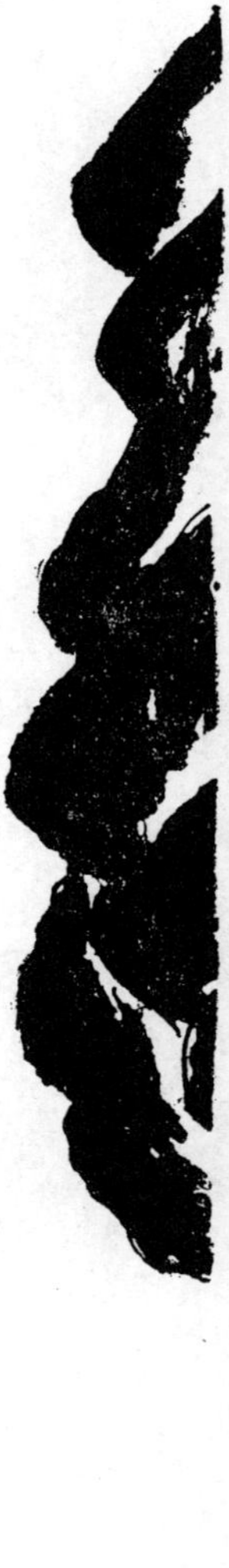

○戸田助三郎家來より相達候書付之寫

今廿五日朝六半時過砲聲相聞候ニ付官糧御焚出所ヽ早速人數繰出護衛罷在候然処賊兵西北之方山々ヽ相廻り大小炮烈敷打懸候ニ付此方ゟも同樣打出し防戰仕九時比賊兵追退申候依之官糧聊御別条無御座候処彼我死傷之儀も未相分候へ共不取敢先此段御屆申上候以上

戸田助三郎家來
六月廿五日　　戸田權之助

三枝刑部殿御徒目付御小人目付御差添ニ而別紙御屆申上候通去ル十七日益田村戰爭之節御出馬之処於同所刑部殿鉄砲ニ被中候躰之処御介抱之儀も御同人御家來差添被居候故家老松倉丹後初も精々指揮仕敵方ヽ向致砲發相防申候其節之儀も殊更砲戰烈敷手分相働候故刑部殿御樣躰如何被成御座候哉と安心不仕召連候役方之者差戻相尋候得共混雜中相分兼候旨罷出申聞候然ル処其所ニ相終候よし承之驚入早速探索之者も差出相尋候処今以相知レ不申深心配仕候猶嚴重相糺居候趣不取敢在所

表ゟ申越候間此段御届申上候

○松平隱岐守ゟ相達候書付

去ル十日八代島普門寺邊賊兵屯集之趣相聞候付同十一日巳刻を期限前後ゟ討入之儀

公邊海陸軍御人數示合之上先手人數津和地島出帆安下庄邊ゟ打掛及候処敵兵打懸不申候ニ付上陸物見差出候処敵兵理《埋カ》伏山上四ヶ所ゟ大小砲發及候付人數繰詰砲戰致し敵兵敗走追々暮ニ及ひ候付人數引揚同所滯舟致十三日普門寺迄繰詰候処敵兵逃去相見不申候付捨置候兵器取揚近村御告文之趣を以説論いたし人數引揚安下庄江滯舟一昨十三日休兵昨十四日八代村邊迄探索及候処殘兵貳百人計防州地方江逃去候趣ニ付最寄村々役人ともより歸順之證書取受今火ニ類燒致候村民共江金穀相施此段御届申上候以上

六月十五日　松平隱岐守

○一昨十五日御届申上候通先手人數安下庄ニ滯陣罷在候処

公義御人數之内ゟ御示合之儀有之撤兵隊同所ニ相越歸掛普門寺越〔本ノマヽ〕そる敵兵之誘打ニ打候趣ニ申出夕刻山上處々敵兵相見候付竊ニ夜討待備之手配ニ及野陣相張候処敵兵相應不申候付探索及候処防州地方ゟ敵兵多人數竊ニ押渡後詰致候趣相聞候付翌日普門寺越深明越安房越三方ゟ人數手分ニ及押寄候処敵多勢ニ山嶮ニ手寄發砲いたし候付砲戰ニ及繰詰手詰ニ至り候処別紙之通手負討死等有之敵兵貳拾人計打留候得共已ニ暮及候付討捨置一應安下庄ニ人數相揃津和野島迄引揚候処未四國之諸出張も無御座孤軍ニ而敵境數日之働彼是兵力も相劳候付一先興居島ニ引取休養致〔本ノ〕事掛次第再討入候旨申越候此段御屆申上候以上

六月十七日　　松平隱岐守

討死　士分三人

足輕九人

手負

士分六人

大砲方貳人

歩行壹人

砲手壹人

皷手壹人

足輕拾貳人

○水野大炊頭家來ゟ相達候書付寫

去月廿五日朝五時比玖波村ゟ之往來大野村入口山手ニ而大小砲之音相聞候ニ付人數致手配候內敵兵多勢間道より大砲頭陣所西敎寺裏手之山ニ相廻り陣所を目懸臼砲交打立候尤間道左右之山ニ　紀伊樣御人數并大炊頭手勢番兵差出置候処間道之敵多勢峰傳ひニ押寄候ニ付番兵より手繁く發砲暫時相防候得共玉藥相盡無余義致下山候ニ付無程敵兵山上ニ登り眼下ニ打下り候間大炊頭義ハ末々手配申付陣所ゟ海手之山ニ取

上り致指揮有之候処何分左右之山上ゟ打下候大小砲烈敷味方ゟ及砲發候而も敵ハ木蔭岩隅ニ隠レ打立候事故見留も付兼候依之暫發砲ヲ止山ゟ降口ヲ相待折々打掛申候内廿日市驛ニ宿陣之陸軍方ハ〔本ノ〕諜合敵之後ロヲ立切挾ミ擊ニ可致手筈申合候ニ付時刻相待候処遊軍之向合〔マヽ〕十九日初度戰之節大炊頭取登り候山之峰傳ひ敵之後ロニ相廻候処敵兵共陣取左右ニ發砲止メ追々後ロヲ取切候様相見候ニ付九時比ニ至り追操引ニ致候様子ニ付往來可伏置候銃手之者を以急速間道右手之山ニ押登り候処敵兵松ヶ原村を差迯下候ニ付先廻之者ゟ打掛候へ共〔モカ〕五・十〔人脱カ〕人ツヽ散乱迯行候ニ付其儘追止申候猶又本道之方へ〔本ノ〕もり山と申海手之山續ゟ陸軍方兼々相備候大小砲嚴敷打立　紀伊様御人數御先手之向も北手ゟ及發砲追拂候趣此手ニも敵兵手負死人數多有之趣ニ御座候間道之方こ〔本ノマヽ〕ん鉢卷手拭等血ニ染所々のり引有之兵粮等も包ニ致し松ヶ原迄之間道筋所々ニ捨有之再度狼狽之躰ニ相見申候大炊頭手勢之内手負之儀別紙之通ニ

御座候右之趣於廣島表ニ松平伯耆守様ニ申上候此段御屆申上候様申付
越候以上

七月十一日

水野大炊頭家來
梶川荻之進

深手足輕貳人　同同心壹人　同鄉夫貳人

右ハ去月廿五日朝五時比より戰爭之節手負如斯御座候以上

七月十一日

大坂ヨリ
小瀬ヘ可越
凡二十町
六月十三日迄
長人ノ兵
陣所
小瀬村
関戸駅
岩國
新港

防州山口城外廓十里四方全圖

但御日付方写

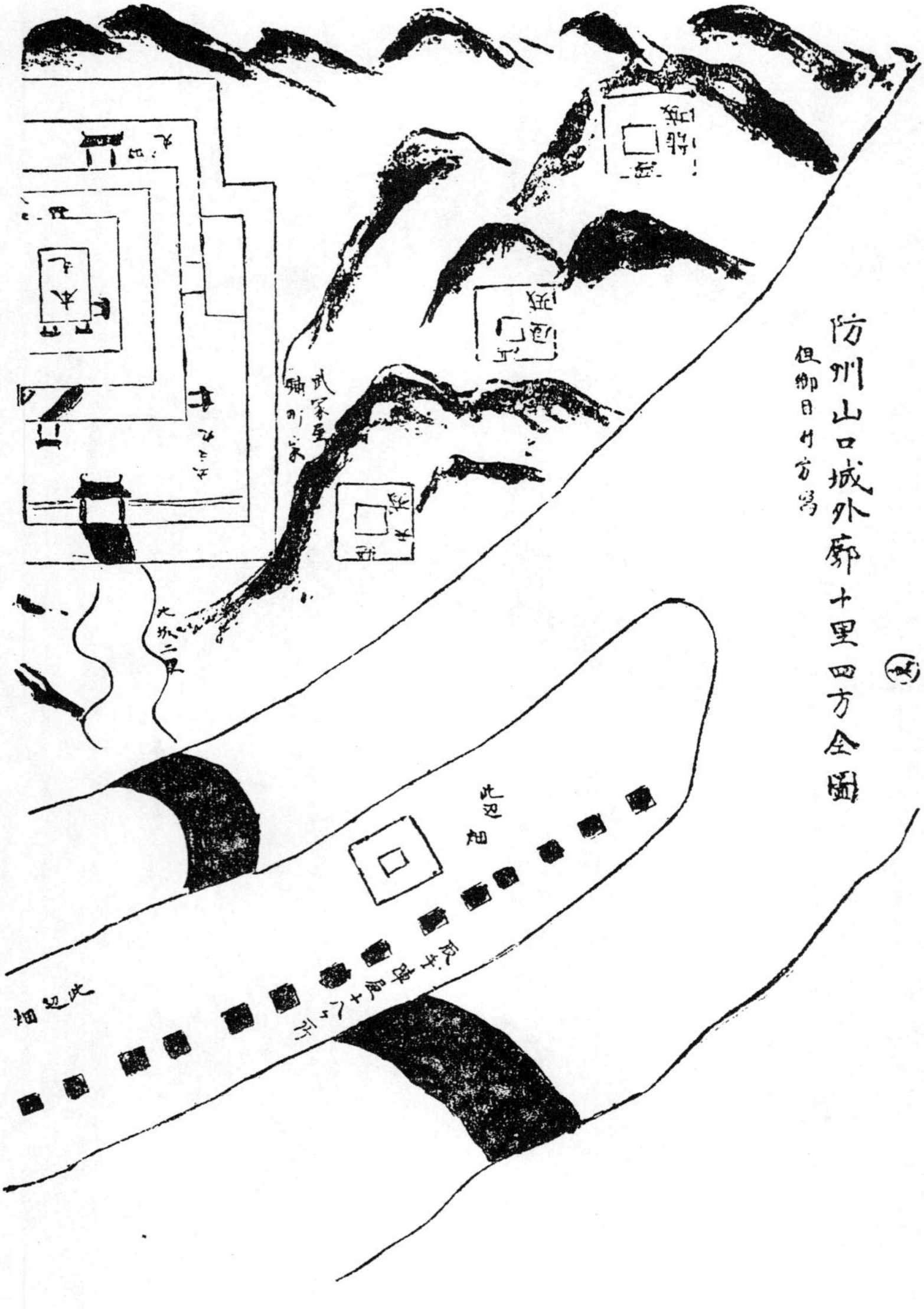

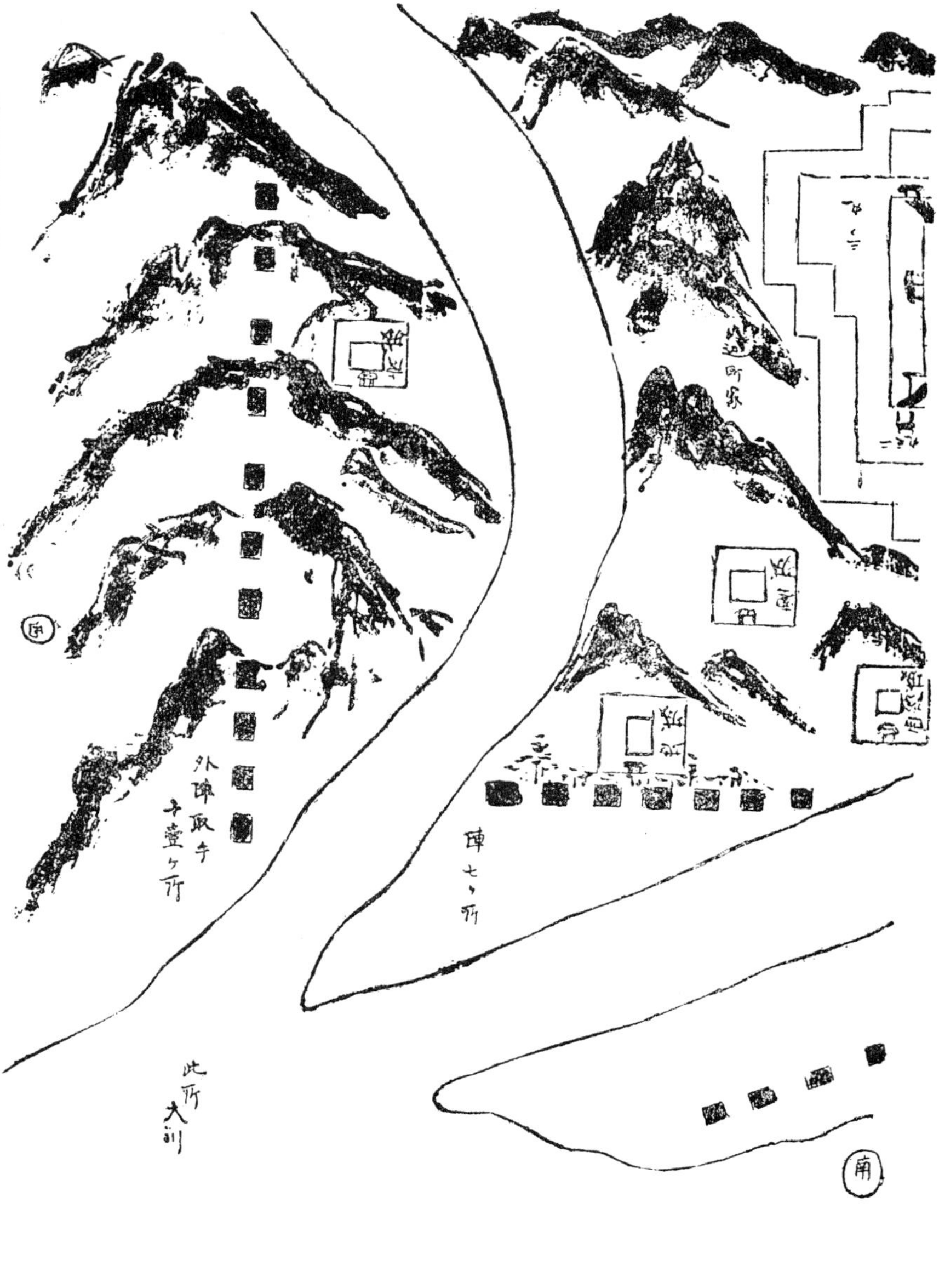
外陣取手
十壹ヶ所
陣七ヶ所
此所大川
南
西

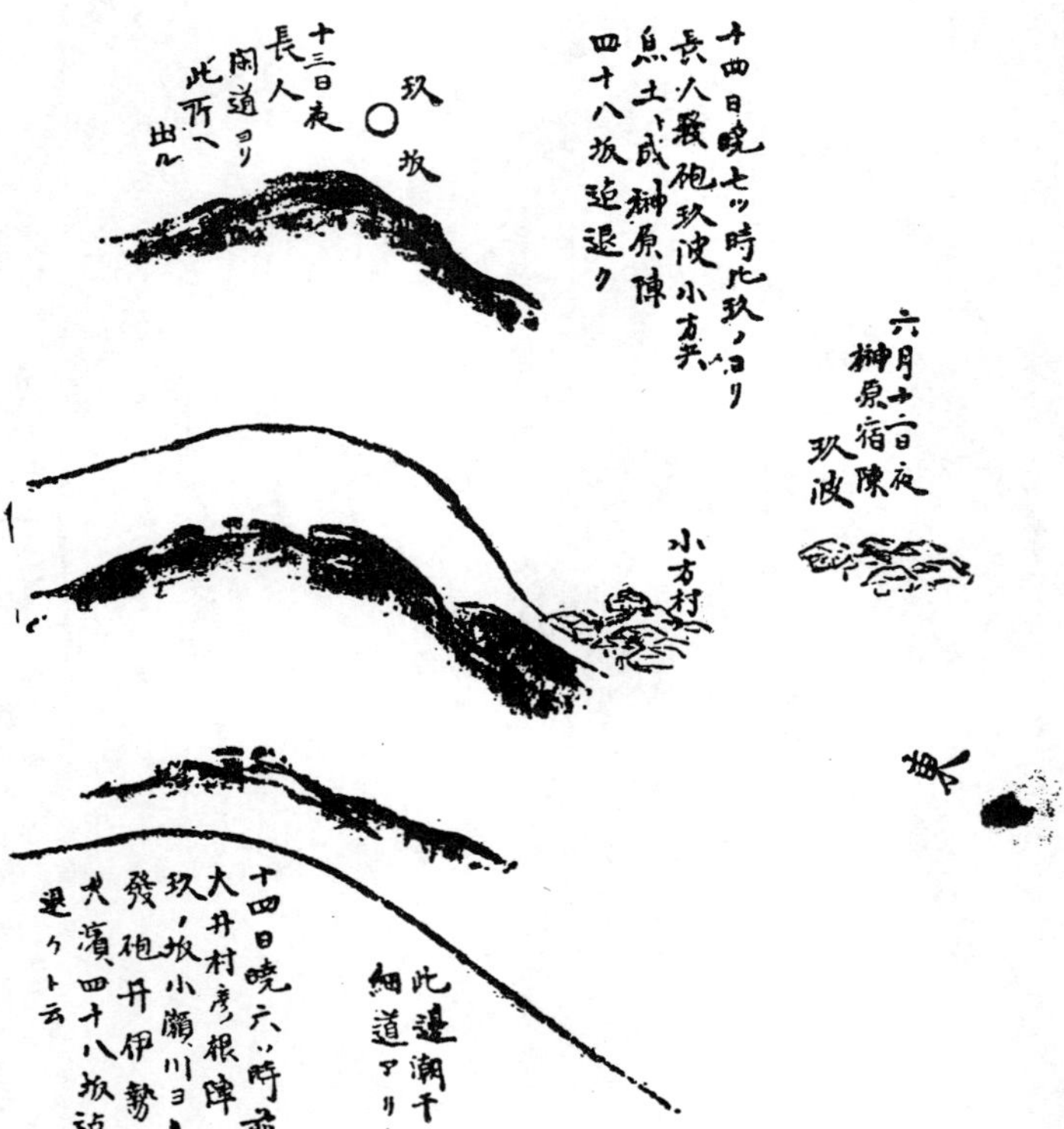
十四日暁七ツ時此玖ノ口ヨリ長人發砲玖波小方共焦土ト成榊原陣四十八坂迄退ク
六月十三日夜榊原宿陣玖波
十三日夜長人関道ヨリ此所ヘ出ル
玖坂
小方村
東
此邊潮干ニハ細道アリ
十四日暁六ツ時前大井村彦根陣ハ玖ノ坂小瀬川ヨリ發砲井伊勢大濱ヘ四十八坂迄退クト云

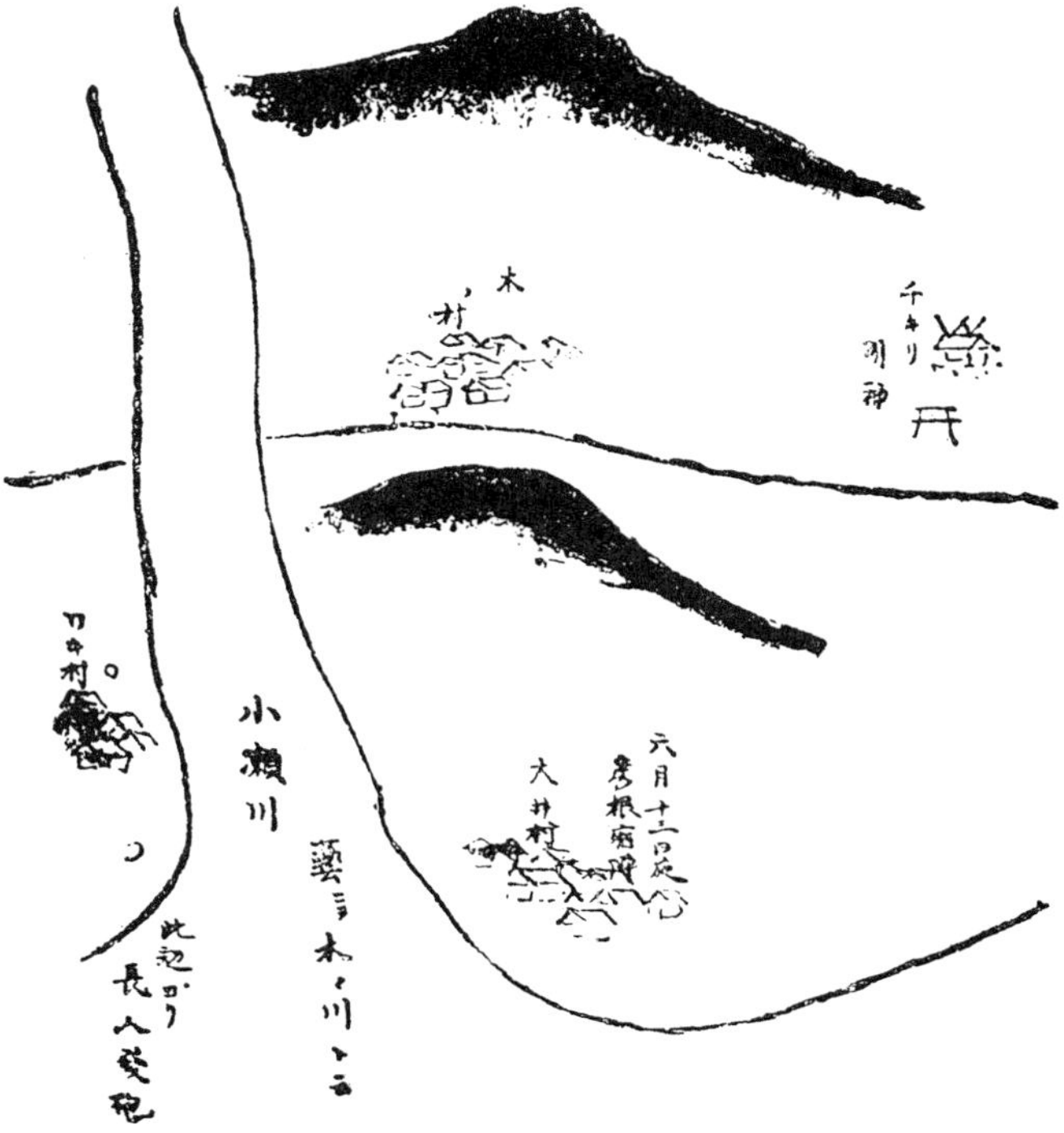
木ノ村
千キリ明神
田中村
小瀬川
六月十三日辰刻彦根宿陣
大井村
藝ヨリ木ノ川トモ
此辺ヨリ長人發砲

○私惣軍昨十四日曉榊原式部大輔惣軍陸軍奉行竹中丹後守ホ兼而打合置候通岩國ニ打入候積諸手分配先手木俣土佐二番手戸塚左太夫三番手河手主水大竹村ニ早天繰詰軍目付朝倉藤七郎ニ而長張發陣整列之上従天朝被　仰出候趣爲申合使番竹原七郎兵衞曾根佐七郎差越小瀬川涉越候処賊勢防州脇村幷八幡山ゟ大小砲打懸候ニ付直ニ大砲隊相進八幡山臺場をもしめ樹間屯有之場所目明〔的カ〕大小砲嚴敷攻撃脇村ニ令放火候折柄賊勢三百人計小瀬川を渡り不圖藝州大竹山ゟ大小砲打卸シ追々味方之儀山下相廻南之方海邊ニ而ハ式部大輔人數と賊勢砲戰迫り來候ニ付東之方字上田山と唱候岡山ニ轉陣待請候処終ニ進撃不致二三番隊之儀ハ賊勢分配後途を遮候ニ付勇味村へ分配山林地理寄〔欠ノマヽ〕　烈戰後勢を防候得共三方被取圍死地ニ陥り苦戰之処兼而相約置候陸軍方新港ニ而不相越應接〔援カ〕も無之候ニ付無余義四ッ時比小方村より三隊引纒攻來小瀬川筋苦

之坂之押として黒川村江繰込早天苦之坂江出張いたし候処坂上ゟ押來且両傍之樹之間より烈敷放發いたし候ニ付接戰中味方大砲打損手詰之地理〔マヽ〕ニ生し賊勢北之方を東へ廻り候ニ付北方むらまく繰引備相立可致接戰之処筑後義銃丸ニ當り疵受候者殿備横地六平太隊繰出し入代り嚴敷防戰本營取締候処先手ヲ始苦戰之機ニ乗シ賊勢山上ヲ拔涉本營近進擊いたし候ニ付字四十八坂之死所〔本ノ〕轉陣同姓兵部少輔人數ハ淺原口江出張襲來候賊勢ハ烈敷砲戰いたし中惣軍相塵〔本ノ〕候処各隊山下海邊之難儀且歸途之村々悉ク火移り轉〔本ノ〕之術を失ひ器械損亡何分屯在致し候詮も無之候間大野おゐく式部申合伯耆守殿江江〔マヽ〕事終申達伺候上廣島表江一先引揚ケ廿日驛ニ而旗本之内廣島口右衛門隊殿備相兼差置申候人數死傷之義ハ取調之上跡より可申達候此段御屆申達候

六月十五日

井伊掃部頭

右節大砲十八挺小砲貳百挺程敵方江被奪候由

○

六月十五日岩國新港江大島ゟ歩兵隊等ニ而攻懸り候処兼而大島乘取候節降參いたし候百姓共之儀歩兵隊等飯焚水汲ニ而仕ひ候由然処右百姓共之儀鉄砲抔携來り歩兵隊之跡ゟ可打懸躰ニ付新港江切攻向ひ候歩兵隊引返シ右百姓共散々ニ打取又ハ生捕之上首刎抔いたし却而新港之方ゟ賊徒攻來候由ニ而余程之戰爭有之相引ニ相成候由右節歩兵差圖役並勤方松平友之丞討死いたし候由

一同十七日石州口之方ハ賊徒方ゟ攻來り一之先阿部主計頭義及討戰同所應援松平右近將監人數も攻向ひ是も相引相成候由右節軍目付三枝刑部并右近將監手之隊長壹人討死致し候よし

一日並不相分水野大炊頭人數藝州口攻向ひ賊徒貳百人程打捕大炊頭手ニ而ハ怪我人一向少キ由候得共爾といたし候義相分り不申候

一長州下之關之方ハ堅固よく容易ニハ攻入候義不相成由ニ而上之關ゟ攻

入候手筈之由寂早此一両日之内ニ而（ママ）も手切相成可申哉之由

六月廿三日

○江戸状

六月十三日比ゟ武州秩父郡御嶽山麓邊村々より百姓共徒黨致し追々押出し候付三四ケ村凡三千人餘り青梅村 扇町谷 所澤 藤岡 吉井 中仙道 本庄 新邊（町カ） 熊谷宿 川越城下邊押行大家ニ施金懸合彼是申立候所ハ打毀施金申立之通差出候分も其儘甲州街道府中宿布田宿ゟ三川（ママ）を越横濱ニ押行可申処追々江戸表歩兵頭組共出張近國大名ニも出張被 仰付追々打拂候ニ付廿日迄ニ又々散乱召捕打殺ホ夥敷有之趣松平大和守松平下総守松平左京亮ゟ追々達ニ相成中仙道岩鼻御陣屋ニ五千石以上御旗本四家人數出張被 仰付上州小幡ゟ岩鼻御陣屋ニ人數出申候

諸家御達數多ニ付略之

一奥州伊達郡信夫郡之内農民共ニ浪士躰之者打交當月十七八日比ゟ多人數押行所々村々大家打毀申候付丹羽左京大夫板倉甲斐守ゟ十八日人數差出今以治り不申趣同廿二日両家ゟ達有之候

一信州甲州道中飯田ゟ三四里西知久左衞門五郎御預り關所心川御關所ニ六月四日比長刀一刀差之者五人罷越尾州百姓之旨申聞御番所無鑑札ニ而押通り候ニ付指留候処手向致し候ニ付夫々手配致し候処山中ニ迯去刀壹本笠壹蓋捨置迯行申候段右知久家ゟ御達有之候先達而甲州邊右等之者白晝押入山家在家押借致し候趣ニ而近國大名衆ニ御達有之候當今甚騒々敷誠ニ此表もいつ何時變事出來も難計候此段御察可被下候

○六月廿六日紀州藩片岡氏ゟ聞書

一藝州廿日市宿紀州在陣より六月十二日出早打注進六月廿三日著之大意

一藝防境ニ井伊侯人數紀の水野大炊頭出張之処去ル十一日午刻過俄ニ防州ゟ四千人計押出双方大戰之処敵敗軍之躰ニ而引退此方追進候処山下

ニ伏勢山上ゟ一時ニ責寄敗軍ト見せ候者も引返し此方大敗軍ニ而夕申刻比敵勝鬨を上ケ引取申候趣申來

一實事　廣島十四日申下刻付出同廿六日巳下刻江戸著宮津矦御出張藩ゟ大意

○四國松山壹番ゟ三番迄軍鑑《マヽ》ニ而出防州領禿島十日夜乘取此島ゟ家數三四百有之右燒拂陣取候趣

一十一日夜敵國一圓火氣煙夥敷相見候事

一十四日彦根勢高田勢岩國江向ケ討入敵地江里數踏込候処敵方ニ而四方江放火之上逆卸シニ大砲打出し終ニ味方敗軍引揚候旨注進

一右引揚ケ振彦根勢ハ指揮行届高田勢引揚方甚見苦敷趣

一右両家引揚候処紀州水野大炊頭引纒討入途中ニて行合新手ニて先陣之旨ニ付又々両家押返し候旨只今注進有之候ト云々

六月十四日申下刻

○七月六日出大坂ゟ之書状

長州一条之儀追々賊軍よそ井伊ハ先陣御ゐどきニ相成候風聞　紀州ハ御勝利之風聞ニ候得共實ハ相引ニ引候樣子榊原ハ不詳候処軍目付家中爲人數ハ不相分候へ共余程討死之風聞其外諸大名一向出張無之東國廿八大名ニ被　仰付西國諸大名彼是申者申者〔マヽ〕有之候ハヽ其者を始討取ニ相成候との風聞

一琉球通寶當百ハ天保當百ト同半珠ハ三百文ニ通用

○七月二日　紀州樣ゟ稻葉美濃守殿江御同朋頭を以爲御出被成候書付寫

紀伊殿先手人數井水野大炊頭手勢共藝州大野村江出陣罷在申候処去ル十九日曉七ツ時比大炊頭陣所大野村江賊兵共押寄候樣子ニ而山々松明夥敷相見候旨兼而城ケ峰京越山ニ差置候見切之者ゟ注進有之間もなく田村民家江火を懸北瀧間道山山〔マヽ〕上ゟ鉄砲一發續而三ケ所烽火之合圖よ隨ひ山々峰々ゟ頻ニ砲發・〔賊脱カ〕兵漸々山之麓江下り大小砲井火矢ぶ十四五ケ

所ゟ打出シ就中大炊頭本陣を目懸嚴敷打懸候ニ付不意ニ敵を相請候儀ニハ候得共兼而手配之人數ゟ大小砲嚴敷打立候内本街道ゟも賊兵別而尙又一手押寄民家を燒立賊兵凡三百余人砲發襲來候付紀伊殿人數ゟも大小砲頻ニ打立其上本街道幷山麓ゟ向ケ大砲頻ニ相發候処賊兵俄ニ散乱いたし就夫山々幷本街道共追討四時比賊兵玖波邊迄敗走いたし候付敵之兵追拂四十八坂より大野村ゟ人數揚取候旨尤味方討死幷手負且賊兵討取分捕相知候分別紙之通ニ御座候此段申達候樣被申付越候

別紙

六月十九日藝州大野村ゟ出張紀伊殿先手人數之内討死手負幷襲來之賊兵討取且分捕之品左之通

一討取　遊擊第七銃隊之内　宇山宇作

一生捕　水野大炊頭手ゟ貳人

右之外大小砲ニ而打斃し候分員數相分り兼申候

討死并手負左之通

一討死　大砲隊中　中島欽一郎隊中　永田宗十郎

一同　同　尾關信南

一同　中島欽一郎家來　富永貢

一鉄砲疵深手　同人隊中　倉林竹之助

一同　同断　井ノ口善之助

一同　同人家來　倉橋十次郎

一卽死　雑卒四人

一討死　水野大炊頭手勢之內　印東新十郎

一同　橋本角兵衛

一同　野村半兵衛

一鉄砲疵深手　松本太郎助

一同浅手　榎本木ヽ酢

一同深手　西米藏
一同淺手　兒玉順次
一同　弓場儀惣兵衛
一同　大西常三郎
一同　同心　小野田久五郎
一同深手　林駒三郎
一同淺手　澤崎佐一郎
一同　板原太兵衛
一同深手　山家足輕　山川清作
一同　雜卒貳人
一同淺手　同

分捕之品

一彈藥荷箱　三荷半

一鉄砲タス共　壹挺
水野大炊頭手江
一刀　貳本
一西洋太皷撥壹組添　貳ッ
一白地ニ一之幕　壹張
一黒塗陣笠　三蓋
一腰差挑灯　九張
但紋付紙旗之通
一韮山笠　十二蓋
但種々紋付有之
一菅笠　五蓋
一竹子笠　四蓋
一がうとう挑灯　壹ッ

一蠟燭箱　壹ッ

一遊撃隊第七銃隊陣所　木札壹枚

一單物　壹枚

一紙旗朱引□輪之印　三十流

一火藥　少々

一兼定短刀裸身　壹本

一風呂敷包　五ッ

但衣類ホ色々入

右之通御座候

七月

○七月三日松平右近將監家來より差出候書付之寫

右近將監人數一之手二之手領分內津田村遠田村迄罷出置候処去ル十八日長州人津和野領横田と申所ニ多人數押寄候趣領分境多田村關門ゟ注

進有之候内右關門ニ押來砲發致し候付關門詰之者防戰仕候得共何分多人數之義ニ而被討破候内右近將監人數上本郷村ニ相進戰爭大小砲打懸候処敵勢散乱仕郎其邊ニ陣取候処敵勢領分益田村迄押來同所阿部主計頭樣御人數ト《本ノマヽ》在戰陣右近將監一之手も同斷追々戰爭相成候内夜ニ入互ニ野外戰陣仕居候内翌十九日ニ至り主計頭樣御人數同所寺院ニ御陣替右近將監人數も同斷之処夜ニ入敵方所々山々陣取致し四方ゟ砲發仕候付一同必死を極戰爭仕候得共何分多人數ニ被取圍三枝刑部樣御行衞未相分右近將監用人山本半弥初余程討死仕遂ニ引色ニ相成候処長州人勝ニ乘し追々進ミ候付右近將監人數紀劦樣御人數主計頭樣御人數追々引退實ニ防戰之手段相盡申候今以主計頭樣御著陣無之松平因幡守樣松平出羽守樣御應援之御人數も未相見不申唯今之姿ニ而も一家中擧而居城守衞仕候外手段無之因而因幡守樣御人數早々相進候樣使者差立候得共何分隔地之義其模樣相分り不申甚心苦仕候何卒早々御歩勢御援助御座

候様仕度奉存候一刻も早く御沙汰無御座候而も居城守衞之処も如何と
右近將監不取敢申付候間右之段申上候以上
六月十九日
松平右近將監内
永井鉠次郎
付札
書面之趣松平因幡守松平出羽守人數急速差出□《虫損》應可致旨両家ゟ相達
候間可得其意候尤出羽守人數ハ千五百人程雲州宅野迄出張二番手も
羽根鳥居内迄出張因幡守先手人數も十四日國許繰出候由ニ有之且又
阿部主計頭石州糟淵迄相進ミ候処病氣ニ付無余義同所ゟ暫時滯留療
養差加聊ニ而も快候ハヽ速ニ相進ミ候旨尤前後一隊大砲隊ハ益田迄
繰越爲相懸候旨申聞候間此段爲心得相達候
右去月廿日松平伯耆守殿被相達之候
松平因幡守

長州激徒石州口ゟ討出津和野通越濱田城下迄致侵入防禦難儀いたし候間此程ゟ相達候通人數急々差出救應可被致候樣紀伊中納言殿被仰聞候旨可被得其意候

六月

松平出羽守

同文言

右去月十九日夜九時比伯耆守殿旅宿ゟ夫々家來呼出被相達之候

○七月四日龜井隱岐守家來ゟ差出候書付寫

長防御征伐ニ付隱岐守人數分配之義ハ御惣督御名代濱田表ゟ御著之上御指揮も可有之旨相伺可申心得ニ御座候然処隱岐守領分ハ長防境界貳拾里余有之候ニ付山陰道御討手御軍配被爲在候間御應援迄悉く御參集無御座候而ハ小藩之人數迚も難行屆御參集御軍配御座候迄ハ態と平易之姿を顯し敵兵動搖不致候樣人數揃置候迄ニ而繰出しㇾ不仕尤境界ゟ

も夫々爲指揮番兵不目立樣差置候処六月十五日夜四時城下ゟ五里外黑谷村内上床と申所之境界より長州人三百人程通り懸り候付番兵之者達而差留候処一圓聞入不申押而罷通横田と申所ニ罷越候処猶跡より多人數罷通り候模樣ニ申越右ニ付卽刻追手人數且防禦人數繰出候積御座候処城下程近之領境野坂口より仮村押《本ノマヽ》出候程も難計且孰れ之口より押出城下ニ相迫り候程も知れ不申小藩之人數難引足若城下ニ而不行屆御座候而も恐入候次第ニ付弊藩所置之儀御軍目付ニ相伺候処敵地近之城下ゆえ領内ニ人數分配之儀も差止城下を專務致守衛候樣御差圖御座候依而も兵を差向候儀も差止早速以應援《接カ》差止候樣申付家來之者差遣申候処横田ゐく先達而濱田表ニ御使者差遣候家來之者歸懸致止宿候ニ付直ニ應對嚴敷差留候得共一切承引不致押而罷通大木原境界弊藩番所ニ而も差留候処烈敷致發砲濱田御領ニ爲罷越候旨申越猶又其日曉七時比城下より九里外戸田村と申所人家爲無之海岸ニ長州人船五艘ニ而罷越貳百

人程上陸候而津村と申所ゟ罷通候付同所ニ而差止候得共押而越峠境界より濱田御領ゟ罷越候旨申越候ニ付即刻家來差遣右之次第ニ付早速濱田表御惣督御陣屋ゟ御屆且松平右近將監樣ゟ夫々使者差出於濱田御領益田出張之阿部主計頭樣御人數も近隣之事故以使者申遣候事ニ御座候猶此後之模樣も追々御屆可申上候へ共不取敢右之段申上候樣申越候以上

六月十九日

亀井隱岐守家來
神野務
加藤造ゝ

○七月五日板倉伊賀守殿ゟ京阿弥を以被相渡候書付之寫

尾張前大納言殿ニも兼而被
仰出之趣も有之候付而も
御滯坂中成瀨隼人正儀御人數引纏中津利巡邏致御締向行屆候樣可致且非常之節も同所ゟ出張可有之旨其方共ゟ隼人正ゟ可被達候尤委細

之儀も其方共ぇ承合候樣是又可被達候

右之通大目付御目付ゟ成瀨隼人正ぇ相達候旨此段可申越候事

○丙寅七月

古渡下市場
大工小七弟
鍵次郎
寅廿壹才

右之者去年八月江劦彦根在古澤村大工宇平治所ぇ相越大工職相拵罷在追而も養子ニ可相成致内約候処今度井伊掃部頭征長先鋒として出張ニ付郷むら夫人足相當り鍵次郎義ゟ當六月二日彦根鉄砲頭役大高佐吉役夫ニ而同四日大坂ぇ著同所ニ二三日滯留同八九日比右地出立船路廣島表ぇ同十五日著いたし候処城下ハ諸軍勢群集ニ付二里程西在ニ宿陣いたし同所ニ四日滯留同廿日比藝州八日市ぇ著いたし家老木俣淸左衞門もしめ陣所ぇ一緒ニ相成右地ニ而合戰相始十四日十九日も三ヶ度戰爭有之十四日之戰ニ一家老手負歸國之上相果候よし合戰之模樣委敷不承

候得共大砲十挺程賊兵ニ被奪高田勢も同様敗走之由承り候旨夫ゟ同廿五日木俣初右地出立之途中
紀州様御手勢死人長持貳棹御國許ニ御差戻ニ相成候由承り猶又廿日市ニて彦根郷夫澤口〔虫損〕村よしと申者ニ逢承り候趣ニてハ前顯十日小瀬川合戰之節右郷夫十八人程長賊之方ニ生捕よし義も右之内ニ候処以の外萩城下ニ被差送宿屋ニ差留相成締筋も無之日々料理振舞ハ勿論繁々役所ニ被呼出國許之様子等吟味有之候得共郷夫之事ニ付何等不相辨趣相答吟味濟相成著用罷在候法被陣笠等ハ被取揚新敷絹布之衣服幷金五両ツヽ貰請役人五人附添廿里程被送出味方之陣所ニ被差戻候旨尤長防領内拾里程内ニ參り候へハ如何にも靜鑑〔謐カ〕ニて別て城下ハ賑々敷商ひも繁昌致シ軍騒キ之様子絶て無之趣由より承之夫ゟ廿五日夕方清左衛門初四十八坂掃部頭陣所ニ著直ニ出立防州境二里程手前迄著いたし賊兵と對陣いたし候由尤右邊藝防両國ニ跨り長六里巾二里山谷人家燒拂合戰場ニ相

成居賊兵ハ彦根陣所より半道程先ニ陣取罷在寂初賊兵散乱いたし猶彦根勢段々相進ミ候内藁人形ニ甲冑を著セ立置候義を不存全賊兵と心得大砲打懸候処右藁人形之中ニ大砲仕懸有之口火移り候哉夥敷打返しニ逢惣軍勢四千人程之所過半打倒され其余何方ニ散乱いたし候哉火煙ニてく前後も更ニ見へ不申候主人佐吉も大砲ニ打れ即死いたし候処右節鍵次郎ハ地上相伏罷在候処相助り其儘跡ニ引下り候内不計半道程有之候谷間ニ迄り落一向覺も無之様相成漸翌廿六日之晝九ツ時比正氣ニ相成候処右谷間へ人數三百人程落居中ニも士分之者も余程罷在銘々心々ニ迯去鍵次郎ハ十二人同道何國之當テ途も無之迯延候処夕七ツ時比廣島城下ゟ二里程東ニ出夫ゟ又二里程東ニ相越宿並之宿屋相頼ミ止宿爲致そふひ右地ニて風聞承り候趣ニ而も前顯廿五日彦根勢敗軍之節掃部頭方ハ右邊谷川之橋下ニ迯隱レ合戰濟之上引取相成候由家老木俣清左衛門初才大將數多討死之よし承之夫ゟ道中日々報謝泊ニ而相越當月六日

大坂ニ著承り候ニも廿五日合戰之節ニ彥根三千人程討死いたし候由承り夫ゟ鄕夫三人連よく船又ハ陸みく彥根ニ著前顯宇平治所ニ歸り候処主人討死を見捨迯參り候者ハ直ニ入牢相成候よし承之恐ロ敷相成翌八日宇平治所迯出一昨十二日夜九ッ時比此表ニ罷歸り申候

七月十四日

○七月廿二日八ッ時比大坂ゟ著便

毛利興丸家來宍戸備後介小田村素太郎儀御不審之筋有之松平安藝守ニ御預ヶ相成居候処此度藝州廣島おゐく松平伯耆守全一己之差略を以竊飯國爲致候段以之外之義ニ付伯耆守早々御呼登御糺問之上至當之御所置可有之積ニ付聊無疑念諸事是迄之通可被心得候

右之通口々討手之面々ニ相達候間萬石已上以下之面々ニ可被達候

七月十七日

一一橋樣今朝　御上坂午刻過

御登城被成候
同十八日
一御同所様御用有之昨夜ゟ　御居續被成候
一公方様御所労爲御尋
勅使飛鳥井中納言防《坊カ》城下坂被
仰付今卯刻京地發足淀川通乗船下坂有之候付爲心得向々に可被達候
一　福井豊後守
御留被遊日々　御診罷出候間相達可然向々に可被達候
一公方様御所労ニ付爲御尋
勅使飛鳥井殿防《坊カ》城殿大廣間
御上段おゐて
禁裏ゟ
御小屛風　壹双

右ハ著座從
禁裏ニ御口上被申述御老中出座板倉伊賀守相伺之畢而一旦退出再自分伺有之御菓子一折
一水野出羽守事紀伊殿爲御差添藝州ハ被差遣之候旨被仰出此段爲心得御供之面々ハ可被相達候
七月十七日
○榊原式部大輔殿ゟ御達書
拙者惣軍幷伊掃部頭惣軍幷陸軍奉行竹中丹後守御目付大平鑛次郎ホ衆而打合之通昨十四日曉岩國表ハ可打入積諸手分配先手原田兵庫中根善四郎両隊之内ゟ繰出藝州大竹村下方小瀨川端ハ差向岩國領大脇村ハ大砲五六發幷小筒打合候処餘程致手咨候へ共何分夜中之儀ニ付敵之動靜虚實を伺ひ追々兵庫善四郎隊繰出軍目付建部徳次郎共出張陣列を整候砌掃部頭先隊も追々繰出大竹村地內ハ陣取敵地ハ大小砲烈敷打入候ニ

付兵庫善四郎手ゟも同様敵地臺場樹間屯集之場所脇村ホに大小砲嚴敷放擊脇村分放火候折柄藝州油見村知戸村裏山奥山之方一ヶ所ニ而合圖打揚賊兵多人數山々峰々ニ起立大小砲打卸し追々味方之後山に相廻り掃部頭人數に烈敷打懸候嚴敷砲戰有之又脇村下方樹之間海邊ゟも同様打合一時計砲戰及ひ候内右大竹村立戸村油見村地内ゟ地雷火打發無余儀海邊に轉陣堤脇ニ而も及烈戰候へ共三方取圍死地ニ陷り苦戰ニ而器械損亡不少候間一先速ニ人數引揚候ゟ他事無之哉ニ候処軍目付建部德次郎ゟ談之趣有之候ニ付運送船ニ乘組兵庫善四郎一先引揚申候右陸地引揚候付銃隊之儀退候節山上之賊徒九人憶ニ討留候得共何分烈戰之折柄故首級上ヶ不申致繰引候尤先勢應援之儀中軍ゟ追々繰出手筈ニ候へ共小坂險難之場所柄懸隔居候付先不取敢爲援兵十三日夜中軍之内ゟ物頭小川弥作一隊#銃隊一小隊差添小船ニ爲乘組差出候処上陸之上先勢に相加り砲戰及候義ニ御座候且又往還玖之坂峠にハ爲押御人數被差出

候樣竹中丹後守ゟ家來之者ゟ爲示合置候処十三日夜ニ入玖之坂押之人數ハ差出兼候旨井伊家ゟ斷りニ付分配人數繰出方掃部頭ゟ申談有之候間差懸之取計を以旗本ゟ長谷川次郎左衞門組召連大砲壹挺打方之者共小船ニ爲乘組繰出候へ共最早苦戰相濟人數引揚候期ニ至り手合不及引上ヶ申候且海路ゟ陸軍方討入無之甚以不都合之次第ニ御座候拙者儀追々就注進大野村之内字四十八坂迄出張致し候処掃部頭ゟ打合も有之伯耆守殿ゟ事機申達伺候上廣島表ゟ一先引揚申候尤討死手負之儀猶取調可申達候へ共此段御屆申達候以上

六月十五日　榊原式部大輔

○七月廿六日　松平伯耆守

名代　田付主計

御役

御免御糺問中牧野越中守ゟ御預被
仰付候旨
右昨夕御城代御役宅おゐて御老中列座稲葉美濃守殿被仰渡大目付戸川
伊豆守御目付田中駒次郎相越候由
同廿七日
松浦肥前守
毛利大膳父子
御裁許違背ニおよひ御討入相成候付而も万一長崎表ゟ襲來乱妨相働
候節ハ速ニ人數差出討取候樣可被致候大村丹後守五島飛驒守ゟも同
樣相達候間得其意委細之義ハ長崎奉行可被談候
七月
大村丹後守
同文言松浦五島ゟも

五島飛驒守

同文言松浦大村ゟも

覺

長崎奉行ゟ

松浦肥前守

大村丹後守

五島飛驒守

右同文言

右之通相達候間得其意長崎表取締向一際嚴重行屆候樣可致候

右稻葉美濃守殿被申渡之候

一橋中納言殿

此程中〻

御不例被爲　有候處追〻　御疲勞被爲增候ニ付此上□〔虫損〕御危篤ニも被爲

至ニ御相續之儀被
仰出候且防長追討之儀も至急ニ付爲
御名代御出陣被成候樣　思召候依之御別紙之通　御所ゟ被　仰上候
間其段御心得可被爲在旨被　仰出候此段申上候樣ニとの　御意候

御所ゟ被仰上候書付幷
御所ゟ被仰出候書付寫

臣家茂儀初夏以來染疾罷在其後精々治術相加快和ニ趣候處當月初旬ゟ
再感処ニ此程　敕使を以蒙　寵問實ニ主分之　鴻恩感戴之次第然ルニ
病勢愈進不堪執務候間此上危篤ニ臨候も家族慶喜ゟ相續爲仕候尤防長
之儀ハ至竟ニ付爲名代出張爲仕度此段　敕許之御沙汰被成下候樣仕度

奉願候

七月　　　　　　　　　　　　　　　　御　諱

大樹所勞追々差重候ニ付危篤之節も一橋中納言相續爲致尤防長之儀ハ至竟ニ付爲名代出張爲致度旨願之趣聞含候事

○薩州侯建白

方今内外大小之憂患四方百出仕實ニ
皇國危急存亡《イ之》此時可有御座候抑今日之形勢致推遷候儀一朝一夕之根□《ナシ虫損》無御座候於
幕府冠履倒置候儀不少就中十年來外夷御所置振ゟ以往々天下人心痛怨離叛之姿ニ相成憂國之士益刀之爲ニ非命ニ斃候者數を不知勤王之諸藩國力を不顧東西奔走仕候次第偏ニ
皇運挽回之至誠を以
聖朝を輔弼し　幕府を扶助し藩屏之任を竭度与之赤心候処　幕府駕

馭之術を失ひ偏ニ照《イ私親》新規採擇宜不進候処《イ故》國是一定衆議合論之場各ニ至
り衆悉ク水泡畫餅と成行《イナシ》候儀千載之遺憾ニ御座候既ニ一昨年來大乱之
機相顯屢干戈を動候ニ付幾多之蒼生を殺し候上眼前若州信州邊之天災
及ひ丹波大和之一揆兵庫大坂江戸之騷動傳承仕候則于今兵庫大坂之処《イ義》
將軍家御在陣中號令整肅軍威四方ニ可輝之処却而足下《イ本》ニ卑商ニ向賤民
之如も嚴威を不憚大法を犯候儀所謂民不堪命之苦情ニ出候事《イ義》ニ而不可
忍之次第ニ御座候最早鎮定之形ニも候得共米價ハ勿論諸色未曾有之騰
貴ニ而既ニ當年炎旱水溢之憂も不被罔《イ少》此上兵端を開キ候而も爭乱日々
ニ長し卒《率カ》士分崩不可救之勢ひニ及候ハ案中ニ而其時ニ外患を受候節も
何を以防禦可仕哉是卑臣年來痛心慨歎をる所ニ御座候然ハ内政《イ改》を卒革《イ化》
皇國も起《イ之進起》その大策一日も不可捨之急務ニ而可有御座候へ共長防之御征
伐之儀御取懸り之支ニ御座候既ニ一昨年悔《イ悟》謝罪之道相立尾張前大納
言殿解兵之上被遂

奏聞候儀ニ而其節引續御所置振被
仰渡候得も奉謹承候儀案中《イ事》ニ御座候処《イ共》時機を失ひ
朝廷寛太之御趣意ニ《イ義ふ之》反し御再討《イ時》
御進發与稱し更ニ御出陣御不審筋御糺明候処御了解被爲在候由ニ而忽
本ニ復し　御裁許之名目を以當《尚》大兵を以國境ニ臨ミ御所置振被　仰出《イ渡》
候儀仮令解兵後之御不審御詰相成候而も御再討之兵御解不被爲成候而
も本ニ復し御《イ候事》軍實不相顯且不得止ヲ兵を用運候御譯ニ而不奉伺候得も
仮令
奏聞之上トハ乍申条理不相叶譯ニ候故乍恐《イ茂》其筋ハ《イニ》承服仕間敷前文兵庫
大坂之商民共《イ茂》さへ其令を不恐程之事ニ候《ニ候得共》へ共數百年來譜代恩顧之長防
之士民之情義尤無余儀被察候《然》処歎《イ書》願之筋を御採用不被爲在御裁許之御
沙汰相拒候とて則問罪之師を被差向候も相當之御所置共難申上候且又
爲名代致出藝候宍戸備後介御不審被爲在候筋を以幽閉被　仰渡候儀問

罪之師之擧動ニ無之道理を以御詰問〔イ之上〕ニ閉口しく致退去候ハヽ必國民も皆罪有事を可存知譯ニ御座候へ共却而口を不開樣ニ御仕向候ハ憤怨を起させ候計之拙策ニ陷り而已ならば理非曲直ハ不相正そのミ其上天下ニ布告致し候譯ニ相當殊更防州大島郡ニ而之暴發ハ海賊之所業ニ類し候實ニ以歎息之至りニ御座候今般之始末防長之士民憤怒を懷候計ニ無之天下之人心關係可致譯よく如何成大乱ニ可立至哉も不被計事ニ御座候仮令可討之道理有之候而も皇國之興亡ニ相關り候大難之時ニ臨起立へき之急務を置て却而亡ニ陷り候而已之道ニ被爲就候儀實以絶言語奉恐入候御儀ニ御座候間前条緩〔イ後〕急大小之辨治乱興亡之機

御明察被爲在非常格外之朝議を以寬太之

詔を被爲下と霈《ハイ》愁之恩を被爲施持危扶顚之聖斷被爲在

視聽を四方ニ開キ給ひ天下之　正評を盡し政體變革武備興長遠戒〔戎カイ　イ賓〕寬服

中興之功業を遂させふを

上御祖神之恩《ニ》を報給ひ下蒼生塗炭之苦を被爲救度御儀と奉仰願候誠ニ
以重大之事件卑賤愚魯之小臣ホ輕卒奉申上候儀不《イ少》當之重罪ニ候得共乍
恐
朝廷寛太之御趣意乗而奉伺候趣も有之候《イ且》得共小臣ホ拔群之
聖恩を奉存《蒙カ》候得ハ
皇國浮沈ニも相懸り候切迫之機ニ當り默止罷在候不忍冒萬死血涙涕泣
言上仕候誠惶々々謹言

七月

右ハ七月廿日比差出廿一日
御朝議有之由尤何共御決議ニハ不相成

○

一筆啓上仕候秋暑御座候處先以
公方様益御機嫌克被遊御座恐悦至極御同慶奉存候然ハ此度之祕密一条

可否不分不都合顯然致し紀伊殿彼是被　仰聞御尤之御儀右取扱ハ拙者素ゟ覺悟之儀今更申上様も無御座謹而奉待尊命候乍併夫迄之處ハ諸軍之英氣拘候間重々恐入候得共相勤居候此上諸御失策共可被成畏縮待罪之外無他事候恐惶謹言

七月　　　松平伯耆守

板倉伊賀守様

稲葉美濃守様

猶以此度之説得人遣候儀ハ壹岐殿初御役人向壹人も相談不仕愚存之見込ニ而申遣候事ニ御座候已上

啓本文之説得人差入候見込何分當分《今カ》之御場合兎も角も平伏御請ニ及候得ハ惣而之御都合一筋ニ存込候処ゟ差入候事ニ候尚備後介を遣候事ハ是迄之説得之筋も有之由之処何分ニも不屆ニ候得共此賊ニ而毒ハ毒を

制候理も有之儀候間遣候事ニ候壹岐殿始御役方ゟ不致相談義ハ調候得ハ宜敷不調時ハ一同御咎を蒙り候儀与存相談も可〔不カ〕致事ニ候何分防長之力責ハ長引可申候其内ニも不思議之都合も出來可致哉与恐入候御地ニ而激徒可有之与ハ淺見ニ而不存寄候處此度一条ニ而愚考候ニ長防之二州九州邊激徒境界ニ而加之薩英之激論助之蒸氣船ホハ借候哉之風聞有之薩人ハ内實入込居候哉ニも相聞右ホ之儀故此末之見込□□□〔虫損〕敷奉存候于今九州四國石州藝地之應接□□□□〔虫損〕致さぬ〳〵出兵候藩ハ粮米ホ相願暫時御取替金を相願其人數多候而も夫人付ニ而戰士甚少く銕砲大砲筒ニ而眞之古風ホニ而銕砲之渡り初て容躰ニ候然ども砲隊ニ而も多候哉与存候處其上砲隊ハ無數事ニ候當時砲隊之開候ハ第一公方□〔虫損〕陸軍ニ講武所第二薩刕第三大鍋島皇國此三ツ計ミニケールを好候假實用ニ渡り眞之御用ニ立候又爰ニ長防之徒ハ不殘農兵ミニケールニ而穢兵迄同様ニ而國郡之一ツニ而も彼是合考致し候ニ容易ニハ御平

均見極無之然共佛ニ及評判《談カ》三十艘も軍艦を借出シ世上之評論ハ不顧夷人を遣候ハヽ夫ゟふハ速功も可取其他ハ更ニ目當無之唯爰ニ而も陸地に○《本ノマヽ》フクレ出候を待受候程之合力を如何与存候計りニ候追々見合候ニ中々シブトキ惡兵多候ヘ夫丈ニ而何分ニも御承伏御請ニ及候ハ寂第一と愚考致候事ニ而候暗愚短見恐入候得とも心底之處不包奉申上候頓首

百拜多罪

七月五日　　伯耆守

坂地

御両所様

○兵庫表ゟ來狀之内

今廿三日七ツ時英國人　皇國人乘合壹艘入湊致申候□□□《虫損》御案申上候英舟ハ當地ニ而石炭積入候而一昨日晝頃横濱退罷下申候由承り申候其跡ハ同日蘭船我朝人乘合長崎ゟ薩州海邊廻り御目付□□□《虫損》湊致申候

此船ハ未タ滞船致毎日上陸仕當地□□□（虫損）もれらひ其跡ニ役人御供致買
物抔ニ通行誠ニ見苦敷事ニ御座候
一廿日頃藝州ゟ罷歸申候者之咄しニ候七月九日十日ニ玖波村迄紀州人數
多分出張之處例之長人責懸候故組々之大敗軍死人夥敷長持ニ五十棹も
積入持歸候由其跡ニ先陣ハ作州樣明石樣ゟ人足之者大ニ心配之折柄交
代參り候故蘇生之心地ニ而致歸國候由直ニ承り申候誠ニ不快次第ニ御
座候間荒増之處御内注奉申上候余重便与早々
七月廿三日
尚々此頃早追駕毎日二三十ハ通行仕候よし尚又昨日軍目付壹組下筋ニ
御下有之由
歩兵組ケヘルト玉藥入抔人足ニ爲持御早打駕三ツも昨日西ゟ東へ向ケ
急通行又々不宜目ニ合候早打抔風聞御座候
一別紙今日手ニ入申候間爲差登申候尤文面甚不宜候得とも先方ゟ持參之

儘ニ御座候宜御もんじ可被下候

別紙今廿三日播州明石ゟ申参候よし

西筋一条是まで種々戦ひ有之候段定而御聞及与奉存候何分長印勢ハ不怪𠯁与上下取々風聞其内當月十六日頃紀印御人数并東方御人数大敗軍ニ而□□□虫損儘雲州様ゟ迯込候よし承り申候依之城二ッ□□□虫損而ハ亀井様とも長印ニ付候与取々風聞長印御人数右両所ニ出張之趣不怪勢ひ与申𠯁ニ候尚又別紙高札石州口并因州口廣島口三四ヶ所建有之候由

○皇國□虫損威一天萬乗政事守護犬羊同様外□□□虫損亡所拒之我城國ゟ軍馬差向候者仮令雖幕府上使壹人も生返間敷者也

長防両國大守

毛利大膳大夫源義親本ノマヽ

○長防奇兵隊ゟ討手軍奉行ゟ贈り来候寫

其方共元来武門ニ闇祖先之威風ニ似気なく徒ニ幕府之命令を請無謀

之戰爭を開き正ニ悲（ママ）命死亡之者不可數（枚カ）擧然るニ今般藝藩ニ預り居候此方重任之両人大切ニ差歸候段心妙之至ニ依而ハ其方家來とも先戰擒ニ致有之面々助命差返候尤手負之者とも醫療全快之上同樣可致器械ホ預り置其内可及沙汰候以上

七月　　　　　　　　　　　　　　　　奇兵隊中

井伊掃部頭

榊原式部大輔

○両家人夫之内ニ相渡候書付寫

其方とも先祖ニ不相似武道疎ニ此度敗北可致塵処戰（ママ）幕府寛太之所置を以生捕之者ハ差返し傷候者ハ加藥用玖波村迄返し遣候間請取可申候器械之類ハ慥ニ預り置候間此上武道相勵請取ニ可罷出候事

○七月□□（虫損）日大坂出同廿七日著

聞繕ひ書

一七月十三日濱田福山両陣長州と血戰之処山手ゟ雲州勢焼玉を以長州伏勢を討取申候官軍十分之勝利

一同十四日對陣

一同十五日濱田城之上雲雀山ニ而濱田第一之要害ニ付散々ニ苦戰致候処終ニ乗取られ申候

同十六日濱田籠城

一同十七日濱田城火之手上り申候是ハ濱田方自分火を掛不殘焼落候よし右近將監殿より船ニ而雲州江立披キ之積之処船中ニ而落命之由

一雲州同十五日夜ゟ十六日國許江引退長人益威勢熾ニ而甚强御座候よし紀州も雲州江引退申候

一右ニ付濱田雲州福山ゟも備前江頻りニ加勢乞候へ共更ニ出兵不致右ニ付内輪もめのよし

○七月十日出同十六日廣島到着之由

松平伯耆守

宍戸備後介外壹人一己之差略を以竊歸國爲致候段御不審ニ付御尋之
儀有之候間歸坂候樣可致旨被
仰出之
七月

○七月十二日紀州殿御家老御呼出左之通御達有之
御書面を以被仰立之趣委細達
御聽候処御重任御痛心之程申迄も無之候処此度伯耆守不都合之取計等
有之別而御苦慮之段□□虫損
思召候得共同人義ニ付而ハ已ニ申達候次第茂有之且ハ是迄御人數其外
於而數次捷報有之候と全御盡力故ト段々
御感□□虫損爲在候義ニ付猶此上ニ茂御奮勵御成功相成候樣厚く御賴被成

度との
御沙汰ニ候間其旨可被申上候事

○七月十七日屆書

此度長防御討入相成兵端相開候段國元ゟ相達實ニ天下之大變ニ付兼而
禁闕御警衛之命を奉し候得とも一涯嚴重行屆其任ニ堪候樣無之候而も不相濟不取敢一隊之人數差出蒸氣船二艘攝海ニ入港追々京著之賦ニ御座候間當時柄之事ニ付此段不差置御屆申上候以上

七月　　　松平修理大夫内
　　　　　内田仲之助

○細川越中守家來ゟ屆書

長防御所置之儀ニ付越中守人數之（ママ）隊豐後國鶴崎江差出置候処今度御討入期限御達ニ付而も國許江揃置候人數者早々繰出候処兎角海上風順者不宜候間豐後國小（ママ）倉表江順々繰出し鶴崎出張之分も豐前路江相廻申候此段申上候樣申付越候以上

細川越中守家來
青地源右衞門



七月十三日

○大坂ゟ來狀之内
一七月五日京都ゟ高橋典藥少允福井豐後守下坂奧ゟ罷出候事
拜領物致し上京ニ成
一七月十八日右両人下坂只今登
城いたし候事
一多喜養壽院大膳亮弘玄院遠田澄庵
淺田宗伯高橋祐庵此両人ハ奧醫師被仰付
右も十六日晚著直ニ
御城ゟ上ル
一七月十八日伊賀守殿御渡大目付御目付ゟ
公方樣御所勞爲
御尋

勅使飛鳥井中納言下坂被
仰出今十八日卯刻京都發足淀川乘船下坂有之候間爲心得向々江可被達
候事
一同日御目付江
公方樣御所勞爲
御尋
勅使飛鳥井中納言今十八日淀川乘船下坂有之候ニ付船場ゟ旅館迄之警
衞并登
城才之節同樣附添有之候積相心得其方共ゟ相達可然向々江可被達候事

右附添　　　　　　　　　別手組五十人
勅使滯坂中　　　　　　　牧野備前守
警衞　　　　　　　　　　青山左京大夫

○七月十八日伊賀守殿御渡

明十九日
公方樣御所勞爲
御尋
敕使飛鳥井中納言登
城有之候間一同陣羽織著用之事
右之通候間可被得其意候事
　七月十八日
　　　　　　　　　　　　福井豐後守
一同日大目付御目付ゟ
御留被遊候付御診察罷出候間相達可然向々ゟ可被達候事
一同日松平大藏大輔殿下坂ニ付登　城
一同十九日　敕使登　城有之
一松平大藏大輔殿八時過登　城

一出羽守不快之処八時比押而登　城
一御老若五ッ時登　城退出無之
一同廿日御老若退出六ッ時過
一同日泊　出羽守　信濃守
　右大坂ゟ來狀之書拔
○八月二日□□□□（虫損）對馬守殿大坂表ニ出立美濃路
　右ハ隼人正殿代り合として下坂之旨急成事ミへ三日之用意ト云
　御目付井野口久之丞殿右附属として翌三日曉發足同樣美濃路
○同五日大御番頭格寄合　荒川鉄弥殿
　公方様御所勞ニ付爲
　御使大坂表ニ發足
　　兼而御内意ハ有之由候へ共今日被　仰付今日八ッ時半發足之伊
　勢路四日振四日市泊

○同七日八ツ半比ゟ余程之風雨ニ有之候処夜分ニ相成益々強く明方迄之
大風ニて所々家居大ニ損ス
○同八日曉御用人高木作十郎秀林殿大坂表江出立
○七月廿九日傳馬町通申通辞書
公義
御太切御用物來月二日比御通行相成候付爲御見分御勘定御普請役御
通行候付都而出張物ホ不相成取片附可申様道奉行衆御廻りニ而被
仰渡候間此段御承知之事
七月廿九日　傳馬町町代
○八月二日町觸
今度
公義御太切御用物御差下シ候ニ付道橋ホ爲見分御勘定組頭青山金右
衛門初明三日御城下通行ニ付爲心得相達候惣而出張候物取入不敬之

（頭書）
御用物
巾七尺
長サ三間余
重サ百貫目余
大坂表七月廿六日
出立御勘定二頭
二日　清須泊
三日　玉屋町晝
同　鳴海泊
枇杷島大小橋下迄
見分有之由

儀無之様可被申渡事

八月二日

道奉行

枇杷島村ゟ
古渡村迄
町代
庄屋　衆中
支配人

○八月朔日

大樹所労追々差重候付一橋中納言相續之儀願之通被
仰出候依申□□□（虫損）

八月朔日　胤房

大樹所労之儀ニ付被申上候処追々疲労相増此上萬一危篤ニ茂被及且防
長追討之儀至急ニ付爲名代出陣相成候様

御所ニ被願候処歎願之趣被
仰付候則右之段中納言ニ被申出候処御請申上候
右之趣私ゟ宜申上候樣可被申出旨年寄共申聞候間此段申進候事
八月二日　　　　　　　　　松平越中守
飛鳥井中納言殿
野宮宰相殿

右ニ付
一橋中納言樣來ル十二日御發駕大坂表ニ御著同所ゟ直樣長州ニ進發藝州表ニ御發駕ト申候事
右之通今朝賀陽宮内林氏ゟ申來ル
○小倉侯ニ被下物月日なし
覺
一金貳千石〔両カ〕

一米千五百石

右ハ長賊襲來小倉表一戰後度々苦戰勇鬪罷在候処遂ニ防禦術行屆兼不得止小倉城及自燒候段殊勝之至ニ候乍去可爲殘念と被思召候依之不取敢御尋として書面之通被下置

○八月六日

榊原式部大輔家來ゟ相達候書付

式部大輔先手中根善次郎原田兵庫二隊幷中軍ゟ應援之人數共去月晦日宮内村江繰詰爲應援榊原丹波一隊繰出候処同所山間江賊兵屯集いたし居候付夕七時比右三隊之人數夫々手配いたし及砲擊賊兵共ゟも大小砲打出猶烈敷砲戰いたし候処賊兵山々江引退同夜五時過ニ相成賊兵ゟ砲發いたし候付九時過迄打合候処猶又賊兵引退候段注進有之候付藝州表ゟ申越候此段御屆申上候以上

八月六日

榊原式部大輔家來
鶴見八左衛門

式部大輔人數三隊井中軍ゟ之援兵人數共宮内村ニ繰詰罷在去ル二日別手御組彦根侯人數明石侯人數談合之上夫々人數分配いたし夕八時比賊兵共山間ニ相見候ニ付別手御組井榊原丹波手ニ及懸合候処賊兵共山之樹之間ゟ大小砲打出シ追々襲來候様子ニ付丹波井中根善次郎原田兵庫隊ゟ烈敷大小砲を以打立賊兵共數多打倒し候へ共嶮難之場所柄ニ付首級も揚兼申候彦根侯人數明石侯人數ゟも發砲有之夜五ッ時過迄及烈戰同四時過比迄ニ追々賊兵共討退申候段注進有之尤式部大輔人數之内討死之者も有之候旨申越候先此段御屆申上候以上

八月六日

榊原式部大輔家來
鶴見八左衛門

廣島陣中

紀州様御家老ゟ八月朔日便

前略

公邊御人數五日市を討く出追々進入又々勝利有之此度ハ大野村ニ而賊之隊長一人討取其外七十人計も死傷有之との噂ニ御座候井伊榊原段々奮發井伊も殊ニ振ひ貫名戸塚河手小野田等之家老番頭銘々憤發いたし候趣ニ而見候者感心之由

一此度之御大變相聞候付井伊榊原明石戸田ホハ右之件ニ付而も前以御書取を以此御方々之御談之趣恐入是より一倍憤發井伊初御附属同様相心得居との趣後略

○藝阿備三侯建白

今度長防御裁許被仰出候処御請書不差出旨右も全両國士民共不服之趣傳承仕候依而三末家吉川監物等ゟ歎願書差出候へ共御採用不被仰付違命之罪を以引續御討入之儀御布告ニ相成候就而も天下之人心洞

察仕候処何分物議區々ニ而固結之場ニ至り不申彼是心痛仕居候既ニ迫々戰爭有之趣此上弥大乱と相成候時ハ其虚ニ乘し常ニ潜匿致居候浮浪之徒ゟ所々蜂起之程も難計万一乍恐
輦轂之下ニ此件相發ニおゐてハ無此上奉恐入畿内近國四國九州諸藩之軍勢過半長征ニ懸り居孰れも寡兵と相成何を以可奉守護歎息奉心配一時余國ニ事起候へハ所々ニ傳染可仕も必定之勢ニ而實以
皇國御大事ニ被爲在長征も暫差置
皇居奉守護候外無之申上候而ハ奉恐入候得共時變ニ寄
鳳輦を被爲動候樣被爲至候而も誠ニ無勿躰御安危被爲係深く奉恐入苦慮仕候此上ニ而ハ時勢一二層も擾乱ニ陥り候樣ニ而も於
幕府おゐて第一被爲對
朝廷不被爲堪御恐懼御儀と奉存候
公武之御爲則

皇國之御爲ニ有之長征之儀今更被遊方不被爲在御事とハ奉存候得共尚
此上も
公武御熟慮御再議被
仰付廓大之御所置被爲施方今之形勢一ト先御取鎮而后篤と衆議被爲
聞召諸藩を初士民奉仰
御德候樣万世之策被爲建候樣奉伏冀候
皇國之浮沈今日ニ相窮り一同杞憂之餘り不顧忌憚微志奉伺上候誠恐頓
首謹言

月

藝阿備

三官名

○丙寅八月九日

(原朱)屋敷無之中杉村ニ居住

御馬廻組

田中國之輔

文學研究之爲他邦江衣相越可令修行候

委細ハ御側御用人可談候

右之通可申渡旨御年寄衆被申聞候

八月

佐一郎惣領
丹羽順郎

右同斷

(原朱)右十一日曉發足

同月十日

御馬廻組
田中國之輔

右ハ當二月十三日役割御先手物頭支配浮人天野小藤治佐渡守家來杉村壽目藏江州蒲生郡山之上村百姓西田左近右衛門悴秋作と申者と同道西杉村四軒屋分とし平と申賣茶屋相越酒食之上隣家万屋忠七ニ而酒相求右樽酒を携へ下飯田村字六助橋と相唱候邊ニ而相越草生ニ而酒食いゑし夫ゟ大曾根村坂下賣茶屋澤屋祐七所ニ相越於裏座敷猶又酒食之上

同年十月十八日
歸著

國之輔儀刀を拔放建具類井柱數ヶ所切ハッリ床ニ有之候懸ヶ物切破り
井酒器類ホ投割候付壽目藏初押留其節小藤次腕二三寸淺疵出來國之輔
儀も小指先ニ疵出來候由且右酒食代相拂其節致乱妨候爲斷金子貳分壽
目藏ゟ差出夫ゟ四人倶ニ罷出隣家竹屋半右衞門所ゟ立寄茶相好其場お
ゐて國之輔義刀拔拭ひ候付家內之者打驚迯去候間右所立出赤塚町通ゟ
相越往來ニ佩上罷在候处通り懸り刀を拔無謂糸切放し或ハ鉄炮塚町東
角屋と申饂飩屋軒下之懸行燈叩キ太ヒし夫ゟ作子町饂飩屋ゟ這入饂飩
粉を貰ひ國之輔小藤次事疵所ゟ右粉を付ヶ手當致し罷歸候由然处同十
七八日比前顯祐七方ゟ金子壹両程懸ヶ物壹幅國之輔より差送相佗候由
右之通風聞有之候風聞之通おゐてハ不束之事候間以後右躰之儀無之様
急度可相愼旨可被申渡候

八月

○慶應二年丙寅九月竹腰龍若殿

然而九月三日發足之答候処松平伯耆守様御事ニ付龍若殿實方ニ付縁家之事ニ而門を〆差扣伺ニ相成候処其義ニ不及との御事ふりしと巻夫きりよて延引ニ相成しと聞

元千代様ニ初而為
御目見江戸表ゟ尾州ニ登り行列書
家來徒士役之者之手扣を借く寫も原書ハ家來之手扣故道具役名ホ之
上ニ御の字アリ今皆省之

雇中間

具足壹釣
三人

雇中間
挾箱
貳人

雇中間
挾箱
貳人

（原朱）是より上之分
宿々ニ而行列
相立先ニ廻る

猩々緋袋入
鉄砲
足輕貳人

鉄砲
足輕貳人

長刀
足輕

徒士　徒士

徒士

馬廻

主人

刀番

馬廻

持鑓
雇中間貳人

添鑓
雇中間貳人

供小使
立傘　雇中間貳人
草履取　兼 雇中間壹人
(原朱)床机亞墨利加形 手代り者爲持
笠袋
簑箱　雇中間壹人
床机 (原朱)簑箱入 發駕之節計道中丈試著座
給人小

口附壹人　自分鎗
使七人
牽馬
沓籠壹荷
口附壹人
貫目持
供從者

合羽籠
貫目持
同
同
同
竹馬
同
同
同
貫目持
提灯籠

押壹人

壹荷　貫目持　提灯篗　貫目持　押壹人　惣供　○長持
(原朱)供鎗成丈減少

壹棹　革葛籠　○幕籠　貫目持　○惣駄荷
(原朱)○印之分ハ當日先へ廻る

江戸表ゟ立歸
供帳

當日先立
宿割
刀番
非番方より
大工

（原朱）道中介下目付ゟ
泊本陣先番
長持添
當日供より
惣駄荷
立帰　郡司轉
立帰　堀田彦四郎
小性勤
立帰　（原朱）近習兼　柴田主税
道具方勤
（原朱）小納戸ゟ兼
醫師
立帰　磯田文仲

近習

（原朱）柴田主税

立歸　服部又藏

同　淺井清治

刀番

立歸　（原朱）道中刀番勤取次兼　淺野又六

同　（原朱）道中出役取次兼　小泉内藏太

馬預

（原朱）兼　（原朱）堀田彦四郎

馬廻

立歸　（原朱）廣間番川割兼　八川泰助

同　（原朱）同断道中主役　淺田藤馬

同　（原朱）同斷　大脇喜代助

同　（原朱）同斷道中出役　岡田勝守

右筆

立歸　鈴木堅之丞

用部屋下書

（原朱）兼　（原朱）鈴木堅之丞

吟味役

立歸　（原朱）勝手目付兼　廣瀬晉一郎

徒士目付

立歸　（原朱）勝手目付　山田半平

兼　徒士目付兼　供方　（原朱）山本助市

徒士目付供方

立歸　（原朱）勝手目付徒士目付兼　山本助市

(原朱)兼　(原朱)山田半平

徒士

立歸　(原朱)道中出役勝手目付兼　山口俊一郎

登切　(原朱)道中出役　常松半兵衛

同　(原朱)同　八田八與吉

立歸　(原朱)同　蜂須賀文藏

拂方吟味役

立歸　(原朱)道中出役買物役賄人兼　福田末三郎

料理人

立歸　(原朱)煮方兼　水野丈右衛門

坊主役

立歸　本多壽齋

登切　(原朱)道中出役　柴田信吉

登切
同
同
立歸
同
同

立歸

登切



足輕

（原朱）下ケ札　森川新松

（原朱）足輕六人ニ而鉄砲貳挺長刀三人手代共泊本陣入當番右之內ニ而相勤候事

小崎平兵衛
鈴木瀧藏
伊藤佐十郎
水野覺左衛門
小出勘三郎

厩小頭

（原朱）兼　岡野淺七

中間小頭

大崎喜十郎

下目付

（原朱）大工厩小頭兼　岡野淺七

同

山本幸四郎

部屋目付

登切

文左衛門

供押

立歸

(原朱)道中出役

部屋目付兼

○

立歸

道中出役

部屋目付兼

中間慶助

養方

兼(原朱)

(原朱)水野丈左衛門

目付

兼(原朱)

(原朱)郡司

轉

用人

用人側掛

立歸

鈴木六郎左衛門

○六月十七日彦根勢戰鬪聞書

一彦根勢先手千六百人程曉六ツ時比ユウミヘ進入陣取之由

一長敵之形勢密察としく材木組立歩川を渡ふんと用意候内山上ゟ大砲打掛時刻ハ六半時比之由

一掃部頭中軍陣所辰ド村ヘ最初放火暫時之間ニ四方火掛り猶大小砲山頭ゟ雨の如く打掛候事

一山上ゟ兵革駈廻り掃部頭陣所ヘ來り候樣子ニ付大砲打掛候処一時ニ五六人打倒卽死扣《本ノマヽ》子有之

一都而農民之姿ニよく陣具著候者ハ皆差圖致シ候計之由此農民躰之者藝州廿日市大野村邊ニ而陣押之節大分取掛候よし

一烽火ハ岩國邊と覺しく其合圖ニ而四方ゟ間斷なく打掛掃部頭勢を包ミ打ニ致シ攻候よし

一援兵無之且榊原勢ハ四方放火之比都而散乱之樣子之よし

一出口辰ト村一方ニ付人數被相迫候而も兵士ニ逢援兵無之ニ付無據打合あがらふ陣を引或ハ陸或ハ海手ゟ粮船之便を以乘組相遁候よし
一大砲引迎間合無之ニ付其場所ゟ被牽候へ共過半ハ海中或も井中等ゟ打込玉藥も同斷敵の爲不被奪候樣致し來候よし
一軍用金も悉ク被燒候由敵の爲ニ奪ハれ候よりハ增ト申居候由
一家老貫名筑後山間四方ゟ砲發を受股を被打拔尤命ニも別条無之ト見ゆ
一㝡初掃部頭勢二ノ先應援も無之且地理不案内之事ニ而有之戰爭深入も不本意ニ候得共右ニ付而も恐レニ當り候ニ付憤發致し戰爭候処斯之次第成行上ハ此上之願元ゟ二之見應援ハ勿論手筈打合方齟齬不致候樣相定メ御中軍一ノ先之功業ヲ相立度由卽死も纔五六人疵人三十人程ニ而兵士ハ憤發致し恐怖之趣無之との事
一藝州口所々口々十六ヶ所有之
一安藝ゟ先手之儀御免口々島々警衞被　仰付候処今以口々ゟも人數不差

出よし

○松平伯耆守殿御屆書之寫

昨廿日申上置候爲巡邏差出置候伯耆守人數峠村之要地ニ固居候間激徒之事情致探索候処去ル十八日津田村に八百人計罷越一昨十九日ハ川津原と申所之山手ニ寄追々人數相進メ胸壁拓（本ノマヽ）之道築致候由相聞候ニ付彼之要害全備不致内不意ニ是ゟ相進ミ可申と申合昨廿日午ノ刻比怠備之時刻を伺ひ物見之者を先ニ進ミ候処既ニ敵地近ク及彼物見之者ニ出會候ニ付味方物見之者直ニ馬上筒ヲ以テ一發致し候処討洩し候得共大ニ致狼狽何をに迯去候哉相分不申無程人數を三手ニ分山手より左右ゟ打入及砲戰申其内味方之大砲利を得候事哉敵ゟ打出し候砲聲少く相成候内一手敵之横ゟ顯レ出候処敵も追々迯去申候ニ付兵士鎗入仕候今日一手之兵士も敵之後ロヘ相廻り迯去り候跡ゟ相進候ニ付敵兵散乱仕候右屯集之巣屋燒彈之爲ニ候哉致燒失候素ゟ敵之地理を辨ヘ人數之多少を

明ニ知候而進ミ候義ニハ無之候ニ付何分味方少人數之義若敵之別手ニ
後ロヲ絶きられ候義も有之候而も及難澁候儀ニ付打首分捕ホを禁し打
捨之儘速ニ人數引揚申候討取人數討死怪我人ホ之義別紙之通ニ御座候
以上

六月廿一日

別紙

六月廿日藝州川津原屯集之激徒討取伯耆守家來討死手負左之通

一討取三十五人

右之外大小砲ホニ而討取候分相分不申候

一手負左之通

鉄砲疵兵士貳人　討死　徒士拾人

右之通

六月

○昨十九日曉紀州水野大炊頭宿陣所江奇兵隊凡三百人計罷在候哉之趣ニ而裏手の山ゟ陣所江三十人計尚又山續キニ藪有之右ゟ三十人計両手ゟ發砲陣所江押寄候ニ付在夫共當惑致居候所へ火を掛ケ賊徒高島卯八ト申者飛込七八人計も在夫之者切殺候由同賊直樣討取ニ相成其余両三人計も生捕之由尤紀州勢ニも三十人計も即死人有之同士討も有之大混雜致趣ニ御座候大垣勢ハ裏手山上ゟ發砲打防キ
公邊勢ハ濱手邊ゟ發砲盡力之趣則賊勢ハ山陸ニ散乱迯込候ニ付追討も有之候趣尤分捕之品ニも玉藥鉄砲腰物之類も有之趣未御取調ニハ不相成候故員數之儀も相分不申途中ニて紀州藩ニ承知仕候談奉申上候以上

六月廿日　　(原朱)肩書ふし何人ナルヤ　三浦清記

○去ル十七日賊兵石州高津驛ゟ凡貳百人程上陸同所ゟ少々濱田寄之方ニ

而同所勢ト戰爭濱田勢勝利敵方敗走益田驛江集り福山勢を襲ふ
一届《本ノマヽ》坂口大床津和野關門有之右へ去ル十五日賊兵壹人參り通し呉候樣斷り候へ共通し申間敷旨申候ニ付引返し直ニ大擧して來り關門をも打破り少々支へ候者も有之候処打殺し候由夫ゟ十七日四ツ時益田驛江出高津ゟ上陸之兵ト一同ニ相成福山勢ト戰爭初而之鎗合ニ而大ニ福山勢勝利勝ニ乘し追打して遂ニ山下ニ迫る時山上ゟ打卸サレ敗北濱田勢前日津田驛之戰勝ニ乘シ益田驛江應援ニ參り福山勢ト共ニ戰爭又被敗難支濱田江引揚候由右賊兵打卸シ候山ハ前日福山勢陣取候場所ニ而見込有之山下下り在陣致候由益田驛も放火之由敵味方死傷夥敷候由相聞申候
　六月廿日

六月十九日大野村ニ而戰爭
紀州殿ニ而御人數　敵兵壹人討取
水野大炊頭ニ而　同　両人討取

陸軍方ニ而　同　六人生捕
味方死傷
紀州殿御人數銃隊差圖役　壹人討取《死カ》
陸軍方歩兵差圖役下役　貳人討取《死カ》
歩兵　二人討死
右之通ニ御座候
六月廿日
一分捕品々　水野大炊頭手ニ有之候
○大島略便
一松山初陣八日曉十日十一日十二日十四日十五日迄追々諸所ニ而接戰勝利ニ而大砲ホ分捕候処大昌《本ノマヽ》二ウ通津ゟ追々人數相渡り一旦ハ百人貳百人位集り候処此節ハ五百人計も諸所ニ屯致居候由
一□《虫損》人降參之者ハ其儘免し置候得共又背キ討而出候樣ふる事之よし

一十六日ニハ三方ゟ味方《マヽ》ゟ取巻討取候積り之処山路ニ而難義其夜松山領
一之島江引揚候由
陸軍方も十六日ゟ不利歩兵ハ少々損引揚候積之由
一松山勢佐久間某目付役より十六日之戰ニ討死ス首貳ツ討取味方勢を勵
候由
一石州益田驛宿陣濱田福山御人數江去ル十四日賊兵襲來山間ゟ打卸し両
家之防戰難支味方死傷不少敗走より濱田迄引揚候由濱田家重役壹人討
死軍目付徒目付小目付ホ苦戰之由尤敵兵ハ多分討倒候由尤紀州様御人
數間ニ合不申濱田江引揚同所江繰込候由

六月廿日

一十七日紀州人數水野大炊頭大野在陣之節敵ゟ四十八坂江罷越同夜七ツ
時比寐込江仕掛紀州勢大敗北之処又々直ニ取返し大野を再ヒ取戻候由
發砲なし手詰之戰爭之よし紀州江三人計生捕候由

一松平伯耆守様御人数淺原ニ見廻りニ罷越候処敵方人数三四百人計晝夜（食カ）致居候処ニ討込生死共三十六人討取候由味方即死三人

一細川勢十二日比立仕舞之由然処筑後川出水ニ而十日計滞留ニ相成候見込之由不日著揃可申事と奉存候先達而出張之様承候得共虚説と存候

○高木ゟ申來ル

一半介殿　公義衆と御軍議茂有之近々御討込ニも可相成候咄ニ候へ共岩國口計攻入候ても外攻口一同不相成時ハ又々一敗ニ茂相成義ニ而仮令其咄ニ相成候ても同論ニも相成間敷見込之由

一左馬助殿廿五日比下坂之由右も何故欤先日之戰爭次第申上ニ相成候哉武清田邊全藏も下坂之由

廿日市ゟ一里計向ひ

一宮田ニ　小野隊　廣瀨隊

一大野ゟ四十八坂之間　公義隊　紀州勢　水野大炊頭

一御本陣當時廣島誓願寺
一木俣隊河手隊戸塚隊《マヽ》廣島ニ出陣時々宮內又ハ廿日市廣島ニ休息交代致
候由
一榊原侯當時廣島入口町家ニ滯在御人數半分ハ海田市ニ罷在候
一去ル十七日石州口ニ而阿部侯御人數濱田御人數ト一戰味方大敗走阿部
重役幷軍目付其余も多分討死阿部侯御備後ゟ石州ニ相越於家々長《本ノマヽ》在起
臥相叶不申病氣之由依而說ニ手疵被爲請候哉之儀ハ御座候當時濱田城
ハ奇兵隊ニ被取圍極難儀之由
一大島郡七日ゟ討入遂ニ乘取候処十七日比ニ至り又々敵ゟ取戻し當時ハ
一圓敵方計容易難寄附よし
　但公儀衆十人計討死當時歸廣之由
一上之關下之關未一戰も無御座候討手御人數も未揃ひ不申候
一庄《立カ》野侯去ル廿日御在所御出立御出藝之處同夜有來《年カ》泊り翌廿一日片上御

泊り之所三ッ石ゟ病身《氣カ》と稱し御引返し御歸城ト斗《マヽ》之御預り所山里村ニ
而當時滯在
一津山侯御出藝之処十五日ゟ今ニ至り《欠マヽ》　初追追《マヽ》々御滯留是も御滯留之よし
一明大《石カ》末御出立日限相分不申候　備前侯も同様
一印具隊去ル十八日大坂出船之処日和惡敷今村源之進組計廿一日兵庫神戸ニ滯留其余何レヘ碇泊ニ候哉相分り不申候
一十四日戰之節大砲も不殘敵地ニ差置依而十一挺計有れとも殘り無之當時ハ
公義ニ相願大砲七挺取滯《本ノマヽ》尙又矢出《本ノマヽ》ル留三十丁同様
　但内實ハ藝之品のよし
一同日之節御家老衆初御人數一同所持之品彼地ニ殘し最早取入候哉燒失候哉不相分

但土佐殿さしゑの紛失の由

一岩國筋米四百文之由　米同様藝州出張之奇兵隊咄之由

七月四日京都ゟ來ル(原朱)江戸ニ而寫

○前大納言様御建白

今度長防御裁許被
仰渡候ニ付末家并士民共ゟ差出候書付御差戻付而も弥問罪之師御差向
被遊候義御當然之義奉存候尤諸藩盡力四方ゟ討入候ハヽ不日ニ御成功
可到且又是迄激徒之事を取居(マヽ)候共一戰之後ハ自ら玉石相分速ニ降參可
致候間此期ニ臨ミ彼是申上候儀ハ過慮之至候得共萬一二州之人民固結
致し急卒御誅鋤不被行屆候節
大旆をも(原朱)欠
幕威御挽回之御勇斷と奉伺候得共別而御家門御譜代之向ハ何を以覺悟
申迄も無之候得共頻年諸藩奔命ニ勞を國力難支況即今物價湧貴諸國水

變も不少　御膝下そふ動搖之機茂相見候程之義ニ付事品ニより如何
樣之謁難を釀し候義も難計此段深心配仕候間仮令戰爭隙取候共天時人
和御斟酌之上暫く討手之兵を息そふれ
大旆ハ京攝之間ハ御推メ罵と根本を御固メ被遊候ハヽ却而力を不勞し
て御成功ニ可至哉と奉存候古ゟ軍ヲ斑《マヽ》し時ヲ量リ候例ハ數多有之乍憚
堂々たる
幕府彼二州之者ハ孤注《マヽ》之勝負ヲ御皇シ被遊候儀も無勿躰義と奉存候乍
去一旦
御征伐之御號之御布告相成候上御猶豫相成候而も天下之大任を御失ひ
被遊御威光ニ茂相抱《拘カ》可申と之論茂有之候得共生民之塗炭を被
思食御至誠より被爲出候儀も自然人心感孚仕努々
御威光ニ相拘申間敷奉存候此後之御模樣ニ寄
御動座被遊候儀も

御再思被爲在候樣仕度奉懇願候右も動もそれハ姑息之策ニ似寄候得共

今日之

御進退實ニ天下之御大事ニ奉存候吐露肺腑献言恐惶敬白

六月　　　　　　　　　　　　前大納言

○一橋樣御奏聞

大樹此程所勞候処漸疲勞相增候ニ付此上危篤ニ及候も私に相續爲仕且長防之儀至急ニ付爲名代出陣候樣申付越候不肖之私固より行届不申候得共防長之儀も即今之急務國家安危之界ニ付粉骨碎身微身之限り勉勵候心得ニ御座候相續之儀ニ至候而も私輩之愚荷堪候筋無之

公武に對し實ニ恐懼無已候ニ付再三再四固辭仕候得共許寄無之内外危急之御時節彼是辭退仕數日相送り候內ニも人心之向否ニ抱《拘カ》如何之變事可相生も難計何分國家之大事ニハ難替候間早々相請候樣可致旨斷申聞有之一身之進退此期ニ相窮當惑無限猶退而勘辨仕候処此上徒ニ固辭仕

候義却而
大樹之意ニ相背キ且ハ國家之安危傍観仕只管一身之樂地を求ニ相近深
奉恐入候ニ付其身之庸劣を忘レ相續之儀承知仕爲名代出陣可仕奉存候
然処
大樹職任之儀ハ薄力菲材所詮行届不申覆餗之恐レ實ニ今日ニ差迫り戦
慄難堪候此上幾重ニも御斷申上候間乗而御許容之
御沙汰被成下度奉願候此段言上仕候誠恐誠惶頓首謹言
七月　慶喜
此度
大樹申付ニ寄爲名代出陣仕候付而ハ
禁裏御守衛惣督攝海防禦指揮之儀ハ
御免被成下候様且御暇被下置候様仕度奉願候以上

慶喜

七月

○長防ゟ諸矦ニ差出候書

長防士民泣血揮謹而

諸侯明侯閣下ニ白ス主人多年

敕旨を奉し

台命ニ從ひ東西ニ奔走心力を竭され候処奸邪蔽明寃抂再生仰而天ニ號ふ所なく俯而地ニ哭そる所なく今日之急ニ迫候事君臣之不幸御憐察可被下候然ニ事既ニ此ニ至候而も寂早寃抂を辨解も不仕又哀號しても御救援をも請奉ふ〻二州士民各臣子之分を盡し死を以主恩ニ報ひ知己を千載之下ニ待公論を百世之後ニ仰ク外心中無他事誓而奉對

天朝不遜之心底毫末も無之天地鬼神眼明森列敬而赤心を披候所ニ御座候一樣暴擧之名を不被成樣奉願候且又弊國之存亡ハ固より不論候処弊國之事よりして自然天下分裂之基を開き外夷之術中ニ陷り候樣ニ可相

成哉と是而已遺憾ニ奉存候付而も諸明侯力を勠セ心を同し上

天朝を奉戴し下

幕府を扶ケ早々奸邪をカ誅鋤し忠良を登庸し天下をして正邪判然名義相立人心一致仕候様御盡力有之度右様無之候而も數年を不出して遂ニ

神州をして外夷ニ棄與セらるゝ候様相成候事必然奉存候間深御遠察被爲在度身後之至願唯此一事ニ御座候偏ニ御亮察被下度泣血奉懇願候頓首

謹言

七月廿二日

別紙之通長防ゟ弊藩ニ依頼之趣有之至情無余儀乍併今日之形行ニ而も取傳へ候義も不都合之姿ニ御座候へ共御互ニ武門之通情傍觀ニ堪兼無據別紙相添御通達およひ候以上

松平修理太夫内

内田仲之助

七月

御次第不同

御留守中様

| | | | | |
|---|---|---|---|---|
| 加州 | 仙臺 | 越前 | 肥後 | 筑前 |
| 藝州 | 肥前 | 因州 | 備前 | 津 |
| 阿州 | 土州 | 久留米 | 秋田 | 盛岡 |
| 米澤 | 作州 | 雲州 | 川越 | 宇和島 |
| 明石 | 高松 | 柳川 | 二本松 | 大聖寺 |
| 富山 | 弘前 | 忍 | 中津 | 新發田 |
| 郡山 | | | | |

右之通付紙ニ而薩州江達之事

右ニ付昨廿六日於晴暉樓會合有之則三十六藩出席之処肥後肥前筑前筑後米澤柳川忍七藩ハ議論一致ニ而最早
天幕御決許〔評カ〕之上既ニ兵端迄被相開候場合ニ至り周旋致方無之儀ニ付又

々今日七藩會合して薩ゟ斷之場合ニ相成候趣國主不殘柳之間一列御親藩越前雲州溜ニ而も松山忍才ニ而三十六藩ニ有之候

○長防二州ゟ

朝廷ゟ差出候上言ニ薩州ゟ別紙致し差出候書付之寫

長防士民誠惶誠恐頓首再拜味死して上言伏惟

天日照明有時雨雲霧さしを覆盡力竭誠不幸ふして讒誣其間ニ生し候事

古今之通患とも奉存候主人多年力を

公武之御爲ニ竭候処不圖も今日之勢とも相成進而

天日之明を拜そる事不能退而自謝所無之二州之士民手足之措所を不知

日夜天地ニ號哭仕候之外無御座候付而も鄙野無智之小人是非得失ハ辨

得不申只管相考候ハ主人父子曾而恐多候得共

天威咫尺之明詔を奉し親く將軍委託(誤脱アルヘシ)今更敢而寧處不仕候処一旦御譴責

ニ相成百方歎願仕候(といへ共カ)微東(衷カ)を明そ事不相叶爾來深く自ら罪し

戒愼恐懼實を露呈し日夜寃枉を雪らん事を仰望致し候処再軍勢被差向
御難題被仰出候事相成何共其故を不奉伺畢竟雲霧明を覆讒構上を誣候
故よく決而
聖明　叡慮ニ無之与奉存候其證ハ癸亥攘夷期限御布告ニ相成候節ニ於
關東諸有司
敕諚台命奉承無之より以來不臣之徒欺罔之邪前後相望顯然明著遂ニハ
外夷を誘ひ攝海ニ闌入セしむるニ至而も要旨、寂甚シ如此
朝威日々御萎靡ニ被爲向正邪混淆是非顚倒仕候ハ偏ニ奸邪事を用ひ候
故ニ有之然も今日之事々亦皆其手ニ出る事疑無之候付而も臣子之分今
日之急ニ差迫り候而も身を以君難ニ殉し平生之恩を報ひ候外他念無御
座二州擧而決死之覺悟ニ罷在候全以奉對
天朝不遜之心底ハ毫末無之天地鬼神ニ誓ひ奉申上候幸ニ天地末二州之
士民を遐棄せられず候ハ再雲霧を拂ひ

天日を拝そる時も有之候得共恐らくハ千載寃枉を懐き地下ニ瞑目不仕事と奉存候故責而ハ鄙衷を
御照臨被爲成下置度一同昧死して奉哀訴候誠恐誠惶頓首泣血謹上

七月廿二日

別紙長防ゟ奉告情無余儀候処今日之形行ニ而ハ取傳仕候も不都合之姿ニ御座候得共奉對
天朝毫末も不遜之心底無之無二之誠意責而も
闕下江上表哀訴仕度趣意ニ候得共進退祈《本ノマヽ》日ニ道なく鄙藩江涕泣致依頼候次第ニハ御座候全躰上下懸隔下情欝塞臣民之情を盡さしめさるハ古今明聖之代ニ無之的證ニ有之殊急難を見く垂憐候ハ武門之通情ニ而旁傍観默止難仕別紙相添此段申上候間明亮御裁斷を以執
奏被成下候様奉願候以上

七月廿二日

松平修理大夫内
内田仲之助

○薩州ゟ大坂おゐて指出候書付

長防御征伐之儀ニ付出兵御斷之書面從主人差出置候処書面申立之趣有之候へ共寛大之御趣意を以御所置相成〇(脱字アルヘシ)未

朝命遵奉不致　御奏聞之上　御沙汰之次第も有之早々出兵

朝幕之御趣意相貫候樣御付札を以被　仰渡之趣承知仕候全躰今度申立候趣意防長御所置振之義修理反覆本末顚倒　御征伐之名實不相立候故既ニ御達之趣承知之上恐入候得共於大義不得止確定之旨趣を以御斷申上候次第ニ御座候不肖之弊邑ニハ候へ共

朝命遵奉之筋を以固ゟ奉上之儀も兼而心得罷在候へ共是迄之御達振ニ而進退仕候而も道理を曲阿従之場ニ相當天下後世之耻辱且巍々然たる

聖朝幕府之　御威德ニ係相抱(拘カ)り候儀と奉恐入候乍恐天下万人感戴仕古今を相貫通ス至年之御沙汰ハ

朝命幕府とも可奉申上候付是非命令之命令たる樣被爲在度赤心ニ御座

候就而も御征伐之筋合判然相定別段名分至當之御達不相成候而も急度御請難仕旨兼而主人申付置候付再應申上候樣重役共ゟ申越候間此段申上候以上

（原朱）月　日

（原朱）姓　名　脫

徳川中納言

○

今度致相續候付而も兼而言上之趣茂有之候得共前將軍同樣厚御依賴被遊候間政務筋是迄之通取扱候樣可心得旨御沙汰之事

八月廿日

大樹薨去上下哀情之程茂御察被遊候ニ付暫兵事見合候樣可致旨御沙汰ニ付而も是迄長防ニおゐて隣境侵掠之地早々引拂鎮定罷在候樣

可被取計候事

別紙申達自然長防ニおゐて背命候ハヽ早々討入候様可被致事

八月廿日

○京都おゐて薩州ゟ町々江申渡候由之寫

方今天下之形勢一變致諸家御守衛人數も被指出就中　幕府ゟ御取締嚴重御手配ニ付夫々御職掌も有之候へ共既ニ長防ニも兵端を開キ追々諸藩出會《マヽ》ニも相成候へ共此末下《マヽ》寇之患も甚氣遣敷又此機會ニ乘し野心有者ハ如何成隱謀を可企も難計且遠國ニ相聞候趣ニ而も無勿躰も鳳輦を奉移抔致流言候付寡君深く患候而過日爲御守衛弊藩ゟ聊人數上京被申付候処狐疑を生し却而異心有之抔前後不勘辨之族申觸し候由承之心外之至とも存候且亦會藩与間を生し闘爭致ニ可及抔流言甚敷既ニ去ル廿三日夜今出川廣小路邊ニハ數十人小銃御手鎗ホ携頻ニ奔走有之其間ニも著込小具足ニ身をかため候者罷在居候由ニ而右邊暫時ハ大騒動

兼而申觸し會薩鬪爭可致抔區々評伴《さ》承及以之外なる次第笑止至極ニ候
抑弊藩之儀僻遠之野夫与乍申大切なる
朝廷奉蒙　御守衞居候而於
輦下大轂下何之遺恨有之私ニ干戈を動上ハ奉惱
叡慮中ニも宮方三卿以下ヲ奉驚下ハ蒼生塗炭之苦を不顧山賊野盜之如キ理不盡之爭を可好哉實以迷惑至極顰眉之至ニ存候是全離間之策を施し候奸謀之者中間ニ有之いたしむる所ニ欺られ臆氣を生シ奔走ニ及たるニ候半歟街說會藩之歷々与唱候へ共左樣ニ而ハ有間敷自然會藩候ハヽ決而下郞之輩之者公私之差別もなく且ハ物の輕重を不辨街說を信用し私ニ屯集いたる歟又ハ御職掌ニ付探索之筋有之取押之人數を見誤候歟何まもせよ甚以氣之毒之至りニ存候夫々武門之上ハ無申迄名義条理とくと明定なる經緯有之物ニ而無筋之儀ニ鬪爭を動し候儀も一切無之判然と道理分居り有之殊ニ御場所柄私鬪を企候而ハ末代迄武門之耻辱且

ハ御守衛之名目不叶其偏背ハ明白勘辨可然存候此後之處譬如何様申觸候共市中申合聊動搖致間敷一時之人氣を靜めんと欲して云ニあふれ能々前後勘辨賴入候余り氣之毒故不得止支重役共依沙汰此段申達候事

七月廿七日

右之通薩邸留守居ゟ今出川邊町役共江相渡㝡寄町々江申通シ賴申付候由

會薩兩藩三木吉田屋いなふきへ出會大酒宴いたし候由

○八月八日長防御首途ニ付御暇　參內之砌ニ被
仰渡候由

一橋中納言

大樹先達而以來所勞之處追々差重り候ニ付危篤之節も相續之儀奉命之趣相請尙又防長之儀至急ニ付爲名代近々出陣之事太儀被
思召候將軍職之儀兼而御斷申上候旨申立之次第難被

聞召筋ニ候得とも段々申願候趣も有之無余儀被
聞召候乍去大樹同様厚被遊
御(依脱カ)頼候間
朝家之御爲竭力速ニ奏追討之功愈可勵誠忠依之御鈒一腰賜之候事

○八月二日奥平大膳大夫家來ゟ相達候書付寫

小倉表去ル廿七日戰爭後長州人同領大里に入込砲臺ニ而築造屯集致候趣然るニ如何之御趣意ニ御座候哉小笠原壹岐守様小倉表御乘船肥後御人數其外追々引拂候由既ニ昨朔日小倉城并市中人家ハ不殘致自燒寂早落城之躰此上も大膳大夫領分に襲來ハ必然之儀左様之節ハ盡力防戰勿論之事ニ候得とも元より小藩微力且應援も絶而無之所謂無援之孤城共可申哉自然落城等ニ押移候而ハ誠ニ以恐入候次第歎ヶ敷奉存候何卒早々御援兵被　仰付被下候様仕度今ニも如何相成候哉与太(ママ)膳大夫始一統心痛寐食不安罷在候此段不取敢歎願仕候様大膳大夫申越候以上

八月十二日　奥平大膳大夫家來　鈴木力兵衛

○紀州樣御家老有本左門儀去ル十日登　城別紙　紀州樣御願書御老中方ニ被差出候由之処御老中方御列座ニ而伊賀守殿被申候ハ御尤之御儀ニ御座候へ共右之一条ニ付而ハ　御直書を以被　仰進候趣有之御目付牧野若狹守藝州ニ急キ持參之筈ニ付右之　御書御拜見相成候得ハ御納得茂可被爲出來且松平修理大夫義防長御征伐ニ付而ハ人數不差出旨申出候書面直樣差戻候振も有之候義此書面ハ不奉請取候間持歸り右之趣を以歸藝之上御諫奏申上候樣伊賀守殿ゟ左門ニ御談相成候由之処左門申述候ハ　御直書ハ御直書此書面ハ此書面ニ付此儘持歸り候譯ニハ參り不申候間いつれニ茂御請取相成候樣申述候処左樣ならハ別紙御書面ニ而ハ一躰之御文意大筋ニ御認有之候へ共思召ニ不應条茂有之候ハヽ何々之儀ハケ樣相成候樣何々ハケ樣ニ相成候樣ニとケ条書を以被　仰立候ハヽ思召伺ひ候樣可致候条其段篤と相考明日罷出候樣左門ニ御談相

成候由ニ付左様ならハ一旦退散之上猶又相考候上明日持参可致旨申述退散いたし翌日十一日左門事猶又登　城御老中方ニ申述候も昨日御沙汰之趣篤と勘考仕候処何々与ヶ条を以申述候様ニと之儀も左門一己之了簡を以申述候儀も出來不仕且

御直書を以被

仰遣候与之儀も如何様之儀を被　仰遣候儀ニ候哉相辨不申詰り左門儀も此書面ニ御付札なり御書取なり御答之趣持歸りさへ致し候へも左門之役目も相立申候間いつれニ而右之通被成下候様申述御書面差出候処左様ならハ明日何とか御否可申上由ニ而伊賀守殿御請取相成候付左門退散翌十二日登　城いたし候処別紙御書取之通被　仰出候由ニ而左門ニ直々御列座ニ而伊賀守殿ゟ御渡相成左門事今夕藝州ニ發途致し候由無急度御城附之者ゟ申上候付申上候

但本文若狭守致持参候　御直書之儀も御直ニ而可被遊筈之処此節

少々
御所労ニ付御側ニ而相認候旨をも伊賀守殿被申候由此段本文ニ認入
可申之処彼是混雑仕候付其儀無御座候
七月十三日
(原朱)本文修理大夫之事情ハ弥ヶ様之手續ニ候哉相ふ(分カ)れ候へ共御城附之者
申述候趣を以相認申候

被　仰立之趣委細達
御聴候処御重任御痛・(心脱カ)之程も申迄も無之候処此度伯耆守不都合之取計ホ
有之別而御苦慮之段深御察被
思召候へ共同人義ニ付而も已ニ申達候次第茂有之且も是迄御人数其外
於而数次捷報有之候茂全く御盡力故与段々
御感稱被為在候儀ニ付猶此上も御奮勤御成功相成候様厚御頼被成度と

の

御沙汰ニ候間其旨可被申上候事

一七月三日曉下之關方ゟ豐前國內裏ニ及放火候付小笠原近江守小笠原幸松丸人數ニ而防戰罷在候內賊徒共田之浦ゟ上陸致し山手ニ廻り近江守幸松丸人數を挾打ニ致し候由ニ候得共兩手之人數烈敷及砲發候內賊徒之方玉藥才拂底及候儀ニも候哉午刻之比賊徒共退散致候由ニ而味方勝利と申程ニも無之候へ共賊徒之隊長らしき者討留其外余程討留手負才も有之候由混雜之折柄首級を揚ヶ候儀不致由ニ付死骸ハ賊徒之方ニ引取候由味方討死手負廿人程之由且夜中戰爭も無之哉之由

一右節小倉人數も出張遠方ゟ砲發之事ニ付見違ひ候哉味方之方ニ砲發致し候へ共賊徒共無程退散ニ付味方打ニ而怪我才有之譯ニも無之哉之由右も小倉ゟ歸坂致し候御目付溝口出羽守附屬之御徒目付之咄

七月十五日

○濱田城外三四里之所迄撃・《脱アルカ》滯陣罷在候長人ゟ濱田ニ差出候書付之寫
濱田侯閣下・《ニ脱カ》曰ス主人父子先年來　勅諚台諭之重を荷ひ専ら藩属之任ゝ相心得力ヲ尊攘ニ盡し厚キ御褒　詔被下賜候所一旦要路欝塞上天光を蔽ひ下　台諭を障碍シ種々前日ゟ齟齬之沙汰有之弊國之寃枉連年相湊ひ遂ニ小笠壹岐守殿始下藝ニ相成主人父子爲名代宍戸備後介罷出候処却而御達書も末家名代ニ被相渡剩兵力を以主人名代を拘執ニ相成殊ニ御達振ニ至候而も削封廢立抔被　仰出候段實ニ慘刻之極士民驚惑不大形連ゝ歎願仕候得共却而拒絶ニ相成軍勢被差向終ニ沿海地方を砲撃し小民を暴動せしめ曾て順逆を明ニし正否を正さしめ候次第寔《マヽ》も無之弥以眞ニ
天情台意ニ不出事明確旁此条も出藝奸吏之心腹を尋問し拘留之名代を取返し前条之所置直ニ

闕下ニ哀訴仕候心得ニ而國内一統合議ニ罷在候処我々等兼而貴領近地ニ屯集致居候者ニ付不得止事是を仮り御當境迄押出申候へ共決而御隣交忘却仕候心事誓而無之伏而御亮察奉希上候恐惶謹言

長防士民中

別紙之通過日御出先ニ及御挨拶候処兵力を以道路御要遮相成候故無據及接戰直ニ御城下ニ罷越御國論ニ向背承度覺悟罷在候処道路之風説傳聞仕候得ㇳ藝州表おゐて如何御趣意歟不存候へ共主人名代宍戸備後介御差返し相成且閣下御病床ニ被爲有候歟之由旁藝州表情實相分り候迄一先避三舎先鋒田野原三隅邊滯陣罷在候尤前条貴意不被爲叶候ハヽ敢而不違命也此段御領掌被成下紀州其外出先之諸陣ニ可然御傳達可被下候以上

石州路出張各中

濱田ゟ御返簡

此節柄ニ付御札御別紙共我々等致披見候処過日出先江御挨拶御座候段ハ如何之儀ニ候哉一向承知致候者無之且又名實相返し候義も有之哉疑惑致候付一ト先別紙之通得貴意候尤諸藩江通達可致候以上

濱田出張中

於貴國も累代之御名家皇國之大義名分を重シ君侯素ゟ謹愼恭順之道を盡し奉對　天幕忠敎〔敬カ〕を被盡候段兼而御申立之趣傳聞致候就而も其意於をハ其實可有御座与存候所不圖も去月十六日益田表江乱入被致長防領と申傍〔榜カ〕示杭抔と相立無〔マヽ〕沙汰ニ三隅邊ニ進入被致候始末名實相反し是迄傳聞致候とハ相違如何之御遺恨ニ候哉元ゟ隣接之交誼も有之一点之私怨無之候へ共今日之情態ニ相成候儀ハ明ニ
天幕之命を奉し候ニ而一己之事ニ無之候扨又即今承り候へ共〔支カ〕傍〔榜カ〕示杭被取除候趣弥恭順之筋被盡候義ニ候得も三隅益田表御退引

天幕之恩命御企待被致候義至當之御所置与奉存候聊御來書之趣ニ依而

此段爲可申述如斯御座候以上

○紀州樣ニ而於藝州表被

仰出候御觸之趣

一討死いたし候者跡式ハ格段品宜御立可有之事

但八夫ハニ至迄も勿論右ニ准し夫々御手當可被下候事

一士官討死之者謚號ニ忠字ヲ賜ふ

但墓碑面ハ賜字ハ金を以書入可申事

一向後みたりニ忠字を以謚號与けるを禁け

一其子弟ハ相續之者又忠字を以通稱とするを許け右ニ付當時忠字之名之

者不殘改名爲致候事

一輕き末々ハ勇字を賜ふ

但右同斷

一討死いたし候者其場所ニ而御目付立合火葬ニいたし遺骨ハ
御座所ニ相廻し候上忠字ハ
御直書を賜ひ勇字ハ夫々於主之直書を添宿許ニ送り遣し可申事
　八月

○八月廿日一橋公ニ被　仰出候
勅書之御請
　今度相續仕候樣
御沙汰之趣奉畏候此段
御請申上候
　八月　慶喜

○風說之趣
西筋戰爭兎角長州人强き哉早二三城も落城之躰ニ而討手之面々茂大キ
ニ敗北ニ而

一橋殿も既ニ御出陣之御場合まて相成候処右御出陣被為在候共元ゟ討手不殘ニ而迚も御行届兼候由欲俄ニ御止メ京地ニ而老板倉老小笠原會津侯桑名侯御相談之上御奏聞ニ而欲俄
薨御被遊候方ニ相成右ニ付戰爭延引被　仰出候由此後京地諸大名御呼登セ此上之処御衆評共申聞候由

一御遺躰も京智恩院ニ御納抔共噂御座候事

八月廿三日

○兜軍記琴責のたん見立

道ニ曇らぬまに鏡智仁の勇士とかゝやきし　會津

表ハ忠義と見せらけそ　一橋

心のおとの二股竹　薩摩

虎の威をかる狐と登　戸田大和

床ニ生る牡丹花の水上ケ兼る風情之　水戸

ヤア無念なりなはぬるくやふれたり　尾大

もてさてしぬとひ　川路

鎌倉殿の御意をあんじ奉り天晴の御奉公　庄内

其身の冥加なしかふなし　紀州

御責なさるゞ身の御勤責ふるゝも勤の習ひ　討手の大將

同し様ニ弁んで殿様顔しておざんしても　老若列座

ぎよふ〳〵しんしりまれ〳〵　新徴組浪士

自分の慰よ氣もふしを　中川宮

右風聞承り申候

八月

○藝州佐伯郡之内ニ長藩出張之者

信濃嫡子　國司小松

衞門嫡子　益田孫槌

越後跡　鈴尾五郎
家老　宍戸備後介
番頭　小田村素太郎
玖島《ママ》村ニ而惣督　木村清藏
陽軍《ママ》隊峠ケ村ニ而惣督　横崎四郎右衛門
軍師　二見一照齋
同　久保無二三
備後介悴　宍戸正之助
番頭　廣澤兵助
應説人　南小四郎
應説人　宍戸小弥太
同　竹下弥三郎
同　甘原小七郎

薩州家中長藩江打交玖《マヽ》島村江出張

黒澤圖書

外　四　八

此地江出張之隊名左之通

膺懲隊

衆議隊

釼議隊

天王隊

方丈隊

奇兵隊

○京大坂下々町人のよし

物言を前へ々々とのむそもへ徳をとふぞニ尾張どうセう

大裏方のよし

一橋や二卿三卿參内も玄同するとて九卿まちまに

大内裏奥向のよし

禁廷も大ていにして正親町《チキナマシ》醉すきるから長殀《テウシ》狂るく

一橋附越前家のよし

下らふハ見上るよふにおもふぞも上らふ見るら一橋《ち》よらろふ

前様附大らうのよし

下々ハ口と心がかはるゆへ前をこされぞいつも裏店

御籏本のよし

徳川に流れ盡せぬ御代なれバ一度まごるも川ぞらへゆへ

大坂町人の様子

元々になる天下ならこのよふに千代の御代にといのる神國

會侯よりのよし

おぶてさふ天酒長子なが〳〵と勘定さふほ萩とふれ升

細川家よりのよし
されはいも職事のさしニあるとても動きそきりやあされへとある
京大坂中人氣公儀衆ゟ出
春岳や何とおもふて京を出上もつまらも下もつまらほ
御心入の大名衆ニ而出來さよし
尾前へとおじきをせむニ御上段天下一家て尾張りまをまは

天下泰平　いけれもへんなし

○七月十四日七ッ頃京都三條大橋東詰ニ而

會侯藩

渡邊新之助

年十九才

薩劦家士三人切死討死

○八月十六日京都ゟ之書狀

當月朔日

一橋様
公儀御相續被　仰出候
一公方樣御儀極々御内々御座候へ共とふゑふ
去月十九日
御太切ニ被爲至候哉右之通御相續被
仰出夫故　九條樣
御參
内俄ニ被　仰出直ニ
御參
内其節私共御供仕候間
禁裏御玄關ヽ參り休息
九條樣御殿ヽ五人ッヽ相詰申候事故具ニ噂承申候
一一橋樣去ル十三日大坂御出立藝州迄御發向右廣島ニ御在陣有之候ゐ長

州御打取之御調然処十九日ニ
御出途とゝ申事ニ而先ッ御延相成居申候
一薩州武具馬人數等京都ゟくり込會津より追々御制シ之由候へ共聊も構
ひ不申追々繰込且又
禁裏ゟ書面さし出候由之処右之内ニ不容易次第ニ而有之候由夫ニ外大名
四五人ニ而出京之由何きも根さし候事も有之候而之儀ニ而
禁中幷九條樣御初殊之外御心配之由いつ何時如何樣之儀出來候哉も難
計込入候御時勢ニ相成申候云々
八月十六日

○丁卯年略大小
大勝　二　四　八　十　十一　十二
讀方口傳
五節句の並ニ嘉定も祝ひゝや

○八月廿二日御觸

公方様一昨廿日卯上刻

薨御ニ付同日ゟ普請鳴物停止之旨従

公義御觸有之候此段相守候様向々ゟ可相觸旨尤日限之義ハ追而可申

談旨

同

一橋中納言様御相續被遊一昨廿日ゟ

上様と奉稱候此段向々ゟ可被相觸候

同

上様一昨廿日ゟ五十日十三ヶ月

御忌服被爲

請候旨

同廿二日御觸

大目付駒井甲斐守ゟ松平周防守殿被申渡向々江相達候由ニ而御城
附共江相達候書付之寫
御軍艦操練所之義以來海軍所と相唱候樣被
仰出候旨
同廿四日
鳴物停止中乘馬之義稽古ホニ而馬數を寄乘候儀ハ可爲無用候口入之
爲責馬之儀も不苦候旨
同廿五日
公方樣薨御ニ付月代之儀
御目見以上之輩末々迄御一七日過剃可申旨
同
花山院前右府薨去ニ付廿二日ゟ三日之間鳴物停止ニ候尤遠方之向も
承り候日ゟ可爲書面之通且鳴物停止中ニも候得共右之通可心得旨

公義御觸有之候付而も今日ゟ
公義御觸之通相守候旨

同

公方様薨御

公義御中院中節句朔望出仕之輩御年寄衆ゟ謁奉伺御機嫌筈候

○長州家ゟ入込相成候細川侯家中

高七百八十石　海尾千之丞

五百石　若杉主馬之助

三千八百石長岡大膳三男　長岡修理

貳百三十石　國枝藤之丞

六百石　毛谷主計

千三百石松村靫負倅　松村肇

百五十石　伴九三郎

百八十石 木村又八郎

千三百八十石野村金四郎三男 野村作之丞

六百八十石武島左金太 脱アルカ 武島久太郎

貳百石 阿部三五郎

五十石 志村源兵衛

（高持百姓御目見以上郷士 九瀬村 篤新太郎

（同 郷士三之瀬村 三之瀬長吉

（同 郷士吹長谷村 長谷與三郎

（同 郷士耕作村 肥田十郎右衛門

（同郷士三吉村　三吉作之兵衛

右ハ十七八長刕へ入込號金鋏細川家を惡くのゝしり奇兵隊ニ相成段々一手ニ相成當六月十六日夜軍ニ皆古主本陣へ歸る事

# 丙寅連城漫筆

○寅正月加賀侯ゟ伺書

私儀去春出府仕候処無程　御進發就被　仰出候豫而被　仰付置候京師爲御警衛上京之儀相願則出京仕御警衛相勤罷在候処從來病氣聢与不仕無據爲保養國許江之御暇相願候処願之通被　仰出歸國仕專保養有事之節ハ登京可仕心得ニ付步行試ﾒ種々療養罷在候得共老年之儀何分相勝不申候時勢柄此儘在勤罷在候而も大急之旅行無覺束心配至極仕候筑前守一昨年重病後度々參府御猶豫奉願療養相加㝡早快復之躰罷成候付無程參府爲仕候間何卒私隱居被　仰付筑前守江家督被下置候樣奉願度內存罷在候於國許隱居奉願候ハ御規定も可有御座候処甚以自由ヶ間敷恐入候得共前《マヽ》談之譯ニ而迚茂出府可仕見留も無御座候ニ付無據義乍在國奉願度父故肥前守儀病氣ニ付於國許隱居被

仰付候義も御座候間何分內願之通被　仰付被下候ハヽ難有仕合安心至極ニ奉存候此段御內慮相伺申候以上

正月　　　　　　　　　　　　加賀中納言

○南部矦願書

私儀去冬中京都御警衛相勤候処御人操之御都合も被爲在候付尚又當春中御警衛相勤候樣被　仰付候依而ハ種々療養を加へ少も快方ニ候ハヽ上京可仕旨御達之処奉得其意先般御届仕候通京都詰家來共ゟ申付越候然処兼而之痛所有之上京仕兼候ニ付爲療養去秋歸國被　仰付難有奉存候其後精々療養差加候へ共何分快方ニ至兼當惑仕候京師御警衛之儀ハ別而御手厚ニ無之候而も相成不申候少も快方ニ候ハヽ押而も上京仕候心得ニ而藥用仕候処寒邪ニ相障別而痛所相募迚も急々旅行可仕躰無之無據上京延引仕候ニ付爲差登置候重臣ニ而御守衛御用相勤申度段追々奉願候処去十二月十九日家來之者御呼出ニ而書面之趣無餘義筋ニ付御書付を以被　仰出難有奉存候前文申上候通引續當春中居越被　仰付候義ニ御座候間早速上京御守衛相勤申度奉存候得共如何樣共發足仕兼候

付御守衛向深心配仕候付此度増人數爲差登候間去冬中ゟ爲御警衛爲差登置候一門南部監物儀私名代ニ而御警衛相勤候様仕度奉願候左候得ハ一際嚴重相心得可申厚く御評義を以願之通被仰付候様仕度此段奉願候以上

正月十一日　　　　　南部美濃守

○寅三月佐倉侯願書

相模守御備場之儀ハ松平大和守請持之比御改革相成其後細川越中守持繼文久三亥年五月中故越中守代同前御警衛私ニ被仰付候処素ゟ手廣之場所ニ而右両所ト八異り少人數ニ而ハ中々行屆兼候へ共幼年之折柄御役當をも打捨置右一方ニ盡力罷在候処一昨子年中常野両州之賊徒追討之義被　　仰付近國之儀ニ付相當之人數差出候へ共追々賊徒相増盛ニ相成候間猶増人數差出候砌牧野備前守殿ニ伺之上御備場御警衛人數を手分致し領分寒川村迄引上置後援を兼賊徒鎮靜之後

最初之通御備場ニ爲相詰其後昨年九月中京都御警衛被　仰付候節も松平伯耆守殿ニ伺之上觀音崎臺場ハ是迄之通嚴重相備置其他十石崎旗山崎ホ〆切多分之人數を減候上上京仕候程之事ニ付御備場御警衛一方ニ而も少人數ニ而ハ中々行屆兼候儀ニ御座候然処今般御備場附御預所之内横須賀表製鋏所御取建ニ付同所勤番所見張所ニ人數差出候樣被　仰付候間右心得方ホヶ条書を以小栗上総介ニ家來之者ゟ問合候処右御付札之趣ニ而も勤番所見張所共一ヶ所僅ツヽ之人數ニ相見候へ共右ハ海岸谷間耕地ホ之場所ニ而晝夜之見張ニ候上ハ時々交代爲仕其上手廣之場所ニ付附札人數高ゟ四五倍之人數無之候而ハ御取締向可也ニ㒵行屆不申候間横須賀御手當之儀ハ別段ニ被　仰付候樣仕度一躰御預所之義ハ於御備場非常之節人夫水主ホハ爲御手當被爲附候事ニ付此後右人夫丈ハ是迄之通被成置御預所ハ不殘差上横須賀表護衞被　仰付候儀も何卒

御免被成下候樣仕度不得止事奉願上候

右之通不被　仰付候而も江門要地之御備場觀音崎砲臺を始め數十門之砲臺ニハ人數配當方無之實ニ御手薄相成非常之節御手違ハ眼前之儀ニ而深心痛仕候尤横須賀表之護衛ハ御備場ニ属候者ニ有之候ハヽ高柄不行届廉々御座候間大家ニ被　仰付両所共御免被成下外相當之御役被　仰付候樣仕度此段奉願候以上

三月　　　　　　　堀田相模守

○小笠原壹岐守殿家來ゟ差出候歎願書

壹岐守樣昨夜俄ニ御上坂其上段々結構被爲蒙　仰候付而も江戸御出立ゟ大坂表之御入費及莫大且度々之御上京御出入殊ニ京中之御失却實ニ夥敷　御進發御供をも被爲蒙　仰何分急速御差支之儀ニ付去暮金壹万両暫時御拜借御返納も當春御役米渡之節一時御納相成度旨御願之通被仰渡重疊難有仕合思召候此節御役米も御渡相濟候ニ付御返納被成も匆

論之儀御座候処其後當春ニ相成候ても度々之御上京何分數度之事ニ而弥上御入費甚敷且又藝州表に御用被蒙　仰急速御出立御人數も御在所表ゟ多人数御呼出ニ相成候処彼地ハ諸價別而格外之高直ニ而日々之御入用迚も中々不少夫是之御失却ニ而差向殊之外御差支御當惑被成候此上追々御滯留ニ而も相成候ハヽ如何共被成方無之御見留も無御座次第弥御心痛被成候依而再々御時節柄甚以恐入思召候得共此節御返納之儀暫時御猶豫被成下欠　渡御役米ニ而御返納被成度御願被成候何卒　御聞濟被成下候様只管奉歎願候以上

三月　　小笠原壹岐守様御家來

水野忠吾

○新庄侯届書

今般關東御出締出役増山權助廻村先常刕茨城郡府中宿に去月十四日同州鹿島郡大船津村名主孝之助私領分行方郡麻生村割元名主羽生三太夫ト申者呼出ニ付右両人同日罷出候処鹿島邊博徒致横行候由風聞有之候

間大船津村江私人數差出候様申達有之候趣同夜私陣屋江右両人之者ゟ申出候尤右ニ付而も增山權助ゟ領分廻村之節家來共江談も有之殊ニ御勘定奉行井上信濃守ゟ舊冬達之趣も有之候ニ付早速致手配同十九日大船津村江人數差出申候尤兼而增山權助見廻り場所三十三ヶ村割渡有之右持場指圖ニ付右人數廻村仕候処同廿日右同人ゟ早使を以惡徒共居所相分り候間引取候様申越候付引戻候而栗谷村觀音寺江夫々手配致し候処天熊与唱候無宿外一人長脇差を拔手向致候付両人共捕押申猶又翌廿一日荒野村ゟ疑敷者立廻候趣注進有之候付即時人數差出於同所無宿庄助伊之助右両人召捕其外之者ハ行衞不相分候趣右捕押候四人之者增山權助差圖ニ付一ト先宮中組江差置廿二日船大津村江引立同所おゐて右同人江引渡申候召捕候名前書別紙之通ニ御座候段在所家來ゟ申越候此段御届申上候以上

三月三日　新庄容丸

鹿島郡大町無宿
熊吉　三十五才

野州芳賀郡延生村百姓
伊之助　廿三才

鹿島神主
常州鹿島郡栗谷村百姓
庄助　二十六才

鹿島宮中角田町百姓
茂七悴
源助　二十二才

右之通ニ御座候以上

○丙寅秋大江戸町々ゟ施附(原朱)貳枚繼之印本之

八ヶ町ゟ金三分地面八十五ヶ所ゟ貳分ツヽ其外出入之者ゟ
〆金五千八百両余　駿河町　三井八郎右衛門

十八ヶ丁ゟ三分地面五十三ヶ所ゟ貳分ツヽ其外出入之者
〆四千百三十両余　糀町　越前屋又四郎

廿ヶ丁ゟ壹分米一斗ツヽ地面百余ヶ所ゟ貳分ツヽ其外出入之者
〆三千六百四十両　米二百三十二石五斗　北新川　鹿島清兵衛

隣町ゟ二分ツヽ地面ゟ貳分ツヽ其外出入之者
〆千九百七十両余　通てさ丁　大丸屋庄左衛門

十八ヶ所ゟ二分ツヽ地面八十余ヶ所へ貳分ツヽ其外出入之者
〆四千百六十両余　新右衛門町　川村傳左衛門

隣町幷地面百四十六ヶ所ゟ出入之者
〆三千八百両　五百六十両　長谷川町　田原屋庄左衛門

| | | | |
|---|---|---|---|
| 隣町并出入之者 | 〆二千九百六十両余 | 富澤丁 | 大黒屋又兵衛 |
| 隣町ゟ壹分ツヽ、地面八十六ヶ所ゟ貳分ツヽ、其外出入 | 〆三千九百八十両余 | 御藏前 | 伊勢屋四郎左衛門 |
| 三丁四方ゟ二分ツヽ、地面九十余ヶ所ゟ其外出入 | 〆三千七百両余 | 革屋町 | 三谷三九郎 |
| 居町ゟ三分ツヽ、地面出入 | 〆千七百九十両余 | 南新川 | 鹿島利右衛門 |
| 居町隣町地面出入 | 〆三千二百三十両余 | 室町三丁目 | 竹原文左衛門 |
| 八ヶ丁并地面出入 | 〆二千六百五十両余 | 本八丁ぶり | 大坂屋庄三郎 |
| 隣町ゟ貳分ツヽ、地面出入 | 〆二千九百七十両余 | 田所所ゝ | 井筒屋善次郎 |
| 隣町ゟ貳分ツヽ、地面九十八ヶ所ゟ貳分ツヽ、其外出入 | 〆三千八百四十両余 | 御藏前 | 坂倉屋七郎兵衛 |
| 居町ら千面〔両カ〕地面出入 | 〆二千六百八十両余 | 駒込片町 | 菊屋次郎兵衛 |
| 隣町ゟ貳分ツヽ、地面ゟ貳分ツヽ、其外出入 | 〆一千四百三十両 錢九百三十六貫文 | 茅場町 | 石橋彌兵衛 |
| 居町へ二分ツヽ、地面々貳分其外出入 | 〆七百九十両 米六十三石八斗 | 新場 | 和泉屋市兵衛 |
| 隣町ゟ貳分ツヽ、地面ゟ貳分ツヽ、其外出入 | 〆二千四百九十両余 | 木場 | 鹿島清左衛門 |
| 同上 | 〆千九百七十両余 | 泉橋 | 鴻池屋平六 |

八ヶ丁ゟ貳分ツ、地面ゟ一分ツ、其外出入　〆千四百九十両余　ゴフク丁　伊勢屋吉之助

九ヶ丁ゟ壹分ツ、地面ゟ二分ツ、其外出入　〆二千八百拾両余　芝田町　千場三郎兵衛

隣丁ゟ貳分ツ、地面ゟ貳分ツ、其外出入　〆三千百廿両余　三十間堀　鳥羽屋清左衛門

隣町へ六〆文ツ、地面ゟ一分ツ、其外出入　〆千四百七十両 千貳百七十八貫文　茅場丁　鴻池義兵衛

隣町ゟ貳分ツ、地面ゟ貳分ツ、其外出入　〆貳千六百廿両　木場　藝州屋太左衛門

八丁四方へ貳分ツ、地面其外出入　〆千八百五十両余　神田サクマ丁　森川五郎左衛門

隣町ゟ貳分ツ、地面壹分ツ、其外出入　〆千四百四十両余　小名木川　福島屋彌兵衛

隣町へ貳分ツ、地面ゟ壹分ツ、其外出入　〆三千百九十両余　本石丁三丁目　大坂屋孫八

同上　〆貳千七百三十両　尾張町　恵比須や八郎右衛門

七ヶ丁ゟ米五升金壹分ツ、其外出入　〆五百九十八両 三十七石五斗　佐賀町　山屋喜助

隣丁へ二分ツ、地面ゟ壹分ツ、其外出入　〆千九百三十両　堀田原　池田屋市兵衛

五ヶ丁ゟ壹分ツ、地面ゟ一分ツ、其外出入　〆千貳百廿両　市谷　福原屋茂兵衛

居町ゟ三分ツ、地面ゟ貳分ツ、其外へ　〆九百七十六両　新川　千代倉次郎兵衛

隣町へ貳分ツ、地面江貳分ツ、其外出入　〆貳千三百六十両　木場　万屋和助

隣町へ貳分ツ、地面八十ケ所江壹分ツ、其外出入　〆三千百廿両余　本石町四丁目　大和屋三郎右衛門

居町へ三分ツ、八ケ丁江貳分ツ、其外出入　〆八百六十両余　駒込　高崎屋長右衛門

隣町へ貳分ツ、地面江貳分ツ、其外出入　〆三千六百廿両　金吹町　中井新左衛門

隣町江貳分ツ、地面江壹分ツ、其外出入　〆千九百七十両　深川　久住五左衛門

隣町江貳分ツ、地面江貳分ツ、其外出入　〆貳千百六十両　茅バ丁　竹川彦太郎

居丁へ壹分ツ、地面江貳分ツ、其外出入　〆貳千五百三十両　御蔵前　十一屋善八

隣町へ貳分ツ、地面二分ツ、其外出入　〆貳千三百両余　三十間堀　橋本長左衛門

居町江貳分ツ、地面江二分ツ、其外出入　〆貳千百五十両　御蔵前　坂倉屋清兵衛

一竈江米五升又ハ壹分ツ、其外出入　〆四百廿五両 廿三石壹斗　小塚原　伊勢屋生兵衛

一人壹分又ハ二分又ハ壹両 其外出入　〆七百九拾六両余　谷中　三河屋源之助

隣町へ貳分ツ、地面江貳分 其外出入　〆貳千百七十両　於玉池　中村金助

隣町へ貳分地面壹分 其外出入　〆九百七十両余　連尺町　小田原屋長兵衛

隣町へ三分地面ニ貳分其外出入　〆貳千百九十両　元濱町　佐野屋長左衛門

隣町へ貳分ツヽ地面ニ貳分ツヽ其外出入　〆貳千九百五十両余　茅ハ町　小西利右衛門

右之輩上段大書の者也二段三段二百數人略之

(原朱)タマ〳〵身柄の名を載置んヶ為ニ繁劇の中ニ寫置之

(原朱)〔貼紙〕ニテ

〆拾壹万五千六百五十両ヨ

錢貳千貳百拾四貫文 六貫五百文立ニ而三百四十両ヨ

米三百五十六石九斗

赫々東軍八萬兵　襲來屯在浪花城

不知快死何日日　笑待四隣發炮聲

義　禎

（原朱）六月廿三日附大垣藩士藝州便寫

○然も當四日藝州表致出帆宮島江著仕候

一同八日一番隊御繰出相成候間同所江出張

　但防州大島郡久賀村ニ長藩集り居候ニ付而之

一同十一日曉兼用隊半隊繰出相成小子共右久賀村江一番隊官糧護衛とし
て同十二日罷越候処前日ゟ少々放火ニ相成合戰御座候処敵方死人五人
味方ニハ壹人も怪我無之無難上陸仕追々放火ニ相成候敵山上江逃去申
候然処小子共著船仕覺法寺と申寺江這入候処門内ニ大砲壹ツ埋有之候
を見付爲堀出申候猶又其邊爲見廻候処門前ニ地雷火有之候を見出堀申
候夫ゟ手分吟味仕候処七藏之内ミニー釼三十本ライフル釼廿三本計其
外稽古胴并木砲大砲玉加（マヽ）籠長持壹荷中ニ夫々著替物箇（マヽ）多分有之候を不
殘分捕ニ相成候

一當村ニも眞武隊と申別手組を組立炮術釼術專農兵十五才ゟ五十才迄人

別ニ引入軍兵狀捺連名ニ而致血判候起請文是も當時土藏ニ有之候を致披見候処當和尙ハ炮術之達人ニ而勇擊隊之由ニ御座候
一當御手ニ而官糧護衞も半隊之儀故人少ニ付心細く心配仕居候処十三日晝比後隊著相成力を得候同夜七時比沖中ニ大砲放發致し候付右邊ヘ繰出候処敵方ゟ沖中ニ繫キ置候軍艦ニ川蒸氣船貳艘ニ而參り大砲打懸候処何分軍艦之事故なく共不仕彼船ニ而一發當り候由ニ而漸く引退キ申候
一十四日敵方不殘三里程奥小松村と申所ヘ引退申候由相聞候付早速步兵隊御持小筒組小松村迄繰出相成候而野原氏山本氏小子右三人組合共兵粮護衞仕上蒲村と申所迄參候処彼人數岩國領大畠と申所ヘ逃去申候と右大畠村ゟ三蒲村ヘ兵粮米を船ニ而運ひ候を步兵集り兵粮を渡小子共ハ引取申候其後近邊吟味仕候へ共悉逃去候ニ付步兵方も其夜引取申候
一同十五日八時比ゟ又候久賀村山上ヘ彼人數相增押出打掛候ニ付御持小

筒組并歩兵組繰出し接戰相成追々間近ク押寄致防戰候処何分彼ハ山上之木茂を小楯ニ取打掛候間甚六ケ敷御持小筒組差圖役壹人討死組之内貮人怪我歩兵之内三四人怪我大筒差圖役壹人深手翌日死尾本先生も其節左之腕を少々薄手被負候へ共是ハ一向らすり疵ニ御座候間別条無之夫ニ段々山上ゟ打下り候ニ付小子抔進ミ出分捕致置候十二斤之大砲ニ而歩兵隊ニ交り河野氏小子両人ニ而破裂玉都合拾發放し申候右之内五六發ハ敵中ニ打込与散乱いたし候間

公義衆も誠ニ上出來ニ而尤分捕之事故玉抔ハ如何哉と存候処殊之外出來宜

公義衆初竹内氏も大悦ニ御座候間御風意聽申上候夫ゟ小筒十二三發打チ候へ共敵ハ木之内殊ニ山之腹ニ伏居候間一向死人等相分不申敵ニも多分死人御座候様子ニ而軍艦ゟも大砲与小子共打候大砲ニ而過半引退申候暮々迄之合戰殊之外草臥申候小子打方いたし居候前之水田へ玉落

顔へ水かゝり又も頭之上を何發となく越し參り如何ニ哉恐敷事ニ御座候乍併　御家之手ハ壹人も怪我なく無難ニ御座候左様御承知可被下候

一同十六日松山之勢合戰有之候処少々敗北ニ而百六七十人計被生捕候由其外少々死人も御座候由承り申候

一同十七日敵山上ニ固メ居候而已ニ而合戰ハ無之候

一同十八日迄弥放火仕當村ハ凡二拾軒程至而家並宜所ニ御座候処不殘燒失仕候同日夕方敵地ゟ船分捕ニ參り候処山上ゟ小子共を目掛四五發致し候付迯歸申候誠ニおかしき事ニ御座候乍併彼ハ追々引退候様子ニ御座候

一同十九日夜伐ニ乘船不殘蒸氣船ニ小船を爲引廿日午比池之御前と申所ゟ著船同所ニ一宿翌廿日市宿へ官糧相引ケ一番隊不殘只今滯留罷在候間左様御承知可被下候此上何方ゟ繰込相成候哉難計候へ共只今迄無難ニ候間實ニ悦ひ居申候

六月廿三日　猪三郎

父上様

○阿波矦建白

今度長防御裁許被　仰出候御趣意奉畏候然ニ末家井家老始二國之士民不堪苦心歎願書指出候処御採用不相成哉ニ而傳聞仕候付而も彼是愚考仕候処何分諸藩之人心不居合候義と簡見仕候事ニ御座候得ハ昨夏申上候通天下一般明罪之上ニ無之候付而も仮令雖　台命衆人奉命之程如何候哉と奉心配弥干戈を被為設候ニ付而も長防二國よりして皇國之乱階起り候様ニ可相至其節ハ乍恐不一形被為悩震《マヽ》襟候様ニ可被爲成天下治平之御政務被行届被安天慮候ハ御職叨《マヽ》之御事故一端御裁許被　仰出候得共此上ニ而御寛大之御所置

御再議被　仰付諸藩を初億兆之万民迄も仰　御德政安堵仕候樣意表之御英斷被爲在度奉存候斯御討入之際申上候ゟ奉恐入候得共天下之爲難默止裏衰〔衷カ〕奉言上候誠恐頓首

寅六月四日　松平阿波守

○矢場臺

誠｜死×姓｜泣×畜｜事×出｜度×變｜事
ー二×百×多×生×度×目×持×常×治×泰ー
時×困×如×滅×代×度×陸×妄×來×御
ー降×子×多×五×達×我×出×以×好×泰ー
計×霜×十×世×儘×人×曰×掛×平×酒
ー產×握×取×益×問×櫻×行×大×御×大ー
下×而×慕×御×學×業○＼名×出×面×客
ー天×腰×世×道×嫁×小○三×長×似×行ー

ー拔×亡武×繼名×胤驕×河御×眞
集ー人×坂武×無事×御代×百軍ー
町ー×具事×大事×密泰×代見×姓
性ー忘×足惡×忘平×甘立×神能ー
ー參×百外×著萬×恩仕×盲成×ー囉
勒ー其×歲ー万×漸ゝー漸ゝ×舊ー上×養ー子

○寅六月長州奇兵隊ゟ差出候書付

一墳墓を廢候事

和漢古今未曾有之御暴政之古史ニ往々載候へ共其社稷長く保全をに長州ハ是迄嫁シ來ハ則越前家會津及因州之則德川御家門之長州祖先ハ姑置而德川氏之血統を辱しめ候事奉對東照宮ニ幕吏御申譯如何可致哉

一江戸屋敷并大坂藏屋敷を毀候事
防長州未詰問相分之內其枝葉たる屋形屋敷を毀チ且家來共ハ不及申若干之金銀紙ホ被召上人々被召捕候事眞之朝敵々々ニ不有欲之疑敷粗暴慘毒之御所置如何

一任官被　召放候事
大膳大夫ハ　正親町帝之所賜當宰相も今上皇帝之所賜則尊攘之大功を賞給ふ所松平之稱號ハ　台德公之所與德川之因を結ふ爲メ被下置候事之旣ニ先　皇帝深く叡感被爲在候事も空敷相成且御因も忽被離隔候尤　朝敵ならハ左も可有之事ニ候得共聖語ニ罪疑敷ハ是輕しと申言も有之然ニ其罪之輕重茂御正し無之右之御所置乍恐不審ニ奉存候一昨秋七月十九日之變動ハ岳飛ら所謂內奸を掃ハせして烏が外夷を掃ハん尹宮松平肥後守ホ所謂城狐社鼠を獵せる之道理之其形ハ無狀ニ似され共其情實ハ可

憐之然共一旦御場所柄をも不顧無法仕候事大不敵深く恐入候間万石以上之家政三人を斬り其首級を
天朝幕府に奉献候而御侘申上候処尾州御惣督御感悟被為在諸事終ニ御解兵ニ相成候

一不容易企之事

今般御再征之廉ニ候得共此儀長州ゟ冣前備前筑前安藝侯ォに委細申述置候通夷人之手を借　幕府を討抔と申事亀尾兎毛無之乍恐御洞察可被下候抑長州之士共尊攘之大義を深く誓候得も右等之事ハ毫髪も可有之筈無之右も全く小笠原家之讒言ニ起り候事ハ和蘭人ゟ委曲申述候此儀外國掛りゟ御聞取之事ニ而長州ゟ夷を兵を借り候事決而無之候へ共却而
幕府ゟ再征ニ付外國之兵を借度旨被申遣候由尤先達而イギリス國より長州に申越候ニハ

幕府ゟ被願出候得共應援之儀堅相斷候との事然ハ
幕府自ら罪を隱し欺
天朝ニ不有哉

一外國取扱之事

右者去秋八月英佛亞蘭此四夷と及戰爭長刕死人ハ僅ニ十餘人怪我人十四人許外夷ハ船將被討其他長州之爲ニ被擊殺たる者七八十人軍艦數艘被打破併長州も臺場を被打崩器械迄被奪取候へ共師之勝敗軍用費る所彼㝡夥し
皇國外夷と初劍之戰
幕府ハ不及申列侯ハ應援無之不得止一時止戰之所置ニ取扱薪水食料丈ハ與遣候和親交易と申儀無之候㝡前
幕府ゟ列侯江外夷ゟ薪水食料を乞候時ハ可與遣旨御布告ニ相成居申候依而右之所置ニ者候得共決而惱

叡慮候事無之一昨秋八月外夷との戰爭中
幕府ゟ追討之御大兵被差向候由ニ付長州義東西ニ干戈を引受候而ハ
長刕父子指揮難行届候ニ付無據止戰仕候抑外夷ハ
皇國之敵之則是朝敵之是より前長州ニ朝敵退治之
敕命を下し給ふ長州父子辱も　詔を致奉戴候雖然
幕府兵馬之權を御握候故
大樹公ニ奉伺候処
台命も亦攘夷被　仰出候間去ル癸亥五月十日
敕命期限之日長州馬關ニおゐて攘夷致し候則七月
天子ゟ正親町少將卿を　御使として長州ニ被遣父子之偉功を賞し給
ふ
天子積年之
御宸念を奉晴御國體將相立豈計八月十八日

天朝御模様被爲替忠臣幽閉讒ニて皇張伏而惟ルニ
天威不振　幕府長州与不和を生し今日之形勢ニ立至り三百之諸侯
攘夷之
詔を不奉して長州征伐之
詔を奉して兵を藝州ニ出し候ハ是何事そや
一外國江家來を遣し器械注文之事
右尊攘之大義を擧ニ付無據家來両人探索ニ遣し器械注文之儀も長州
ゟ相始不申
幕府私ニ使節を遣し竊ニ條約を結ひ私ニ器械を注文いたし候義猶長
州のミならんや然ニ
幕府長州を責て自ら其罪を不責ハ何等そや
一武田伊賀守一件之事
右も天下之名士なる事

天朝并諸侯も能御承知之処於
幕府御暴政被爲在筑波大平之義擧奉對
幕府粗暴過激トハ乍申
天朝を輕蔑をるより忠憤義慨の發をる所然ハ第一
幕府違　敕之罪を御糺し詰問相付候上伊賀守ぶ之御所置被遊候ハヽ
御大政御偏頗とハ不奉存候此事後世編ニ正史ニ候も必定也實ニ切齒之
至ニ候德川氏攘夷之
敕命ニ背キ其　德川氏ゟ忠臣之伊賀守を暴殺そるニ當る
天朝之諸有司も亦後世之誹謗不免之

一削封廢立之事

今般長州再征を御止被遊德山岩國之両家を大坂ゟ被　召登御不審之
廉御詰問被遊度奉存候今般之儀根元ハ尊王攘夷之事ニ起り長州既ニ
鳳詔を奉し　幕府屢違

敕そる賊也　朝敵也　奉敕も正也
幕府ハ不正之乍恐此旨趣ニ御觸被遊候御所置無之候而も二州之人心
所詮折合申間敷　幕威を以防長二州之内を削り世子長門を廢候と被
伺候得も二州之人民も不及申封内之草木土石ニ至迄盡く
今上帝奉敕之始末を貫徹し下ハ先祖元就ゟ地下ニ相見申譯之爲必戰
相待候哉ニ被存候然も奉
敕之罪判然なるハ假令二州被　召上大膳父子被廢候共少茂無悔と被
存候既ニ征夷之御職掌を被爲失自己之罪名を御消鑠被遊毛利家之生
民塗炭ニ墜り
幕府之有司壹人茂天下を治く　德川之永久を不奉祈只　幕府之御
威光を强張し
天朝を輕蔑し万民を苦しめ候事豈御所置ニ可有哉幸上ニ聖明之
天子あり聰明之殿下あり御當職確乎として御正議不被爲撓其他正義

之公卿不少候得も
皇國内乱之平定御盡力奉仰望候此上内乱之儀御猶豫不被遊候ハヽ外夷此虚ニ乘し内乱取扱御挨拶可申出必然と奉存候万一彼レ一度手を付候ハヽ御挽回ハ六ヶ敷奉存候

一公平至當之事

右　天朝ゟ被　仰出候御汰沙長州父子難有奉存候然ニ違　敕之幕府奉　敕之長州地を削り君を廢そる論御訂被遊度哉ト奉存候今般御威光を以條理分明ニ相立候ハヽ長州も感服可仕公平至當と被　仰付候御趣意乍恐奉　敕違敕を御聖察被遊候而之御事と奉存候

徳川家基業之時三河之門徒ホ蜂起

東照宮御譜代本多佐渡守牧野右馬允ホ門徒ニ與し主家ニ弓を引候へ共　公深く其人才を被爲愛天下法外之法を以御許相成被爲　召歸候

処右之者其洪徳ニ感服し終ニ　開國之功臣と相成候國將ニ起ラン之御
所置寛仁大度光照大深奉敬伏候
側ニ承候　敕使山陽道ゟ御參向被爲遊度との御事ニ候而も長州所
詮折合申間敷萬一
敕命を以御取曖〔マヽ〕被遊候ハヽ有栖川親王御父子を奉初二十家餘之公
卿様方之御幽閉を先被爲免條理相立候上正議〔マヽ〕之公卿様方を御撰任
ニ而御差向被
命候ハヽ長州疑を晴し乍恐彼〔被カ〕敬伏
御奉戴可申候勿論三條公以下公卿様方御歸參被爲遊候樣伏而奉仰
願候
以上
慶應二年寅六月

右對九ヶ條

一墳墓を廢候叓
右ハ三代將軍家光公豊國大明神々祉を御廢し被成候御例𪜈有之況や朝敵と相成候へも墳墓ハ仮令御家門御親族たり共御用捨ハ無之候事之

一江戸屋敷大坂藏屋敷毀候事
長防御詰問ハ後之事寂初　闕門に砲發軍令狀を家老ニ授候儀　朝敵ニ紛無之因之御毀被成候儀も足利氏ニ三好反逆致候節同家之館金銀をちりもめたるを御毀ち被成候例有之候

一任官被　召放候事
是ハ假令　先帝先君之賜ふ所といへ共其子孫罪有ハ被　召放ハ當然之理なり

一不容易企之事

夷人之手を借候𠮷無之と申立候へ共　公義ニハ不奉伺夷人帳外者を召抱又夷國へ船を注文致し鉄砲之鑄直シを頼候抔不容易企ニあふそ𛂞く何ぞや

幕府ゟ外國之兵を御借被成候儀も無之却而外國人ゟ同盟之國故御加勢可申上願出候へ共小笠原壹岐守様小倉表おゐて段々御應接御斷被成候事ニ承候加勢を御頼被成候儀ハ大成僞之

一外國取扱之事

右も　公邊ニハ委細ニ不奉伺妄ニ無罪之夷人を打拂ひ遂ニ戰爭ニ及ヒ敗北して白旗を出し降を乞候儀日本之大國辱重罪之然ニ死人十餘人怪我人十四人許有之樣申出候先年之　公義ニハ屆書ニ凡六百人死亡と有之其僞言を吐く事𛂞るべし

一外國ニハ家來を遣し器械注文之事

右も　公邊ニハ出願之上修行人遣し候定法之又器械相求候義ハ外國奉

行に相願候定之処私ニ人を遣器械注文致候義ハ掟ニ背キ不届至極之
公義ゟ御使節被遣器械御注文ハ政府之事故何レ□□□虫損御伺被遊候ニ
不及ハ勿論之諸侯と同様之論ハあらず

一武田伊賀守一件之事

右ハ天下正義之名士ニ而も無之　公義之御人數即ち官軍及主家之人數ニ
敵對致し候叛逆之國賊ニ之を刑し給ふ何之非ある事欤之あらん哉
幕府攘夷之
敕命を速ニ遵奉し給ハさるハ深キ
思召有之候事と察し奉られ候仮令
朝命たりといへ共難被行天下騒乱ニ及候事ハ容易ニ御奉行不被遊事
を左右ニよせ御因循被遊候ハ孝子之父母ニ事るか如く
敕意ニ逆ひ不被遊又天下蒼生塗炭ニ墜るを御憐恤被遊候事之已ニ梵
鐘を大砲ニ鑄造等之

敕命も遂ニ不被行御止ニ相成候攘夷ハ梵鐘の如キ小事ニも無之万一
御遵奉速ニ攘夷被遊候ハ天下騒乱瓦解ニ立至り可申清朝の轍を踏候
事
叡慮を被悩候如此ニも無之品ニ寄乍恐
皇居之御危殆ニ至らん此故ニ段々御延引遂ニ
朝廷ニ而攘夷之難被行
叡察被爲在條約
敕許ニ相成候關東之有司ニも御明智御先見被爲在候故之長州の如キ
不背〔省カ〕他一圖ニ攘夷を唱ふるハ至愚と謂つべし

一削封慶立之事

長州政府之御使中根一之丞様を闇殺せり此一条ニ而も
朝敵國賊なり
闕門ニ發砲家老ニ軍令状を與へ候儀

朝敵ニあふ迄して何ぞや三暴臣の首を出しなり共是式ニ而其罪免る
るもんや關ケ原役後之如く長防二ケ國を差上一所ニ懸命之地を奉願
候筋ニ有之候処僅ニ十萬石之御減知を憤り
朝敵と相成候義逆賊其罪實ニ不可許なり

一公平至當之事

朝廷ニは長州御所置振を彼是差圖らはしき事を申上失敬至極可惡可罰
若至當之御所置と相成候ハヽ二ケ國之内一ケ國も御引揚或ハ國替才
至當成べし惣而長州ハ自分之非を棚ニ明ケ置　幕府を朋輩之如く心
得先年殿中ニ而閣老方を罵り箱根ニ
天子之御旗を建く關東之姦吏を制もると申せし時已ニ返逆の萌し有
し事之長州父子オダテニ乘る愚將の由ハ兼而聞所之

（原朱）
大垣藩某日記

○六月六日夜江波島と申所ゟ乘船同日七時比廣島出立之事

一同七日朝東雲藤島ゟ著船則同所多門坊下陣ニ成十三日迄滯留夕刻乘船

一同十四日七時迄船ニ而滯留然処朝ゟ岩國手前ニ火烟相見注進承り候処井伊樣藝防境小瀨川と申所迄御進相成候処敵勢後ロへ廻り玖波宿と申所ゟ俄ニ火を掛燒立井伊榊原引續進中ゟ横合ゟ長州奇兵隊前後左右ゟ顯を攻打候故井伊敗北榊原共崩レ敗走榊原勢ハ廣島猿猴島と申所迄十里程引揚井伊勢ハ廣島本陣ゟ引揚候然処戸田熊之丞樣大垣末家御使番爲御使踏止候爲ニ彥根之長臣ニる者を御尋被成漸木俣土佐引退候を御見懸同人を急ニ御留被成刀ニ手を懸られ候迄御留メニ付同人手而已踏止り候由乍然卽死怪我人ハ多分無之何分比與之敗北右跡ゟ玖波ゟ一里手前大野と申所ゟ官軍步兵隊繰込官糧同樣大垣勢も出張之事玖波宿ハ長州奇兵隊乘取柵門を構籠り居候六月十四日大垣御人數嚴島を出帆玖波宿手前大野と申沖ニ著船然処其夜ハ不審ニ付明方廿日市迄引戾し十五日夕方官軍兵糧船ニ打乘大野ゟ出帆答候処少々船を出し候処雷雨甚敷俄

ニ戻し廿日市江上陸致し同所ゟ大野入口迄三里余之所其夜四ツ時比ゟ出立官糧護衛いたし七ツ時過大野江著大野ハ入口ゟ棒鼻迄一里余御座候而山之間之西南之山ニも間道御座候而岩國ゟ小瀬川石州迄續之東北ハ小山續ニ而西南之山々持出しの如し右小山越れハ海手之眞西江さして四十八坂と申藝ゟ岩國江入口之難所之右大野ゟ井伊侯敗北玖波と申迄五十丁之大野村ニ何れも在陣之処家々不殘山江迯去村中明家之十六日無事十七日十八日無事十九日夜七時比村之先ニ火烟相見スハ大事と言語身拵仕懸候処西之山ゟ鉄砲打懸大砲絶間無之何れ不意之事なれハ味方手配手間取候内紀御家老水野大炊頭殿本陣を目懸敵兵攻寄大垣勢ハ官糧之炊出場大頭明神境内ニ勢を揃大砲を敵之大砲を打出ス火を目當として十度程打放し余り敵の矢玉勵敷故東之山の麓へ引寄又候大砲十五六發打放候紀水野勢ハ本陣ニ而死力を盡し千騎ら一騎ニ成迄もとく防戰いたし大垣之大砲ハ劇敷官軍歩兵ハ大野之先江出先を防水野後

口を防大垣横合ゟ打敵是ニ恐を俄ニ引退歩兵追討せんと望候得共陸軍奉行竹中様御差留被成候故止水野勢卽死怪我人十人余り歩兵も十人計大垣勢分抱（ママ）一人手負夫ゟ毎日毎夜少しも寐る事無之戰場之難儀言語ニ盡しかたし

○藝州又候御先手御願有之候得共御聞濟無之由（略）長州を攻潰し歸陣懸ニも藝州をも攻潰し可申抔と評議有之

藝州國境島々間道警衛被　仰付置候処長人三百人も武器多持參山中ニ罷越候儀も如何兼而藝ニ頼込有之候なと評有之候元來隣國ニ付戰不好藝ハ其（甚カ）比與ニ而其故大垣御人數廣島ニ參著之節なども一向不受みく旅館世話も不行届且頻りニ和議之建白いたし候趣壹岐守様御立腹も御・（尤脱カ）ニ奉存候

一細川薩州

敕諚并

公義ゟ御賴有之由ニハ候得共兼而被
仰付置候下之關并萩口責一向出陣有之候様子茂無之都而國主方壹人茂
人數御出し無之只二三方之責手故敵強く故御見合之様子ニ御座候
一岩國ハ長州と　《ヨメズ》候由專風評有之候得共今日ニ而も中々左様之事も無
之岩國固メ至而嚴重之由何れ茂先之評議とハ違ひ
公義衆も大案外之様子之
右之書簡ハ大垣兼用隊之人より差越ト相見
○式部大輔先手中根善次郎原田兵庫二隊并中軍ゟ應援之人數手去月晦日
宮内村ニ繰詰且又應援榊原丹波一隊繰出候処同所山間ニ賊徒屯集致居
候ニ付夕七ッ時比右三隊之人數夫々手配いたし及炮撃賊兵も大小砲打
出シ猶烈敷砲戰いたし候処賊兵山々ニ引退同夜五時過ニ相成賊方ゟ砲
發致し候ニ付九ッ時過迄打合候処猶又賊兵引退候段注進有之候旨藝州
表ゟ申越候此段御屆申上候

榊原式部大輔家來
鶴見八左衛門

八月六日

式部大輔人數三隊并中軍ゟ之援兵人數共宮内村ニ繰詰罷在去ル二日別手御組彦根侯人數明石侯人數談合之上夫々人數分配いたし夕八ッ時比賊兵山間ニ相見候ニ付別手御組并榊原丹波手ゟ及進撃候処賊兵共山々樹間ゟ大小砲打出し追々襲來候様子ニ付丹波并中根善次郎原田兵庫隊ゟ烈敷大小砲を以打立賊兵共數多討倒し候得共嶮難之場所柄ニ付首級ハ揚兼申候彦根侯人數ゟ茂發砲有之夜五ッ時比まて及烈戰同四ッ時過比迄ニ追々賊兵共討退申候段注進有之尤式部大輔人數之内討死之者も有之候旨申越候此段御届申上候

榊原式部大輔家來
鶴見八左衛門

八月六日

（原朱）大坂便

○七月廿七日下之關ニ賊徒方ゟ乘船ニ而襲來致し小倉領之方ニ上陸砲發有之候処ニ細川勢小倉勢奮發致し賊徒共敗走凡貳百人程討取相成候哉

之由然処其後意味合ハ不相分小倉出張之面々いつれ茂人数引揚候由ニ付内裏田之浦邊ゟ賊徒方上陸致し臺場築造ホ乱妨之由右之次第爲注進御徒目付河野大五郎早追ニ而今朝著坂致し候由

一板倉伊賀守殿俄ニ今午半刻比

御城退散乘切ニ而上京之由大目付瀧川播磨守御目付溝口越前守御徒目付佐藤眞田并前條河野大五郎同道ホニ而相越候哉之由

八月十日

○八月六日江戸状

此表至而穏ニ而市中四ツ谷邊角力或ハ淨瑠璃軍談《講釋》等大入又不相替唐物屋共所々繁昌鳥屋共ハ見馴ざる異鳥多く菓子屋ハ種々之蒸菓子類を箱ニ入ビ《マ》イドウの蓋をかし肆頭ニ餝り置小間物佛具屋其外家々ニ品々ビイドロを用ひ表へ品を顯し市中之様躰奇麗ニ見へ申候全躰此表ハ肆《ミセ》を賑やらよ餝り立往還ゟ見込候様ニいたし酒屋抔ハ男山釼菱抔と云酒樽

を數品庭ニ並べ味噌鹽醬油酢を商ふ菓子屋も肆頭ニ數品餝置稀ニ奥ニて商ふ家も有之候得共先ハ店を賑ニいたし候

一長防之儀初め二三戰も勝敗風聞仕候へとも其後ハ更ニ風聞不相分候○此表御人數ハ追々出帆石州路抔へ蒸氣船ニ而參り候者當月四日立ニ而大勢參り候由此表出帆ゟ海上三日之間ニ彼地ゟ著之筈之ト云○兼而御差立ニ相成候焔硝二万貫目大炮三千挺貫目以上海陸參り候よし大砲ハ船焔硝ハ陸地のよし

一水事《ワセダ》ニ而西洋製作大炮日々壹挺ツヽ鑄立候よし大砲鑄立場所ハ御茶之水櫻之馬場王子川口其外二三ヶ所ニ而出來申候　水車製ハ至而早く出來仕候由鑄立道具類ハフランスより献上仕候由委數ハ能々承り後便可申上候

一當月四日出帆之蒸氣船ニハ異人十五六人乘込候よし是ハ船頭と相見申候早船故日本人ニ而ハ三日の間ニ彼地へ著岸ハ無覺束ものへと被存候其外頃日中追々海陸とも參り候紀州様御屋敷抔ハ老人子供之外も不殘出立仕候よし

一此表雨勝今日も終日大雨此諸色高嘸々難義成者も多御座候半哉ニ奉存

候
一先般六七月頃イタリヤ國ゟ四五艘入港芝三田大中寺と申寺ニ上陸止宿此節如何仕候哉未詳何れも長大之人物ニ御座候
右之外相替儀も無御座候云々
八月六日認メ
○九月廿七日出江戸状中ニ入
見聞貧民屯集荒まし申上候
一此表當月十五六日頃ゟ本所回向院深川八幡境内抔ニ貧民屯集いたし市中或ハ武家屋敷等ニ大勢參難澁之由申立食物物乞取押借いたし候處日々夜々ニ諸方ニ起立所々寺院或ハ社地ニ四五百人位も相集中ニも淺草觀音境内ニハ老少男女之窮民凡千人位も屯集いたし幟を押立白晝市中を横行致候下町邊ハ往來も難出來程ニ群集仕候よし十七日十八日頃ハ山の手四ッ谷福壽院天王社地笹寺法廣寺等之境内ニ相集米味噌醬油或

ハ薩摩芋野菜物或ハ薪才乞取豆腐屋ニ而も大釜を押借し松の割木才を取來又さつまいもを焼芋屋ニ而俵の儘持來大〔右カ〕を切入粥を焚老人子供をもしめ男女打寄食し候由夜分別而人數相増候由町家ハ皆商賣相休店の戸を〆め居候彼貧民共大勢市人家々ニ押入食物を乞取不施者ハ皆己れ才が仲間へ連行共よあし歩行申候よし町方役人も出張いたし候得共貧民とも乱妨ハ不相働唯々難澁申立押借ニ付召捕候儀ニも難相成依之御救小屋御取建ニ相成候よし町々自身番所ニ張札出申候得とも十九日頃ハ市ケ谷御屋敷邊柳町原町廣德院興國寺經王寺其外寺々ニ相集破損町戸山御屋敷前ニ大釜を地上ニ居粥を焚《タキ》米抔貳三俵も積置醤油樽炭抔積上皆貧窮人としるせし紙幟を建薩摩いも貳三俵も取來しと見へ積上大勢集粥を給居候所を見申候或ハ車抔持行大名籏本之屋敷へ押借ニ參り候よし依之藏前大相場ハ百両下り候よし小賣ハ百文ニ付壹合二夕之処壹合□〔虫損〕夕ニ相成候由廿日ハ町奉行市中巡見致し貧民屯集之場所ニ立寄

虫損
□□候者呼出說諭し御救小屋出來其上白米百文ニ付貳合五夕ニ爲賣渡候間夫々住宅ヘ引取穩ニ爲致候樣頭立候者ヘ被申渡候ニ付其夜ゟ諸方引拂靜謐ニ相成候右騷中町家大商家或大小名籏本屋敷ニ而米錢金銀ホ施し或ハ味噌醬油薪靑物ホ施し候由

一十七日ハ淺艸觀音緣日ニ付同役共之中兩三輩參詣仕候処湯島上野山下邊迄參り候処貧民大勢所々ニ相集居皆紙の幟を押立町々を横行もかゝる所へ夷人五六人乘馬ニ而參り附添人七八人皆騎馬ニ而通り懸り候処貧民共曰ク我々如斯難澁相成し元ハ夷人渡來ゟ諸色高色ニ相成しことて貧人男女子供迄集來り小石を拾ひつぶてとし夷人ヘ投付る附添之者共制止候へ共諸方ゟ集來りぬれハ馬ニ而漸々駈通り藏前迄參り候処貧民共跡を追ひ慕ひ參り候儘同役共も見物旁後ゟ參り候処淺草藏前邊ニも大勢集り居此躰を見て前後ゟ集り來り此邊燒跡ニ而瓦山の如く積有を拾ひ取燒瓦を投る差添人制止といへ共不聞入益々烈敷投付る依之差

添人帶釼を拔放チ振廻ス貧人共猶々奮發勢ひ來る依之不得止一人肩先を袈裟ニ斬る壹人ハ腕を落そ此時一旦貧人共拔きし間ニ夷人ハ馬ニ而駈通る併夷人も少々怪我致し漸々逃退候由夷人女子供も𡈽《本ノマヽ》しと云夫ゟ付添人に大勢集來り打殺セと罵し差添人ハ自身番所に隱れし由夫ゟ又大勢來り自身番を打毀つ貧人の中ニも少々了簡有者曰ク自身番も町役所之乱妨致し候而ハ理も非ニ負る成とそ制止靜りぬ差添人も少々怪我致しほう〳〵の躰ニ而逃去しと云此邊大騷動致し候由右差添人ハ永之暇ニ相成候由風聞仕候右も見聞之次第荒增申上候窮民屯集ハ前代未聞之珍事

御代替り始殊ニ御停止中奉恐入候事ニ御座候

○丙寅八月十四日三條大橋高札場ニ張置候書面

方今形勢倩按

東照神君之廢掟養夷狄於東武建邪教寺令切支丹法習是余前將軍不出意

中老臣等恣振我意支利漸々相續奸謀日增長至今猶甚一橋會津二吏奸奏
使毛利氏彌朝敵抑汝等若何云哉去文久年中
幕府使夷賊與金銀遣長國討下關眞穢國體之可謂抔。恐多奉惱
宸襟剩尊奉夷賊奉蔑
朝廷指是謂
朝敵也不知乎普天之下無非王土無言率土之濱無非王民今毛利氏族些長
防之以兵欲攘夷汝等沮之故不得止而入洛中兵爲會賊討之時助病苦逃參
內薩兵間爲諸勢防戰存外强而空歸陣固守國縱令驅大軍攻寄如紀彥弱兵
能得伐乎神速退兵攘夷之爲周旋者懷乎長州自和平閱語不可疑不可考辨
而惑余聊以誌其大略神國之爲令蒼生至當不當之是非如也

大國之小吏

正義之有志

一覽之上文意の拙を笑ふ事ならん

幕府　天聽を欺罔奉忠謹ミ薩州ヲ嫌ひ
勤王之長劦を愶猥ニ皇威を奪ふく私國を助皇國之生靈を糜乱ニ而外夷
呑噬之慾を縱し尤忠義之士唯《誰カ》悲憤切齒せさふんや依是往々耻有の諸藩
至志ヲ通シ敢而幕令を奉セに此時にして幕政ヲ革尊王之大英斷於前々
之者不得止問罪之義兵を關東へ下その外不可有然るニ獨幕罪之枚擧す
べらふさるのミなふに親王大臣之國事ニ關係ゑならふ幕府之奸惡ニ黨
シ徒ニ位ヲ竊ミ給ふ者も亦指ヲ屈スべし速ニ悔悟不被爲在ニ於而も皆
不免天誅ヲ者也

慶應二丙寅八月　　忠義士

猶又同所ニ有之朝敵之高札八月廿四日夜鴨川へ流申候九月三日夜尚又
右高札場石垣をくつし申候

○長賊隊名人員

要人隊　六万廿一人　諸隊之内寄人

奇兵隊　五万廿一人　諸浪人

海天空隊　三万百五十一人　士分二男三男

神感隊　五万五十一人　諸國無宿者

金剛隊　四百五十一人　山伏

佛法隊　貳万三百廿一人　淨土眞言僧

神力隊　三千廿一人　社人

法力隊　五千貳百卅一人　禪宗僧

農兵隊　十万廿一人

國分隊　貳万貳百十一人　天下眞言僧

先鋒隊　四万三百十五人　本士

惣數〆三拾七万九千八百拾五人

丑八月十八日山口ニ而改

右ハ山縣郡何々寺与欤中内之僧是迄長州ニ參居奇兵隊之内ニ居り先日

ぬけ歸り其僧呼出御調ニ相成候其者之話

○丁卯年大小

五六合せめて三合正なふむ

七もれくまひ九もせまいもの

○西國よく流行歌

諸生者とくるしまんそな夷狄の跋扈を看る時は切歯扼腕慷慨そ

柳樽

茜《アカネ》染周防で色をあげそこね　井伊

同

獅子飛《宍戸備》く臺の牡丹の木《氣》が折タ　紀伊

同

榴柑では水の多ひ《大炊》ニ味もあり　家老

同

丹後縞ゑかんの汁く色がさめ　伯耆

御治世

かなしやなれゆか今年ぞ廿一
いくさなくてに死るべしとは

又

諺に聞にしものをひのへ午
食あはさると思はさりし哉

御返し

これいかにいやしき者の諺の
世に大坂は城に居ましす
徳川に掛てあふなき一橋
今あやうなる時に來ぬふん

柳樽

徳川の瀬か替りてや一橋

巽ニ
とく川に掛そこなりし一橋
　諫皷風吹く鳥驚
味方負亭主なくなる綿はなく
天下大變五穀不成就
　當年田所
能出來く風に痛むはたし給なる
實入なりてや端は仕や早稻
ざ《笨》《罪》んげ有のぞや《伯》う《箒》き《書》預なされ
表向こほれ家船ぞ江戸へ積
是や此行もらへるもほられにく

死ぬも死なきぬ大坂の城

○熱田大宮正迁

宮之式書

敕使坊城右中辨殿參著之日濱鳥居前ニ而大秡執行之事

一前日

敕使　宮中御内見之事

一當日七時一社出勤揃之事

一御年寄衆初役々出揃時刻宜旨御林守太田彦三郎名代ホを以夫々旅宿ニ相達文庫迄御出張相成候事

一大宮司中中刻出仕

一御年寄衆初役々出席之儀社役人を以申達候と御年寄衆初役々出席相成

一敕使申下刻進發幄ニ御參進酉刻遷御御催之事

先神輿御鈴鳴シ役々之者御列立次内外口燈燎
此節御年寄衆初役々御鎭座相濟申迄蹲居
次三管立奏
次警蹕役稱警蹕
出御
渡御之間三ヶ所
休御
本宮著御
御正躰御鎭座之間一社拜伏
次三管立基〔奏カ〕
次内外立燈燎
次奏式正神樂
御鎭座終而神官初下殿

次
勅使幄前ニ社輩蹲居しく御鎮座之由を申答
次
勅使起座西樂所ニ而御休
次
供御辛櫃西御門ゟ入西廻廊ニ入
次入
供御調進終る
(原朱)供御調進二時間計之間之
勅使内祭文殿參進
此節御年寄初役々蹲踞
御奉幣畢而
勅使殿ニ參進饗應膳を供ス終而退出
一迁

宮相濟候旨社役人を以申達御年寄衆初役々引取

敕使
坊城右中辨殿

辨使
和田雅樂大屬

磯部織部止宿
後大宮司ゐ

主水司

大喜備中守止宿
橋本主水佐

御年寄衆
志水甲斐

御側御用人
生駒頼母

御用人
中西眞之助

寺社奉行
竹中彥左衞門

出張役々

鈴木久太夫

熱田奉行 高梨五左衛門

御目付

御作事奉行

○九月七日 終日雨中 熱田於拜殿舞樂

笙　晴澄　大原柳大夫 近教　林志摩守 重愛

篳篥　豐道　高蔭　鏡味多門 貞顯

大原初大夫 福敬　磯部伊賀守 眞文

笛　助春　助朝　粟田生駒 守敬

保尊

大鼓　貞顒

鞨鼓　眞文

鉦鼓　守敬

右方
振鉾

地久
貴德
陪臚

松岡日向守　磐根
磯部伊織　眞匡
栗田監物　茂穗
磐根
林六郎太夫　重嘉
磐根

磯部常陸介　清路
磯部平太夫　眞光

白濱

納曾利

退出

長慶子

笙　晴澄

篳篥　豊道

大原初大夫　福敬

笛　助春



大原市正　武利

重嘉

粟田殿治　守筭

眞匡

大原柳太夫　近敎

高蔭

磯部伊賀守　眞文

助朝

粟田清記　美稲

大原殿雄　廣三

林志摩守　重愛

鏡味多門　貞顯

粟田生駒　守敬

保　尊

大鼓　貞顯

鞨鼓　眞文

鉦鼓　守敬

左方

振鉾

賀殿

散手

太平樂

春庭花

林内記　高蔭

松岡大作　高蔭

助春

大原飛驒守　豐道

助春

鏡味小膳　晴澄

助朝

晴澄

松岡但馬守　豐道

助朝

長岡作之助　保尊

高蔭

陵王　　助朝

退出

長慶子

○

尾張前大納言殿

紀伊中納言殿

松平閑叟

松平加賀守

松平安藝守

伊達遠江守

島津大隅守

有馬中務大輔

細川越中守

立花飛驒守
松平美濃守
松平出羽守
松平隱岐守
右ハ父子之內
松平陸奥守
松平三河守
長岡良之助
松平大藏大輔
松平安房守
松平肥後守
藤堂和泉守
上杉式部大輔

松平因幡守

松平越中守

松平備前守

徳川中納言言上之儀茂有之諸藩衆議可被　聞召候間速ニ上京いたし候様被　仰出候決義（ママ）之趣中納言を以可有
奏聞旨被　仰出候事

九月

追啓

式部大輔申合父子之内上京可有之候旨去ル七日傳
奏飛鳥井家ニ而申渡相成候事

○或書ニ云九月分頃日風聞書

長州國境ニ札を出し従是國内ニ米壹升を百文之價ニ而賣渡旨故他國ゟ買ニ行候処無子細賣渡し候由之軍中故他邦之者を靡キ寄恩威を施ス計

略なりと且軍戰も未鎭折節合戰有之敵味方勝敗區々なりと

○薩摩方ハ長州𛀁入居候ニ無相違軍卒加勢も致し候由

○濱田侯主降伏ニ而候哉亦ハ被生捕候哉長州𛀁相越被居未落命ハ無之風聞之

○宍戸備後介ハ一旦被戻候而無程出陣藝地内へ襲來武卒之指揮いゐし居候趣之

○八月七日京坂之通强風雨西國迄吹至り且川々高水溢水海岸高潮之國も有之長防賊敵大强風雨之紛ニ夜討を仕掛井伊榊原勢殊之外敗軍更ニ不意を得く敵を防戰そる事不叶鉄砲一發もせ𛁈迯迷候由甚見苦敷敗北と專評判有之如右ニ候へハ甚以歎息之至之天變之暗夜抔ニも別而夜討之備防專可設之処油斷ニ而無其儀乎殘念々々末略大坂出之書之

○犬山侯家士大坂ゟ歸來談ニ

戰闘未止折節合戰有之趣大坂ニ而之風聞之と又或話ニ

紀州様御陣中御軍事被爲勵候　御褒奬之
敕書御拜賜此上弥御精力御追討被爲在候樣被
仰出候
御教書御到來被遊候趣之由云々
○廣陵士便書之内 去月廿日國許立九月朔日到著之
藝州佐伯郡之内ニ長藩出張之者

右衛門嫡子　益田孫槌
信濃　同　國司小松
越後跡　鈴尾五郎
家老　宍戸備後介
番頭　小田村素太郎
玖〔波カ〕島村ニ而惣督　森　清藏
將軍隊峠村ニ而惣督　横崎四郎右衛門

軍師　二見一熙齋
同　久保無二三
備後介悴　宍戸正之助
番頭　廣澤兵助
應說人　南小四郎
宍戸小弥太
竹下弥三郎
井原小七郎

薩州家中長藩ニ打交玖《マヽ》島村ニ出張
黒澤圖書
外四人

(原朱)藝州地之
此地ニ出張之隊名左之通

膺懲隊　衆議隊　釼ヽ議、隊

天王隊　方丈隊　奇兵隊

○九月二日別紙貳通紀伊殿に

御所ゟ被

仰出候間爲御心得可申越候事

紀伊中納言

爲前軍惣督出張之処度々及奮戰諸藩指揮行届候由被

聞召

御滿足之御事候殊ニ長々對陣候段大儀

思食候此上尙厚可有盡力旨

御沙汰候事

但出陣諸藩に而尙精々盡力心得有之候樣可達之事

別紙

御所ゟ被　仰出候間取計方之儀於廣島表松平安藝守江相達候此段可申越旨

九月

大樹薨御上下哀情之程も　御察被遊候ニ付暫時兵事見合候樣可致旨御沙汰候付而も是迄長防ニおゐて隣境侵掠之地早々引拂鎭兵罷在候樣可申計候事

○井伊掃部頭家來ゟ屆書之寫

井伊掃部頭人數去ル二日辰刻大野村西江轉陣木俣土佐戸塚左太夫両隊ハ本道を押立四十八坂駕籠臺之邊迄繰込候処既ニ玖波宿手前左右山手江賊兵出張致し居忽發炮打立候付木俣土佐隊ハ中央ニ相當進戰仕候処引續戸塚左太夫隊追進頻ニ發砲攻擊及ひ候処賊兵堪兼追々敗散仕候付段々繰詰候內

公邊御人數ゟ甚御奮激一同玖波山之砲臺打拔キ猶奮進勝氣ニ乘シ左右

山麓之堡塹打挾大道ゟ發砲海手よりハ御軍艦破裂彈之助ニ而有之正ニ勝利之機會ニ冣初宮之内ニ應援被仰付有之候河手主水隊玖波宿之戰既ニ酣之趣聞付是ゟ進擊致度段更ニ相賴直ニ馳進山上ニ突出同樣奮戰惣隊大小銃數十万丸發砲仕又候臺場ヲ砕猶も相進可申勢之処賊兵相遮り彈藥續兼

公邊も御同樣之趣夜も二更過ニ而相成暗夜如何ニ而いたし方無之付一旦是迄爲進可惜事ニも御座候得共一ト先引揚可申樣陸軍方ゟ被仰聞候ニ付不得止事諸隊引纏隊伍不乱四十八坂駕籠臺邊迄引揚防備相整暫時

公邊御人數も御引揚ニ付三日明ケ六時大野村迄引揚申候此日後備ニ罷在候貫名筑後小野田小一郎兩隊幷同姓兵部少輔殿人數と榊原式部大輔殿人數と連合宮之内之切所ニ進軍追々手配候内未刻比ゟ賊兵式部大輔殿人數目的仕急ニ相迫り頻ニ發砲及候旨援兵申來候付卽物頭一手戰士相添差向置筑後も本隊引率字高砂山ニ跋涉賊巢之頂ゟ不意ニ擊狹〔挾カ〕可申

と奮進臼砲小銃取交頻ニ發砲候処五六ケ所先隊樹間之賊兵相撓ミ不申夜半頃迄苦戰仕候処賊兵之方砲聲次第ニ相弛ミ候折柄四時計之苦戰殊ニ難所暗夜彈藥も續兼士卒相勞申候付夜襲之手配仕同所ニ屯集小一郎隊ハ地之御前山ニ繰上ケ候処潛伏之賊兵不意ニ發砲軍夫壹人打倒申候峠左り之方ニも分隊高畠ゟ繰上ケ兵部少輔殿人數も石州造ゝ岐路ニ夫々嚴重相備罷在申候尤日中之烈戰ニも御座候付賊兵數十人擊斃し候儀見屆申候へ共都而山谿樹間岩際之儀其場ニ至兼空敷打捨申候尤味方死傷之者御座候へ共追而取調可申上候此段不取敢御屆申上候樣廣島表ゟ申付越候以上

八月十四日　井伊掃部頭内　熊谷祐吉郎

○九月三日　御尊骸今曉九ッ時御供揃ニ而同刻御發　城被遊候

御尊骸御行列拜見ニ罷出候大坂詰之人ゟ申越候趣

御尊骸今朝六ッ時過ニ　御發　城御軍艦ニ而被爲

召江戸表ㇾ被爲　入此表御道筋左之通
大手御門ゟ右ㇾ御堀端又左ㇾ町奉行御役宅脇島町通右ㇾ天神橋筋同橋御渡り左ㇾ濱通大平橋浪花小橋堂島濱通玉江橋筋右ㇾ淨正橋　御渡左ㇾ濱通上福島村下同所安治川上壹町目より
御乘船安治川通目標山沖ニ而　御軍艦ニ被爲　召候

九月三日

一井伊兵部少輔ゟ相達候書付寫
兼而差出置候私人數同姓掃部頭人數ㇾ差加り宮之内むふ本道石州口岐路之方ㇾ小野田小一郎隊一同出張罷在候処去ル七日拂曉賊兵襲來致貫名筑後隊相備候高砂山續西之方山上ゟ俄介發砲候ニ付即大小砲ニ而炮戰候中石州口岐路ゟも同様襲來候付是又盡力砲戰多時支居候へ共諸方之味方追々引揚候様子何分烈戰手負不少且元來人數之義如何共難致無據掃部頭人數同様一ト先串戸村迄引揚猶軍議之上草津村ㇾ引揚申候委

細掃部頭ゟ御届申上候通ニ御座候此段御届申上候尤賊兵數十人擊斃候へ共烈戰之砌捨置申候人數死傷之義別紙之通ニ御座候

八月十五日　井伊兵部少輔

別紙

深手　物頭 小野十右衛門

同　士分 眞砂竹次郎

同　同 西堀助九郎

同玉疵　同 畑　辨次郎

同　同 金居幾四郎

同　徒士 町田文太夫

淺手玉疵　大砲方 小澤雅次郎

同　鉄砲足輕 山崎余吾

卽死玉疵　軍夫壹人

以上

○御尊骸御迎登之若年寄衆平岡丹波守殿陸地歸府被致旨ニ而今八日熱田驛宿泊之由且御勘定組頭初下役御普請役ホ是又御迎登ニ而此比上坂之途中江戸ゟ急ニ御呼戻之旨申來引返候由

○去ル八月三日御城書ニ

松平周防守宅おゐて今日白耳美人應接有之云云右白耳美人ハ何といへるにやと尋しに

ベルキー

又伊東氏ニテハ

白《ベ》耳《ル》曼《リ》人

右両説有之如何にやと思ひ居しニ又伊東氏ヨリ

日耳曼ゼルマニー

又熱《ゼ》爾《ニ》麻《マ》尼《ニヤ》

ニ而御座候應接人定而此國之人ナルベシ八月廿日江戸（蕃所調所之）開成所おゐて
佛蘭西博覽會行之品物悉ク飾立相成當日若年寄始諸役人見分有之後
佛ミニストル初英人米人都合三十人餘拜見ニ參り大賑合其品物中一
大珍奇と申ハ物産方にて拵立候蟲類と申事之由ニ而大慶仕候趣物産
方相勤居候拙老門人田中芳男ゟ昨便申越候品々美麗ニ作り一々粗品
之且用ひる所之器物全備いたし惣金高拾萬兩トり申事ニ御座候

九月七日

○九月九日著

德川中納言言上之趣茂有之諸藩衆議可被
聞召候間速ニ致上京決議之趣右中納言を以可有奏
聞旨被
仰出候事

九月

右之通京都ゟ申來候事

長防両國備割左之通

| | | | |
|---|---|---|---|
| 山口城 | 総大将 | 毛利宰相 | 兵士三万人 |
| 本廓 | 副将 | 三条黄門 | |
| 二廓 | 大将 | 毛利淡路 | 同　二万人 |
| | 副将 | 大津主人 | |
| 三廓 | 同 | 毛利左京 | 同　二万人 |
| | 同 | 毛利弾正 | |
| 四廓 | 同 | 宍戸備前 | 同　二万人 |
| | 同 | 田中河内 | |
| 五廓 | 同 | 吉川監物 | 同　二万人 |
| | 同 | 森寺近江 | |

| | | | | | |
|---|---|---|---|---|---|
| 東陽城 | 同 | 粟屋彈正 | 同 | 加藤虎之助 | 同 壹万人 |
| 西陰城 | 同 | 有馬熊二郎 | 同 | 秋月主計 | 同 壹万人 |
| 天城 | 同 | 池田元八郎 | 同 | 中川織部 | 同 壹万人 |
| 地城 | 同 | 山田左京 | 同 | 久松鐔之助 | 同 壹万人 |
| 龍城 | 同 | 相良鋏次郎 | 同 | 曾我精一郎 | 同 壹万人 |
| 虎城 | 同 | 千葉源三郎 | 同 | 吉田淳一郎 | 同 壹万人 |

凪城　同　黒川左京
　　　同　松浦左膳　同　壹万人

雲城　同　島田和之助
　　　同　小出主税　同　壹万人

外廓見附三十六ヶ所壹ヶ所ニ大将壹人ツヽ兵士二千人宛順軍之勇士三千人

萩城備

本廓　総大将　毛利少将
　　　副将　中山侍従　兵士三万人

二廓　同　毛利讃岐
　　　同　福原豊前　同　二万人

三廓　同　毛利将監
　　　同　益田丹後　同　二万人

四廓　同　栗原甲斐
　　　同　土内隼人　同　二万人

五廓　同　早川備中
　　　同　長岡圖書　同　二万人

外廓見附十二ヶ所壹ヶ所ニ大將壹人ッヽ兵士三千人ッヽ相守

長府城

本廓　大將　毛利信濃
　　　副將　倉橋刑部　兵士二万人

防州徳山城

本廓　大將　毛利内匠
二廓　同　　毛利藏人　同　二万人

同　岩國城

本廓　大將　吉川兵部
　同　二万人
二廓　同　長田安房
清末　同　同　同　二万人
舟木　同　同　同　五千人
右田　同　同　同　五千人
圖龐　大將　壹人　同　五千人
吉浦　同　同　同
和浦　同　同　同
三田尻　同　同　同
下關　同　同　同
須佐　同　同　同

海軍大將勇士共三万人舟手遊軍大將勇士とも百人余兵士三千人萩
海手軍艦大小七百余艘惣軍勢五拾六万五千人余従夫卒其數不知

○丙寅九月廿二日御家御人數大坂出立淀川を舟よそ上り同廿三日艸津宿り同廿四日愛知川宿り同廿五日關ヶ原宿り同廿六日歸著ト申事

右ても

○於江戸表願八坊主不殘砲隊ニ被　仰付候由

○三条御高札取外し候者ハ土州藩ニ而新撰組召捕爲手負候処右屋敷に這入候よし

一御家共七侯に投文有之

一橋公將軍ニ被爲成候而も不宜と申事ののさよし當分ハ議論紛々と被察候

右近國人之筆記之寫

○慶應二年丙寅（原朱）九月初旬江戸ら寫來

英國ら各國に密使廻文之大意

方今日本の形勢を倩考るみ上ハ天子中ハ政府諸侯下ハ万民更ニ一和を

なさば外ハ鎖港を唱へ内ニ開港を含ミ誠實を表ニ顯ハし裏ニ虎狼の心を抱キ唯因循ニ流され人情盡く戻り終ニ内患を醸し大軍を引率して上坂既ニ數月を經て長を征する力ミへざ久數師を宿《トヾム》る時ハ國用不足貨を殫《マヽ》も此時ニ當て諸價沸騰し諸民困窮の色を顯も事已ょ觀察せり是逸を以勞を討の機今爰ニ有期を失ハもしく各國環海を巻テ粮道を斷ち咽喉を取切り長と同盟一二とを僞り引て内ょ發セハ我ハ掌振《本ノマヽ》栗シ彼ハ座しく斃もるもの也然ふハ同盟しく不日ニ兵を發せん事を

魯西亞答

密使の大意ハ其圖ニ中り百發百勝の時至きり然共我ガラス國ハ昔ゟ仁義を以て世界ょ冠さり先年日本と和親厚ク通盟を立新港を開て交を堅くも今僅ょ小國内患有て殆と疲弊ニ及へり其時を量り是を討不仁不義の至り忍ふべあふさる欤我ガラス國ハ箱館の交商ょて事足きりとれ仍て横濱ょ商館を建ざ假令此度兵庫港ハ許さざとも其價ハ受るふ及バも

此意ニ決せり

阿蘭陀答

密使之趣尤左も有へき事なれ共和蘭之儀ハ舊來和親交易して他の國と異なり然るニ日本鋭を抽《挫カ》き力屈し困窮ニ及ふ此虚ニ乘して是を討ハ往古之信を失ふが故ニ其意ニ與せば

亞墨利加答

預示の密意大觀《歡カ》尤其機會神ニ通し感伏せり乍去我國ハ各國ニ魁て和親交易之基を開キ厚ク條約を結ひ若他の外國と日本の間ニ事起る時ハ必傍觀もべからずと建言致し置り今日斯る急難起る時を討ハ條約我より破り不仁不義の師と可謂ら仍て不決

佛蘭西答

公使密章熟覽今日本を觀るニ凡逐一良策的中せり左れ共日本于今當て信義を失せず和親交通深實之彼今國内の大患ニ疲弊し國力既ニ盡たり

此機を討たハ石と鶏卵成べし併我が全權ハ今各國よ冠たり信を世界ニ失ふ事をなさば義兵ニ非れハ擧ば可伐時ニ非されハ伐ぞ何時ニても信義を破らハ是ニ乘して可擊事可ならん然る時ハ假令機會ニあらさる共信を以不信を伐殊ニ一箇の孤國同盟の衆國を以て伐んニ豈跟を廻さゐなんや大義ハ小利よ易へ難らるべし

○五月廿二日東都ゟ來翰之寫（原朱）棚橋ゟ之文通

前略此表相替候儀も無御座其内當十八日淺草邊ゟ山下邊裏店困窮之者とも大人數申合何町何町困窮者如此之幟を眞先ニ建大家を見込米穀味噌溜酒其外食料ニ相成候物を乞請ありき今日迄も日々市中相廻り申候尤乱妨ハ不致困窮渇命ニ及ひ候趣相歎歩行其組々々ニてさし小屋をむつらひ大釜なんとをらけめしをたき汁を糞酒を呑大勢屯致し居候私廿日ニ淺草迄參り申候処市中店々何れも戸を閉居申候段々右之儀相はびこり市谷邊四ッ谷邊迄も右之通ニて市中不殘閉戸罷在稀ニハ店を開き居処も

有之候昨日ハ大名御旗本屋敷ゟ右之者ニ施し致し屋敷〻を相廻申候車を三四輪も爲曳米穀酒樽味噌溜りを積歩行申候誠ニ珍事ニ御座候淺草邊ニ而去ル十八日右之者共異人大勢を見り而異人ニ瓦石なとを打りけ候間警衞之者ゟ相制シ候得共大群集ゆへ聞入不申候付警衞之者刀を拔ふり廻シ候處夫レくも聞入不申顏ぶは疵をうけ候者も數多有之自身番へ警衞之者迯込候處取圍ミ打殺そなど申勢ひゆへ警衞之者も裏ゟ迯去候由而しらぬ騷動ニ御座候同役之者見く參り候者之咄しニ御座候

一米價此表も御同樣壹斗内外ニ御座候酒ハ壹斗十匁位より上ニ御座候

一十二日淸光十三日無月十四日深受《マヽ》御座候先ハ御請御禮迄早〻（下文略）

九月廿二日

九月廿日出大坂ゟ來狀

○尙〻當地上へ丁大川筋より農人橋迄拾貳三町之間町〻立退方申付相成

右ニ付外町々間口賣直段六割程引上ケ候由右跡ハ薩刕土刕細川三家之
屋敷亦
御城東方ハ付西國七大名程も屋敷夫々御取建ニ相成申候噂
當地堺迄惣躰町續ニ相成可申哉之由
毛利大膳當月初死失与申噂御座候由
白米壹升壹貫文余之小賣いたし候処今日ニ而ハ七百五六十文ニ御座候
當地ニ大名衆之御屋敷御取建ニ付而ハ
御城ハ徳川家御壹人ハ被爲詰候旨申噂有之候事先ハ後便ニ申殘し之
○九月廿六日出京都よりの書状 (原朱)此状文拙クシテ通シカタキ所アリ意ヲ推量テ加朱ス
前略 先達而迄ハ白米百文ニ九夕此節ハ段々下落壹合三夕五才ニ相成追々
と下落之由うさひ申候此頃中捨子首縊り置ざり身なげ所々ニ有之候
處當時之人氣ハ下ケ口なり大ニおさやらよ相成候得共　禁裏御所ハ何
らおさやらなふほ

先々一流申鳴し候ハ一ツ橋天下(原朱)ニテハガ大請不宜西國ガム殊之外よへたち候
ヤうも就夫
御所ニ而ハ　粟田宮様關白二條様當月七日ニ御役御辭退御願俄之变ニ
候哉直ニ七日夜勅書ガ下り候ハ　前様ニ被爲　聞召度御儀有之由被仰
出候間急々御上京可有之旨議奏衆ゟ申來候間直様早ガ尾州ヘ出引續四
度出申候乍去　御上京ハ無之只々　御所之御手前趣計ニ候由十八國司
外ニ御譜代大頭とも廿貳大名上京被　仰出既ニ五六人ハ上京致し跡ハ
追々ニ參候よし
先京町公家衆之御家中ニても　元千代公天下　前公御後見左もなくて
ハ治り不申候と流言
當十七日山科之　宮様も御役御辭退相成候
私共九條様御供仕　御所之御玄關へ御供待夜八ツ時又ハ明ケ方ニ御歸
り二相成候儀ニ而尤御家來ハもなしニて御供仕候へとも私共ハ御駕籠

之両脇ニ御纏申候へともむかきニ足袋もき御供待之内ハ一時半毎ニよしめ附之辨當茶炭ヲ手廻りがさき候まゝよへ切ニて給申候（原朱）コレハ注ニスベシ〔酒ハ不給候得とも〕下座敷之上ゑんざと申ふとん同様之物敷其上ニ著座いさしめ候〳〵腰差之小丸挑灯壹人々々ニ始終とぼし前ニ置　御歸之上八人ニ酒三升煮肴壹鉢つまミ物壹皿つゝ物吸物同様ニて其上葉よんじんひさし物位是ハ定式ニ御座候

先達ゐ中ハ

御所おゐても九條様も殊之外御心配ニ候間御警衛之衆氣張相勤万一變ポ出來候ハヽ直様不殘鎗を携へ出候様ニと申事ニ候處頃日ハ少し穏ニ相成候

來月中ニ右大名相揃筈然上ハ　前様も御出相成候半ゐハ相濟不申候哉

只今迄吉田村御屋敷四丁四方御構ニ相成居此所ニ罷在候處九條様へハ廿丁程隔テ急之御間合ゟ候付書之内ハ三人ツヽ　御殿ニ相詰其余も

御殿席狭ニ候間　御殿ゟ三丁程隔丸太町通寺町東ヘ入越後屋《両替や之》與兵衛と
申方ニ五人ツヽ鑓ヲ持セ毎々晝夜出張申候
御中間二人ツヽ是ハ湯茶わかし候ため毎朝交代越後やハ大家ニて土藏
何ヶ所も有之東ニ扉門附玄關構下略
九月廿六日

○近國人筆記

丙寅八月廿九日出江戸表ゟ申來
一天竺米四万俵持渡五斗入ニ付相場金壹両ニ付壹斗壹升四五合之由
一九月七八日ゟ廣島ニ出陣之諸侯方追々御引揚ニ申事榊原七日井伊八日
御家十二日廿四五日比ニ此表著ニ相成候由
一江戸町奉行是迄三千石高之処半高ニ相成候由
一朽木某上様を刺殺候との義ハ勿論虚説之由朽木伊織とら申御方至而
上様ニ兼而御不和之由夫故申出せる事なふんと申事御籏本衆ニも定而

御立くだりの御方も出來可申と申噂ニ御座候

○九月十三日友人ゟ承る

此度二十家之公卿より上書有之若御聞届無之節ハ尹宮江火を懸何れも忠死致し候と申上之由藝州之尻持と相見申候

案ニ此上書ハ長不可討の論と被存候

○九月二日出藝州より

紀州樣ゟ當地出張之兵上坂之御沙汰有之追々出立ニ相成申候此御勢ハ當月六日比より追々ニ出立尤船ニ御座候間一二艘ツヽ日々出帆山本之手ハ十日出帆ニ相定り候皆々十二日迄ニハ出帆ニ相成申候間廿日比迄ニハ大坂江著と被存候又大坂表ニ長々滯留ニ而ハ御物入多候故國元迄引取御用之節ハ御人數入替も可有之と申事故何れ不遠歸國拜顏萬々御話可申上と樂居候

一紀州樣井伊侯抔ハ半隊殘し置上坂御家ハ兵粮護衞故皆々上坂ニ相成申

候
一此度之入國ハ大野村ニ出進之行軍之通と申事軍裝も大ニ變革いゐし候故船町迄御覽ニ御出有之樣祖母樣ニ被　仰上可被下候
一當月七日雨中之戰ニハ西洋砲も十分ニも發し兼候由火繩砲ハ尤間ニ合不申夫故欲此比ハ彥根藩抔も專ら西洋調練相始候由戰爭ハ兵を强そる藥ニ御座候
一紀州樣ニ被　仰出之趣ニ付水野出羽守樣ゟ左之通御達相成申候

御名

別紙之通
御所ゟ被　仰出冥加至極難有仕合奉存候右も畢竟其方家來共ニ於奮發有之候故之儀ニ候此上猶被　仰出之趣厚相心得盡力有之候樣　紀伊殿被　仰聞候此段相達候

紀伊中納言

爲〔脱アルカ〕・軍惣督出張之処度々奮戰諸藩指揮茂行届候由被　聞召
御滿足之御事殊ニ長々滯陣之段太儀ニ被思召候此上尙厚相心得可有
盡力旨
御沙汰候事
　但出陣諸侯ニ茂同樣可達候事
長防切迫之諸侯ニも猶精々盡力心得有之樣可達候事

○

別紙之通從
御所被　仰出候間取計方之儀松平安藝守ニ相達候此段爲心得相達候
八月
大樹薨去上下哀情之程茂
御察被遊候ニ付暫時兵事見合候樣可致旨御沙汰候就而も是迄長防ニ
おゐて隣境侵掠之地早々引拂鎭定候樣可取計事

御名家來ゟ

○

今度従

御所暫時兵事見合之儀被　仰出候ニ付而も紀伊殿ニも被　仰立之趣

も有之御人數當所ゟ御殘置一旦御上坂之儀候就而も一番隊十六番隊

共一旦追々歸坂相成候間釆女正家來ニ而右ニ准し追々歸坂可致旨

紀伊殿被　仰聞候此段相達候尤當所出立日限之儀大目付御目付可承

候

○八月十五日戸田權之助殿藝州陣中ニ在之今日ハ何日と傍之人ニ被尋候

時十五日なりと申候付

問へはなきなよひ八月十五日

○寅年再度従　天朝御沙汰

長防所置之儀決議被

聞召候方今外患內憂紛乱ニ而も於國体被爲惱
宸襟候間厚加仁惠早至當之施所置國內平穩奉安
宸襟候樣被　仰出候事
別段從　天朝被　仰出
長防所置之儀昨日　御沙汰候得共自然疎忽之所置有之候而も內憂外患
之治乱ニ拘候儀旁被爲惱
宸襟候間人心紛乱不致樣公明正當・〔脱アルカ〕之可致別段被
仰出候事
右両通會津桑名板倉小笠原之自四矦御請被申上尙四侯江両　傳奏ゟ
演説被　仰出左之通
十萬石弥於取上ハ下田撰不抱紛乱候樣厚可有勘辨決而疎暴之所置無之
樣申入置候事
案ニ十万石被　召上候ニ田之上下を撰候儀

朝廷御沙汰ニも御似合不被成私之事ニ被存候

○九月十日出越前敦賀ゟ

小倉之正説追々相分り申候實以殘念之次第酸鼻仕候假令一人之援兵無之候共一藩死力を盡し飽迄防戰仕候上落城ニ相成候節も時運と申者ニ御座候へ共左ハ無之暫時砲戰ハ赤坂と申所是ハ小倉海岸ニ而下之關ゟ之著岸此時ハ却而奇兵ニ討死七八十人餘有之旗色惡く已ニ舟ニ乘退散茂可仕程之場合之由然処何故欤小倉勢本城に退き自燒仕候而一人之討死も無之丸々無疵ニ而一藩脫走奇兵も意外之筭用違ならふ城外ニ近ク寄候処家老屋敷抔ハ玄關ニ武器多分取散し奥座敷ニも火鉢煙草盆其儘火も有之銕瓶沸騰致し品々夜類脫捨有之一人も居合不申直樣放火致候由其他家中屋敷何れも同樣城中も無人境ニ相成候ニ付角矢倉土藏盡く放火仕銃砲及粮米丈ハ掠取其餘武器ハ燒捨申候由實ニ見るニ不忍之樣子ニ御座候扱小倉勢ハ所々山間ニ離散致居此比ハ夜陰ニ密々市中に出徘徊仕候由奇兵見

付候節ハ逐散し候趣則小倉ゟ一昨日歸國仕候船頭ゟ當奉行所おゐて御聞糺之節申上候儀ニ御座候

○二月大原三位殿建白

天下之御政無智之輩猥ニ毎々存意を言上仕甚以恐入存候此比承及候ニ大目付永井主水正目付某等長防一件㝷明不申候ニ付歸坂いたし主水正ハ上京仕共主意何共不相分候得共風說ニも二州承伏仕兼候由然ハ征伐之

綸旨相願候と申者歟又ハ如何可致候哉

叡慮之程相伺候と申者歟之二樣ニも出申間敷と存候或ハ此度ハ御所向ニも不拘一橋會津桑名三家ニ相談之樣子ニ而風說承及候自然右樣之事ニ候へも天下之御大事ニ而表向言上不仕候而も其儀御承知不被爲在御儀故無是非儀ニ候間其儘ニ可被爲濟哉ニ候へ共前条之通　天氣伺と申樣之事ニ候へも兼而申上候通長征ハ天下之人心關係仕候事故幕

府御同意是非征伐之儀ニ候ハヽ
叡慮本意不被爲在候上あふくハ諸藩之輩乍恐　朝廷を離き割據之勢ニ
可相成と愚按仕候右樣相成行候而ハ國乱ニ乘し外夷此時と併呑可仕實
以切歯扼腕之限ニ候右ニ付而も前条之通　天氣相伺候樣之事ニ至り候
ハヽ御答振甚六ヶ敷御大事ニ被爲在候是以越斑之罪難遁恐入存候先申
せハ長州承伏不仕ハ全幕府違　勅仕居候不正之身分ニ而人之曲直を如
何と申所ら拜伏不致譯を先幕府自反しく違　勅之失礼を相改候へハ不
征共服從可仕譯と奉存候此度御答之御辭ニも其方是迄違　勅仕候事故
其失體を相改遵奉純一と可相成然ハ天下泰平ニ可至候間其心得ニ相成
候樣取計被　仰出候而其餘如何樣ニ申述候共唯々始メ違　勅致し候ら
起り候事故何分ニ茂違　勅之失躰相改候樣被取計幾度茂被　仰出候樣
奉至願候尤其辭ニ枝葉之事如何程も可有之候間唯々肝要之処此筋ニ御
答被遊違　勅を相改候樣之一途被　仰出候儀御肝要ニ有之候然ハ無致

方達　勅之失躰相改候外無之と奉存候是即御至當ニ被爲在候ケ樣ニ
勅意之御沙汰被遊候ハヽ勤　王之輩追々出來可致と奉存候全是迄違
勅之儀可被正筈之処御遠慮不得止事御宥免被爲在候ニ付只今之形勢ニ
相成候事故寂早此度ハ天下之公論高明正大之御廟議不被爲在候而も
神州も實以此限と慨歎無限候此邊之処能々御勘辨不被遊候而ハ日本之
耻辱宇内万國ニ渡り笑物と可相成候實ニ無念無申條御儀奉存候也
慶應二年寅六月　大原三位卿建白
一十月初旬藝州便著同藩士文通云
玖波与黑川境犬上峠　臺場二ケ所
玖波さんのかミ　同　一ケ所
大野坂峠　同　二ケ所
ぬめ山　同　一ケ所
一當月四日益之助与申者岩國ゟ私用ニ而罷越關門嚴ク小方本陣ニ而印

鑑曬受罷越印符と合得計相調差返尤手厚ク相調候趣夜中ハ往來一圓差留候事

見聞之覺

一小瀨關門小銃三拾六挺相見

一岩國物城山与云所ニ處々大炮膠敷相見相應之小屋二ケ所有之候事

一岩國人道連レニ相成進退相尋候処其者之口振ハ一應之事ニ而ハ引取不申此者も當地ゟ出張仍之交代ニ參候者与當年中ハ相詰候手組ニ而只今罷出候樣申聞候事

一八月十日比ゟ竹木切取員數相調申出候樣觸參候事

一臺場田畑間數相調是又申出候樣觸之事

右両樣共取約差出候得ハ代料相渡可申哉之事

一行者山之下臺場八九人程參候事

一見廻才も時々刻々相廻人數ハ多少有之候事

一玖波村誓立寺ニ而長藩左之者八日夕八ッ時比切腹致候事
一右之者出會長州人十人程罷越其內檢使一人年齢貳十前後位之事
切腹殊外手際ニ致ス　一人名前不知
右同斷不手際之由　古谷一次郎
右ハ玖波村平田屋與右衛門質物渡世致居候方へ切腹いたし候兩人罷越理不盡之取計有之趣小方村役人吉左衛門弟方七と申者へ與右衛門ゟ申通方七ゟ長吏に申出候而之樣子ニ相聞候事

○八月十日出江戸來翰
前文略す公方樣御病氣御大切之由奉恐入候御次第ニ御座候就夫長防之儀も
一橋樣に御任セ相成候由弥御病氣御差重り被爲(脱アルカ)候ハヽ御同所樣御相續被　仰出候と之御事ニ御座候由此上ハ　御家おゐても何そ御功ふ之御立ニ相成候事と當地ニ而ハ申居候此節も
玄同樣隔日御登　城被遊殊之外御心配被遊候御樣子ニ御座候

# 九州小倉合戰之圖

ブンコ地
小倉城
中津勢
島原勢
タヽウラ
ハヤトモ
門ジ
ダイリ
唐津勢
細川勢

陰徳太平記新圖

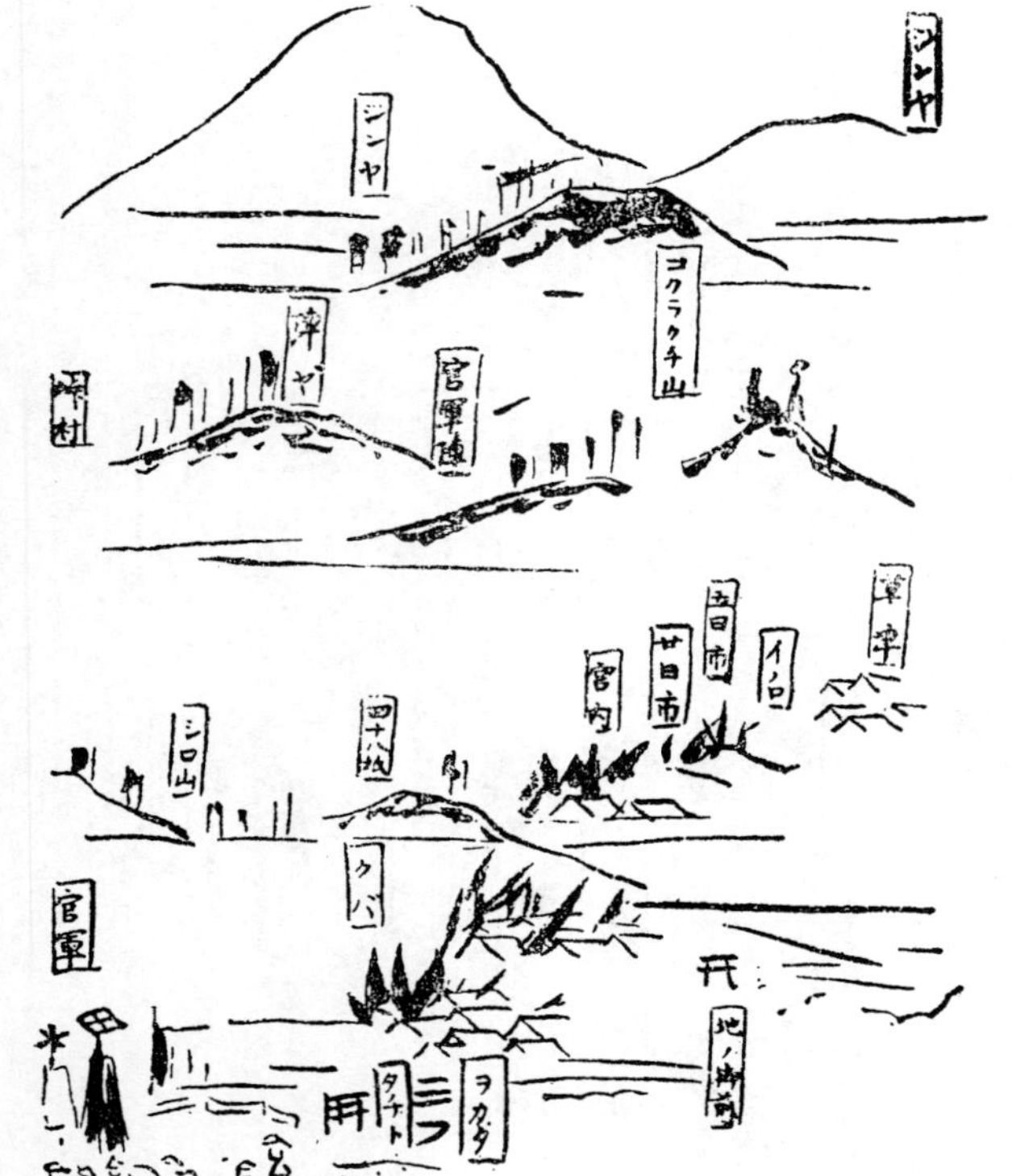

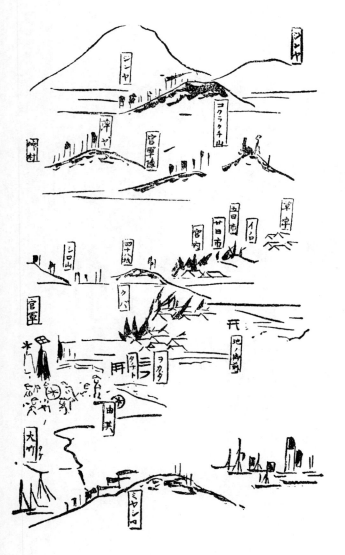

長州山代
石州
ツサハラ
ツタ
トモタ
河ノハラ
クンマ
岩国城
木村
奇兵隊
中ツハラ
奇兵隊
長州領
シンミナト
ワキ

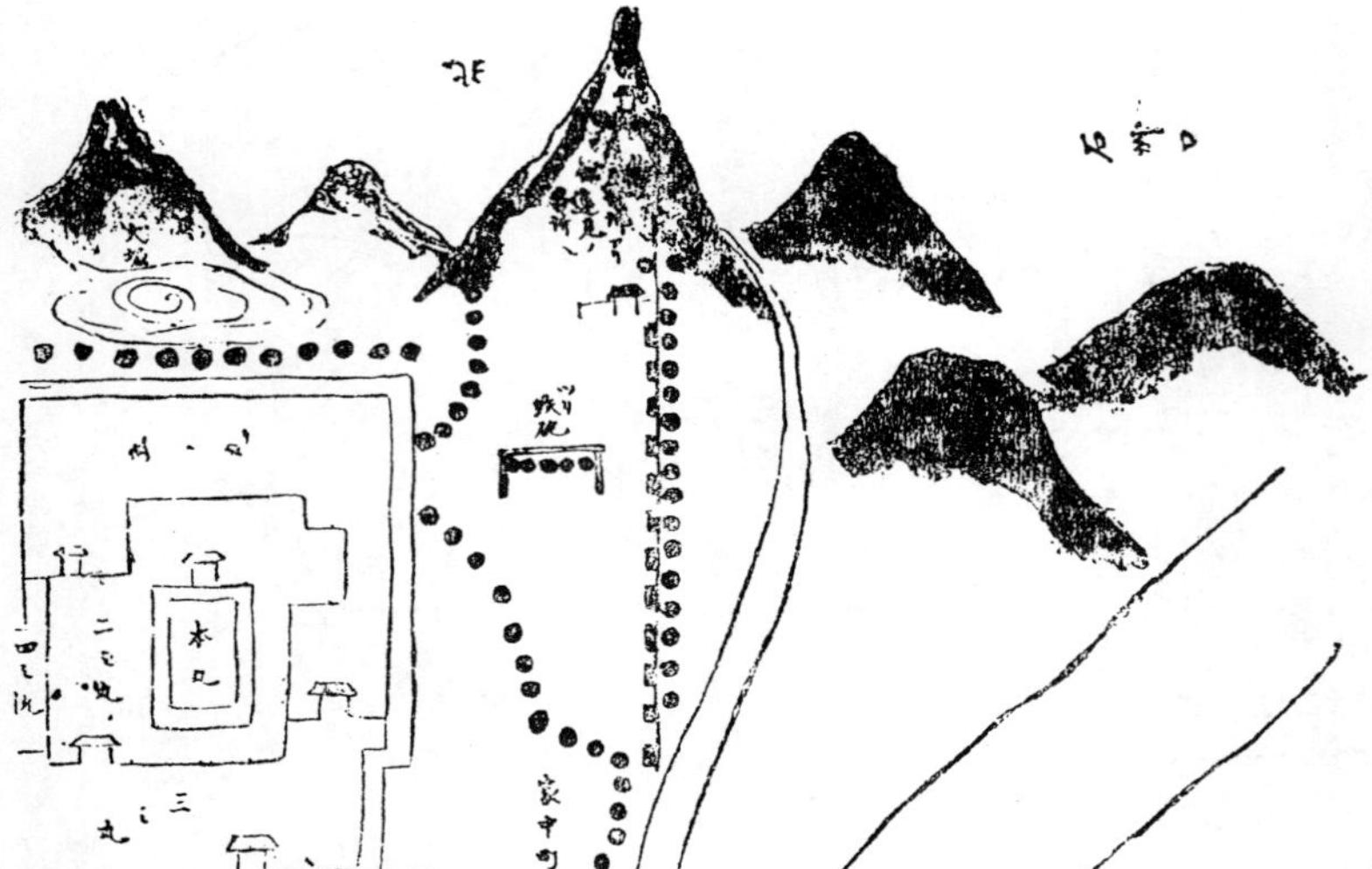
本丸
家中町
宮市

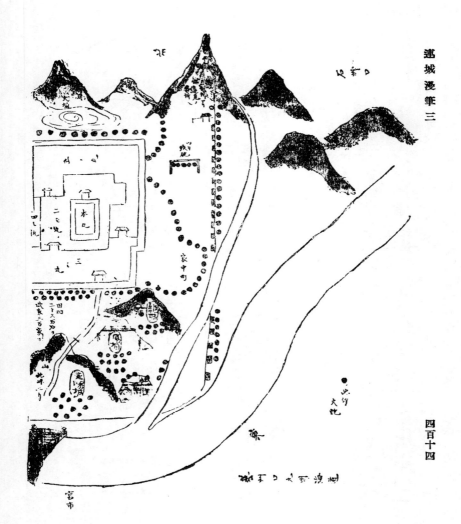

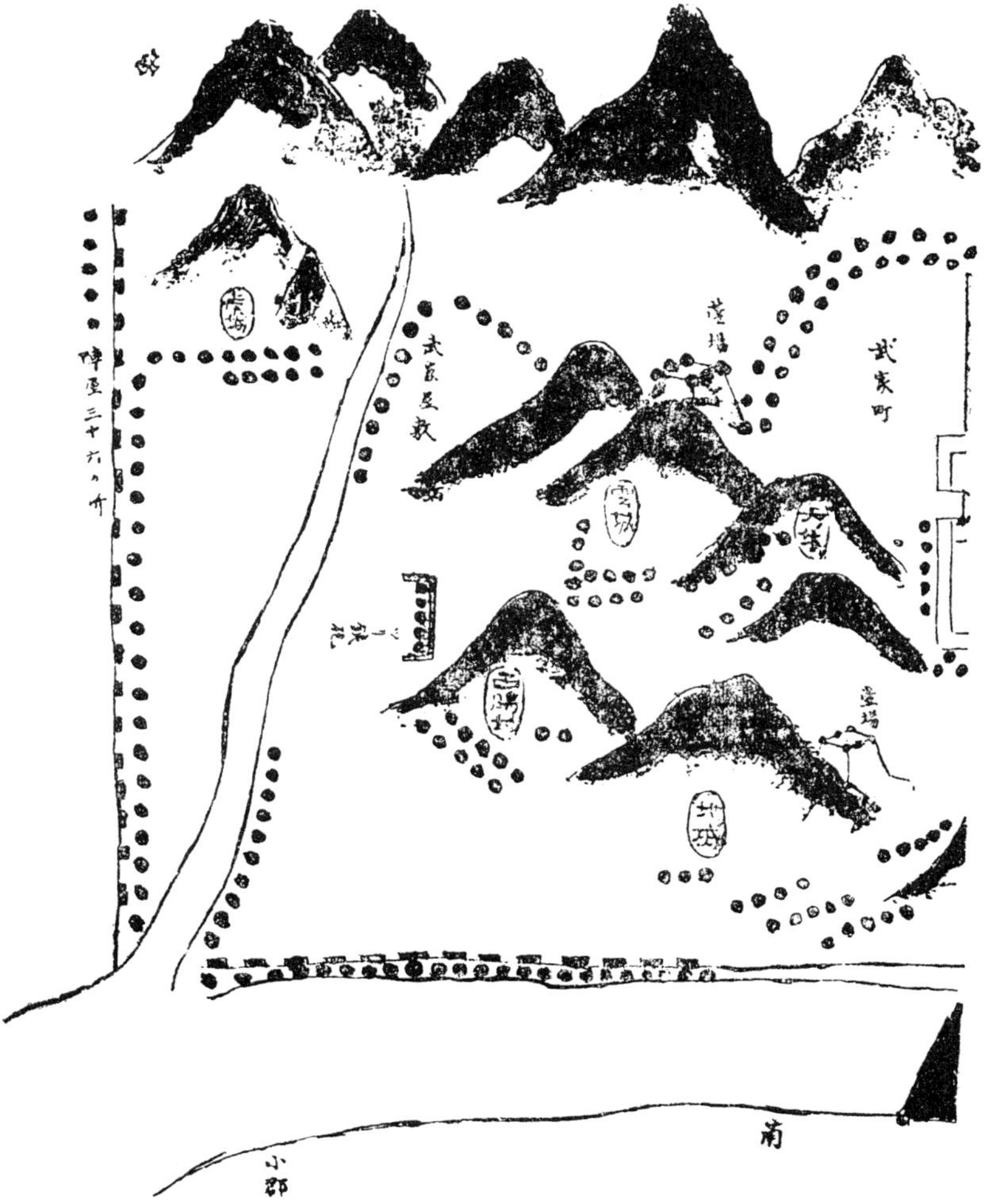
陣屋三十六ヶ所
武家屋敷
臺場
武家町
雲城
臺場
南
小部

當地も浪人等も入込且
公邊御役替ホも有之候内御賄方ハ千人程も有之候処右役闕役ニ相成小筒組被　仰付候然処御足高ホハ御引上ケニ相成元高ニ被差置候間殊之外難澁之様子ニ御座候又候一昨八日惣與力高貳百三拾俵も是迄被下候処今般百三拾御引揚百俵高ニ被成下候　御城坊主も依《本ノマヽ》役々相成御番所御固メ人數ニ相成銘々是迄御役德年々五百両三百両百両其内出入屋敷ホ有之坊主ニ而ハ千両ツヽニ茂相成候事ニ候処以來一文も過分之者無之候實ニ難澁之様子ニ御座候就夫
玄同様を御恨ミ申候者も有之様子ニ而頃日櫻田御門外ニ而何者共不知鉄砲四發打懸候由之処何分御早馬之事ニ付不思義ニ御遁を被遊候由ニ御座候
玄同様御登　城之節御供之輩著服之儀御府内ニ而も異變ホ有之節之爲メ火事具又ハ甲冑小具足銘々見込之品手當御供いたし可申旨被　仰出

候於
御城も小筒組貳百人程も下乘橋內両側ニ鉄砲を持立居尤玉込之樣子ニ御座候御門々々至而嚴重之御固メニ御座候誠ニ以心ならぬ時節ニ御座候御地も御國境并丸之內御門々々嚴重之御固メと承り申候いつき前大納言樣ニ茂近々御登　坂被遊候由當地ニ而申居候此上共何分ニも油斷のならぬ時節ニ御座候末略

八月十日

○石州御領和江野井近村百姓共徒黨いたし先月廿五日右両村に押寄及乱妨候由仍而同所邊出張之家來共ゟ不取敢利害致說得候得共何分濱田落城御代官御引拂後ハ同州鎭撫取締方も無御座候右之次第尚又長人弥致横行候趣相聞候尤此節應援之人數ハ追々御屆申上候通國境に引揚ケ手當嚴重申付置候此段御屆申上候樣申付越候以上

八月八日　松平出羽守家來
原　民右衛門

○八月十七日出江戸來簡之内
去ル十二日戸山大原おゐて銃陣調練
𫝶同様御透見被　仰出候処無滯相濟難有仕合奉存候其節御留守御心得
之廉ニ付御手元金之由御内々拜領被　仰付隊長御先手物頭初同心金皷
役まて被下置候此外梨子三ツヽ然処敎授方ニも別段金貳百疋世話役ニも別段
百疋ツヽ被下置實ニ廉も相立難有事ニ御座候此段御吹聽申上候
一一昨十五日御登　城之節警衞組與頭共五拾貳人銃陣ニ而御供相始り
御駕両脇ニ半隊ニ區別いたし市中號令を以進退仕候歩兵一同エンピー
ル嚮導官サツヘル附ノショルト司令官六挺かゝみヒストールいつきも
玉込ニ而御供仕候市中之者共別而恐怖仕居候由御座候末略
　八月十七日
猶々戰爭ハ舶來砲銃ニ限り候由諸藩必和砲を以敗北之由
公邊益相開ケ申候御籏本ハ甚氣分弱之由ニ御座候此段御内々奉願候時

節折角――已上

○今度熱田宮　御遷宮ニ付従

内御内陣ニ掛候青簾一垂御奉納

一左之通熱田社人達

傳奏野々宮中納言殿八月晦出立三日著六日立出之支

正遷宮來月五日辨侍壹人主水司一人坊城中辨殿參向

供廻

家司壹人　用人壹人　醫師壹人

士分拾五人　刀指拾三人　下部廿五人

〆五拾六人

大宮司殿ニ御止宿之由

○長州二僧御門主ゟ建白

此度拙寺等両人寡君宰相殿父子奉内命一身挺身不測ゟ京師迄潜ニ立入

候而謹而左ニ奉言上候
抑吾毛利氏ハ辱も阿保親王の遠裔として往古征夷大將軍源朝臣頼朝公の謀主大江廣元ゟ連綿相續就中洞春公藝州ニ起り陶賊初尼子ホと百戰の後終ニ十餘州を被爲併中納言輝元迄藝州廣島居城ニ候処有故而長州萩城ニ移り防長二州三十餘万石を領し于今三百年其封土顯然其家之名族其人之勳績史典ニ詳之事ニ御座候然処近來夷船屢令渡來覬覦の情を逞し貿易通商を强請する事殆十年万乘之
聖主深被爲惱
宸襟斷然攘夷之
叡慮幕府初列藩非常之變革專被爲盡武備盡力然ニ三百年耳ニ金皷を不聞目ニ旌旗を不見泰平游隋（情カ）の流弊因循姑息の執（マヽ）氣難除處より
叡慮遵奉も有名而無實の屬徒事既ニ
神州形勢不忍座視有志之者各自國是の大議論を翻し借越之罪を不顧臣

子之分を盡し且も因循之妄夢を爲驚覺
天幕ハ建白仕候処好ﾏ犯士、奸吏共の所置として天下有名之議も悉就戮或
も永く囹圄之閉賢者退き愚者進ミ自凶殃之端を開切齒痛心長大息ニ不
堪事ニ候然ニ列國之牧伯武備不充實ニ事寄其實ハ因循偸安之情より強
く攘夷之大策相立候者無之當是時吾長門宰相父子被爲憤發
叡慮遵奉之實功相顯候樣京武之隔地ニ周旋次而松平修理大夫殿同容堂
老侯上京東下盡力被致候処漸々人氣奮起仕候事ニ御座候然処
朝廷ニ茂少々被爲安
宸襟御感之餘り吾長門宰相父子ニ去ル壬戌十月　天盃頂戴拜ﾏ賜之、
御目見宰相之重任
敕命之辱奉拜罷在候処翌癸亥五月攘夷之拒絶之
敕諚幕府初列藩ニ嚴□（虫損）被
仰出各國之大小侯伯大變革ニ御座候同五月十日於領海馬關開兵攘夷第

一之奏功相繼而數醜夷と及決戰波濤□□□虫損間々艨艦を沈め銃丸矢石之下ニ數百之夷賊を斃候事新敷申上候迄も無之天下萬人之所知人口ニ親く膾炙致候事ニ御座候同七月一日京師御發輿ニ而正親町三條少將殿軍中慰勞之爲

敕使御下向ニ相成其節

皇帝御服二領御詠一首錦旗一流攘夷手始之爲　御感賞下賜之

天朝ニは無二之忠節　幕府ニは信義一点之無私曲事ハ天地神人ハ勿論列藩之所知ニ御座候然ニ同八月十八日豈圖堺町御固

御免御築地内出入被差止剩長人野心之企有之等之

御沙汰柳原中納言殿を以被　仰聞御神兵總督吉川監物益田右衞門介始桂小五郎久坂義助等學習院御選由之者迄御沙汰之趣更ニ不奉存其旨眄々然たる事ニ御座候付乍恐何等之御趣意ニ候哉逐一承知仕度惣人數應司殿下ニは參殿御窺申上候処柳原殿ゟ重而被　仰聞候子細こ兎角

敕諚之通惣人數早々京師引拂候樣御沙汰ニ付　詔之重キニ無言惣人數
三千余人一夜中ニ退京歸國仕夫ゟ以來長藩入京之儀屹度不相成旨再三
嚴重之御沙汰ニ付三條屋敷浪華屋敷共両留守居其節居合之人々ニも自
然御疑惑を奉蒙候而も
天幕重大之御用難相勤國方詮議之上村田次郎三郎宍戸九郎兵衛両人歸
國申付乃美織江北條瀨兵衛両人ハ京坂両邸之留守居申付重大之御用向
奉遂其功候事御座候其後八九十月三ヶ月何分之　御沙汰相待居候処何
オ之被　仰聞も無之候付無據不憚忌諱抑寂初
敕命之辱ゟ今八月十八日迄之顚末奉敕始末と題シ綴一巻執奏家勸修寺
殿ハ向ケ井原主計を以て大坂表迄爲差上歎願趣意御聞届被下度何卒入
京相成候樣京坂両留守居ゟ御願申上候処終ニ入京不相成旨ニ而伏見海
道藤の森迄御出輿相成右使者主計を被　召出持參爲致候一巻御入掌被
成下乍恐以口上申上候□□（虫損）御聞糺被

仰付難有仕合奉存候其後再三再四書取を以父子之間入京御承糺被　仰付候様重而終月連年奉願上候得共有無之　御沙汰不被　仰聞因備筑其他諸藩より
天幕ニ條理相立建白彼是周旋被致呉候得共是又一様一点之運も無之正義相唱候過激之者も甲子六月洛外嵯峨山崎両所ニ詰合罷在主人父子
敕勘　御免入京御守衛被　仰付候益田右衛門介始都合千餘人ニ而國許脱走哀訴歎願仕候得共何之御論議も不被　仰出早々引拂不申猶両所詰合罷在候ハヽ以兵威御討拂被　仰出様之御申渡ニ付脱走之惣人數生而再歸國いたし候而主人父子
敕勘謹粛之情態不忍見臣子之分勢不得止以擲服擲以聲止聲十九日之一擧之《ニカ》至候事ニ御座候乍併事も輕擧妄動ニ候得共奉對
天幕少分之御怨も申上候事ニ而も無之唯々上も
天幕之爲下ハ天下万民疾苦ニ對し討國賊候所謂義戰ニ候得共勝敗兵家

石河佐州ゟ謹肅
形勢見屆之爲後ニ
萩城ニ□□□之（虫損）
歎願ハ□□□道（虫損）
中ニ差出首級ハ
御著陣前ニ差上
御實檢之上石河初
萩ニ屆之此書面ハ
順序相違取繕之
御凱陣後直ニ騷立
しなり恭順恐縮の
間あらは

不可期一戰及敗走候所ゟ開兵端犯　禁闕等之被虛名積年之忠節
朝敵之汚姿と變し有志之者扼腕切齒ニ不堪事ニ候然処左右
朝敵追討之　御沙汰被
仰出尾張前大納言殿を以官軍惣督越前矦副將ニ而數萬之軍勢藝州ニ御
差下ニ相成問罪之師惣轄石河佐渡守萩城迄罷越委細御糺有之三魁割腹
參謀之數人之者共ハ斬戮ニ被處首級尾張總督ニ備實檢父子意外之事實
歎願書幷三末家之哀訴狀一同尾張前大納言殿ニ備貴覽候処降伏謝罪之
形勢相顯父子恭順之始末御聞屆ニ而不惡取計可遣との御事ニ而凱旋被
致折角結局之
御沙汰御待申上罷在候処是又同前尾張惣督御凱陣已來何等之御沙汰無
之父子始一家中恭順恐縮仕居候処攘夷先鋒壯年血氣之者共主人父子積
年之誠忠信義空敷属水泡且
朝敵之被汚名官職稱號迄被褫之城内天樹院ニ蟄居謹肅御所置奉渴望居

候得共易越可期目途相立不申處ゟ一同奮起致し國中致騷動ニ付父子謹愼中ニ候得共勢不得止爲鎭撫國中巡見猶山口新築館ニ滯在いたし候事ニ而不容易企等之取沙汰弓矢八幡初大小之神祇ニ誓ひ徹塵も其覺無之事ニ御座候又醜虜講和之策素ゟ美事とハ存不申候へハ顧内外一時之權謀ニて爲止戰和議を結候事ニ而乍併互市通商ニ及ひ
皇國之國躰を相辱候樣之事ハ寸分も無之此上ハ御疑惑御氷解之場ニ不被爲至候ハヽ乍憚可然御人躰を以御探索可被下候一時止戰之權謀を以唱和議候ハ領海通船時宜碇泊致候程之事ニ而一点御不審迄も無之事候又諸隊群起候事一時止戰之講和ニ候得共夷狄掃攘之爲申迄も無之現在勿論ニ候然処過ル五月
幕府御進發相成同七月我三末家之内德山岩國之両人登坂之儀　台命之由松平安藝守殿を以被達候処右両人其節不快中上坂難仕以實事御斷申出候事ニ候重而長府清末両人外家老之内壹人已上三人上坂可仕旨同前

安藝守殿江申達候へ共宗家之安危過憂慮候所哉是又病氣取惱罷在且ハ家之老職と申候而も多くハ幼若之者又ハ古稀之者ニ而知命而立之中ニ而ハ其任ニ堪る人物無之忝も
台命之重キ二度三度御斷も難申上所ゟ種々評議およひ前來御召之人爲代台齡井原主計宍戸備後介両人過ル十月上旬本國出立藝州廣島迄罷越候処不及上坂國元江引取可申旨御達ニ相成甚以不得其旨無據藝州廣島ニ逼《逗カ》留罷在候処
幕府大小監察永井主水正戸川鉾三郎癸亥八月以來之事實爲御承糺御差下ニ相成先鋒榊原式部大輔殿初出張被致其他長州之地方便宜之諸藩江も夫々布告ニ相成山境取圍之上長州中條ニより各攻口より打入候次第ニ承知罷在候實一旦《欠マヽ》之節ハ上奉
聖衷下天下之疲弊萬民之疾苦吾輩圓頂方袍之身分雖方外之徒普天之下卒《ミヽ》土之濱王臣ニあらさる者ハ壹人も無之候得ハ進而ハ

朝廷の宸襟を奉謹畏退而ハ□□（虫損）法門之衰紐指天可待事□□（虫損）存候就而も
吾毛利氏古昔石山之役平信長西海運送之川口銕鎖を張大安宅三艘を以
儼然備之乍恐石山御落城ニ茂可相成処吾先公天樹院ハ向兵粮助成の事
御使某を以て藝州廣嶋ハ御申入ニ相成候処天樹院輝元無左右被領掌兵
粮三百餘艘粮米六百餘艘御送届申上候事も日本政記日本外史日本逸史
等ニ往々有之委詳ニ不申上候得共定而石山御籠城御記錄ニ詳ある事と
奉存候其後
神祖關ヶ原役賊將石田三成ニ被欺一戰及敗衂洞春公百戰所併之十三州
備中高松講和之節山陽山陰之中五州を被削八州を新領罷在候処右濃州
之役ニ八州之封土中六州を被削京坂之間敵軍充滿逃るニ無地興正寺ハ
立入暫時潜伏之儀被願入虎口を遁レ剃髮宗瑞と號し永く毛利氏爲淨土
眞宗契約之処　徳川氏被爲併天下武家式目楷定之節十万石以上之矦伯
吾宗門歸依不相成旨　幕府布告ニ付無據天樹院靡中清光院を以て開基

被致興正寺其時之門主舍弟某御坊を住持ニ定め清光寺草創有之世々無退轉毛利家之葬寺と被仰興正寺支流之者相續ニ御座候吾一宗ハ時機相應之法門一天四海無比類國郡充滿と申中ニも長防二州之御末寺凡八百餘ヶ寺頗繁茂と可謂ん然ニ近來攘夷之騷擾人心奮起いたし候処より僧侶ハ天下之遊民國之蠧虫就中一向宗ハ彼祖師所謂非僧非俗眞俗双持之宗門と答候を今時之愚僧輩其詞之片端を甘んじ宗意不研究身行惰弱折辨糊口愚俗を誑惑し妖教可廢甚しきものハ此宗門んと讀書左右之藩士高杉久坂桂ホ戮力破佛寺之決議相成神道復古異端消滅之激令去子四月國中ニ布告有之當是時不肖某宰相父子之奉命右激令爲布告旁神速登京被申付同五月某入京年來之知己且同志之僧介石ヘ不取敢及面接無腹臓委曲申談同道參殿奉命上京之次第書取且口上を以重役御衆中迄申上候処種々御評議之上七月朔日御使者某を以（虫損）莫太之御進物三條邸ヘ御贈ニ相成難有御引請被申上其邊ニて種々之機口有之介石愚衲歷役之商議内

外御爲宜方ニ盡力周旋仕候事ハ錄上候迄も無之辱くも　御門主様御直ニ御周旋被爲成時宜御問合之御使僧三條邸に御差向迄御下手可相成ニ至り十九日之變動痛怛此事ニ候㝡初某奉命出國之節も近來御物入續キ御勝手向不如意と承及ヒ候所ゟ莫太之黄金御助成之御願申出候所ニ而其內實御力ニ不被爲堪所謂題目過待申出候事ニ候へ共不取敢莫太之御進物殊ニ長州父子

敕勘　御免五卿入京之儀恐多くも

大法主様御下手御周旋被成下度厚　思食之程天龍寺寶積寺両所に屯集之過激麁暴之三魁を初親聞直見之処より不堪感戴却而過待申出候事悔悟仕候様之事候相續而　輦下御變動之節三條邸官乃美織江已下三十餘人暫時潜伏被

仰付九死之中一生を全くし無恙致歸國抑拙寺上京之始末より十九日變動之都合迄一点之無遺漏委細ニ主人に及言上候処寡君父子而感謝無他

事候追而鎮靜之期時一廉御服申上度樣常々被申聞事ニ候以來ハ破佛邊之沙汰決而無之就中前ニ申上候甲子四月一往國中布告ニ相成候異端消滅之激令京師變動後改而沙汰度々觸出し有之寺院在來通り僧侶ニ而も國事慷慨有志之面々ハ夫々相當之任被命人心一和を得候も龍谷之宗敎ニ不如ト申決議ニ而其任ニ堪候佛乘鋏然兩人ニ被命忠孝説話ト相唱候天日嗣の知召大御國之國体ゟして尊王攘夷之大義君臣之名分迄詳ニ解諭敎導之奉命相勤罷在一宗之面目宗門之規模ニ御座候然ニ幕府從軍之牧伯追序進發ニ相成彼是之勢不得止弥大旆を御進ニ相成兵乃既ニ交る時ハ百万之生靈徒ニ泉下之客ト成妻子券〔眷カ〕属破產廢業終ニ乞丐凍餒之者溢巷候ハ顯然之事ニ候吾金仙氏ハ無縁之大慈悲殊ニ當宗ハ眞俗二諦理世安民之大法門なふそや抑難く當る者ハ誰ソと云ニ毛利氏之可忍之ハ孰不可孰不可忍傍觀座視被遊候而も大道不相立候半哉不憚忌諱不顧潛越之罪前顯之趣啓告仕候素ゟ御微力之御寺門如此一大難事容易ニ御下

手難被遊ハ勿論ニ候ヘ共不入虎穴も安得虎子仰願ハ一段之御奮發を以幕府と毛利氏との大虎穴ゐ法幢を被爲飜東西合躰御成功被爲　奏候ハヽ則得虎子ニ候得も首尾御洞察征夷府と毛利氏之間互ニ面目相立候様之御神策被爲在度奉歎願候假令幕府實戰之御決議ニ而大旆被進候共兵家所謂勝敗も有離同非衆寡とも申也去ハ　幕府之軍兵以數十萬候共必勝之筭も難相立又二州軍士雖小勢强而必被破候と可申事ニ爲不可有候得共實戰之程難計自然十八大藩其他數名之小藩迄も可賞ハ賞し可罪ハ罪し所謂許小科擧賢材之聖語通之公明正大之大確論相立入死地而盡力講和之大策被取行可申義なれよしもあらさる事ニ候得ハ万一右様之運ひニ差向候上ニ而　御下手被遊度　思召候共至其時ハ幕府ハ勿論毛利氏おゐくも多分來受仕間敷却而覗時反覆表裏更ニ不可頼様ニ打詐候而も後患出來候共如何共難中上候且又在毛利氏而ハ社稷滅亡之今日往古石山　御籠居之節信長大兵を以遠巻し粮送を絕し時と

殆相顯〔類カ〕し候勢ニ候得も三百年前を今日より
御暸察被爲在無御等閑御評議被成下候樣御願申上候右ニ申上候大小諸
藩其他他門ゟ講和周旋之大策ニ而も被結候而若奏其功候時ハ
皇國第一繁茂罷在候八百餘之末寺徒ニ他之有と相成候事痛歎之至ニ御
座候伏而願くハ今時尤御下手之機會ニ御座候間不遜之申上樣も候得共
偷安姑息之傍〔マヽ〕論被爲背速ニ御詮義被
仰付危急相應之御神策御施ニ相成候樣冒万死奉至願候以上

慶應元年　　長門國阿武郡三見村　善照寺宗圓

乙丑十二月　　眞照寺大澄

御本殿

御役人御衆中樣

○丙寅七月薩藩願書

今般海外諸國江學科修業才志願之者も願出次第

御差許可相成尤御糺之上　御免之御印章御渡可相成候間其者之名前并
如何様之手續を以何國江罷越度趣委細相認可申立旨御觸達之趣承知仕
候別紙之人數海外諸國江罷越候義兼而志願之者共ニ而各國岡士并魯西
亞軍艦船將ドントイ長崎ニおゐて及談判候処何连も引受可致世話段承
届追々渡海爲仕度御座候間　御免被　仰付御印章御渡被下度此段奉願
候以上

七月廿八日　　松平修理大夫内
新納嘉藤二

別紙

修理大夫家來

大野正作　山田金之助　井上六郎

木村八左衛門　大山政五郎　松元一介

川畑九郎　山本市太郎　木藤十助

森四郎　松山治助　小川立輔

吉田久藏　　川元兵助　　有川權助

木場六藏　　尾上八郎　　吉田次郎

長野市郎　　伊集院八次　　平田二郎

谷山五郎　　手塚八右衛門　　本田常次郎

野中八助　　堤小助　　池田佐助

伊知《マヽ》知半六　　川崎彥六

右英國ニ學術修業

修理大夫家來

伊東彥次郎　　玉井鉄矢　　田中半平

加納次郎助　　鎌田團藏　　山口仙右衛門

岩尾林右衛門　　西田軍助　　吉井兵藏

中村太郎八　　野中秋吉　　圓山增七

岩岸龍十郎　　枝次猪藏　　師太郎八

磯浪万太　梅枝十郎七　金子駄藏
竹野半　黒山□〔虫損〕輔　高浪輔三
三崎市之丞　花田盛助　濱田九郎右衞門
笹山正輔　横田矢六　伊地知鎌之丞
伊集院谷助　篠本鉄之丞　伊東伴十郎
右佛國に學術修業
修理大夫家來
飯田九郎太　菊野久吉　柴崎數市
狹山吉五郎　長崎半藏　久見山仙右衞門
橋口福之丞　染川藏之丞　松江郁十郎
東市太　西浪之丞　春山權十
秋山金次郎　浪野嘉藏　南仲吾
外山猪之八　山口龍吉　鮫島新次郎

新保靜治
樗木正之助
江川嘉兵衛
井上愛之助

愛甲市次
山路清兵衛
山口天助
山之内隆左衛門

有馬□〔虫損〕太郎
柏木猪之助
國生彦右衛門
椎原源介

右亞國に學術修業

修理大夫家來

河野伊兵衛
山本卯介
川元源介
吉原幸之介
郡山長次郎
服部助市
吉見萬七

潁川仙介
岡本平藏
石原剛右衛門
倉野鉦藏
皆吉郷介
山野輔八
比《マ》野要輔

橋本仙兵衛
萩原鹿之助
川北涼之助
益山賢介
尾上精十郎
竹内周助
大野幸助

松江勝之助　浪野平三　川井仙十郎
吉崎盛次郎　島田九十郎　湊七左衛門
池上幸右衛門　栗川與一　八木助之丞

右魯國に學術修業

修理大夫家來

河野劔藏　野邊十右衛門　佐野九郎
岸野祐之助　有馬啓吉　長崎敬十郎
畑仙之丞　福井九十郎　中村□□虫損
佐竹金之助　山田倉五郎　青木淸之丞
倉野半七　花川吉藏　足立權八
磯村浪之助　齋田嘉一　川南小之丞
湯池一郎　岸浪龍輔　大野八左衛門
榊權八　町田千之丞　山上仲助

小野四郎　　　是枝權左衛門　　　平田學輔

平原孫之助

右阿蘭陀に學術修業

以上

來卯年三月佛蘭西國都府おゐて宇内各別出産之物品を聚め展覩場相開候付御國産をも差送有之候樣同國政府ゟ申立御國地土産之物品差送度望之者ハ其筋に可申立旨御觸達之越承知仕候付於國許國用不差支物品も差出候樣可仕旨申付越候此段申上候以上

七月廿八日

松平修理大夫内
新納嘉藤二

○八月十日再願書

修理大夫家來

玉井鉄矢　　　田村半平　　　加納次郎介

鎌田團藏　山口仙左衞門　岩元林右衞門
西田軍助　吉井兵藏　中村太郎八
野中秋吉

右佛蘭西國江學術修業

右ハ海外諸國江學科修業志願之者ハ願出次第　御差許可相成尤御糺之
上御印章御渡可成段被　仰渡趣有之候付英國外四ヶ國江百五拾人學科
爲修業差越申度先達而奉願候処未何等御差圖無御座候右ハ來卯年展觀
場相開候ニ付於國許不用之國産差渡申度右江關係致し差急キ候掛合之
用向共申付度義御座候間右人數之分遮而渡ニ
御免被　仰〔付脱カ〕御印章御渡被下候樣奉願候左候而〔マヽ〕ハ外人數之義も追々
御免被　仰付被下度是又奉願候此段申上候以上

八月十日　松平修理太夫内
新納嘉藤二

○寅八月上方ゟ來狀

一八月七日暴風雨ニ而淀川出水切込
橋本ニ而貳ヶ所　八幡御幸橋壹ヶ所
淀堤壹ヶ所　山崎壹ヶ所
前島壹ヶ所
右之通八日午刻比枚方宿一圓床上ニ水乗し暫貳尺落□□□（虫損）ゟ追々増水之由右ニ付仕立其外相支居玉造ゟ河州邊一圓白海相成攝河州稲綿共違作と被存候
同大坂ゟ之書状
大坂八日陰夕ゟ晴暴風初之間ハ東風南ニ廻り曉比ニハ西南ニ廻り弥荒吹候
一昨日ゟ大雨無止間候上ニ而滿水之処故在々大騒動ニ御座候今日池田伊丹西之宮ニも渡舟無之通行相止候由
御供方御小屋大躰屋根吹落し申候

御城京橋口西手角之内ニ御座候松大竹折候而番所江吹落右松江泊り居候白鷺十羽即死右松もたおれ候故

御城之塀大分損し申候其外土手之邊番所共松木折も有之古木も根より倒レ川崎へ家六軒計川中へ落流申候天滿橋中比北手ニ而三間程落申候右邊ニ居候テントウ船米なと積候儘流行浪花橋東手ニ而沈申候市中損る所多く谷町邊火ノ見本紙（マヽ）吹飛申候拙店之火ノ見も見事ニ西隣家根へ吹落有之境（堺カ）邊住吉□□□□（虫損）潰家多分有之出水も八軒家紀州屋敷ゟ大道乘候計ニ御座候船場西邊も火ノ見多分落申候中ノ橋常安橋大道江舟り上ル計ニ御座候水ハ壹丈四五尺と申事上ニ而切所出來候由晝後俄ニ三寸計水落申候攝河在々荒所多く被存候安治川橋舟津橋落申候

八月八日出

○丙寅（七月 八月）宇和島藩屆書

別紙之通長崎表ニ而御渡御口達書并伺書於大坂表御老中樣江差出候趣

申越候間此段御屆申上候

七月廿日

伊達遠江守内
青木源兵衛

別紙

口上覺

英國ミニストル乘組之軍艦近々江戸表江相廻り候付而も御領海伊豫宇和島邊江碇泊可致茂難計自然薪水乞請度旨申出候節ハ諸事不都合無之樣兼而爲心得相達置候

五月

別紙

別紙之通過ル七日長崎江差出置候家老松根圖書与申者江同所御奉行能勢大隅守樣ゟ紙面被相渡別段御達ニ而是ハ全く表向ニ而ミニストルゟ申出候も此度宇和島江罷越候間彼地ゟミニストル与申事不相辨しくハ無礼無之共難申候間丁寧ニ取扱候樣申聞貰候樣申出候間承知可致尤罷

出候主意柄も不相分候得共心得ニ申達候旨被申聞候間在所人心居合方且應接之趣ニ寄候而情意難貫異人如何樣之變事ニ可及爲難計ニ付心配之次第逐一申述詰り臨機ニ取計候旨御答申出置候尤長崎表手寄を以聞繕候処ニ而も當月下旬ニも可參訣ニ相聞候旨昨夜罷歸申出候間如何之次第ニ可相成哉應接之上ニ無御座候而も不相分候得共前々御沙汰之趣爲御座候間精々平穩ニ取計一藩心得向も厚申聞置候へ共邊邑之所柄人氣粗暴之儀有之候而も不相成且近國ゟ承傳見物方入込候輩無之共難申萬々一異人を相惡ミ候方ゟ異却之所業及候義爲難計左候而も
公邊御手數相掛候樣押移候爲難計ニ付十分手厚警衞向爲仕度処此度征長ニ付而も領分此境ニ爲人數差出居元來小藩之儀何分兩端難行屆依而英船引拂候迄渡航進擊も相扣度候間御聞置被下候樣仕度此段相伺候以上

伊達遠江守

先達而御届申上候英國ミニストル乘組之乘氣船六月廿七日入津仕候ニ

付而も應接之次第於大坂表御老中樣江左之通御屆申上候趣申越候

先月廿三日夕英國測量船壹艘入津直ニ出帆翌廿四日軍艦壹艘測量船壹艘入津應接爲致候処近日ミニストル罷越候旨ニ而上陸遊歩仕廿七日ミニストル乘組之蒸氣船入津應接爲致候処近來日本へ通信を結候ニ付廣日本國內諸侯江懇信を結度且於日本條約面上ニ異變無之候ハヽ於英國決而異心無之候間致安心吳此旨日本國中江普爲知貰度追々諸藩江罷越候之所存候間右ニ付伊豫守遠江守江爲致面會度旨ニ付廿八日致面會廿九日出帆之趣之処雨天ニ付延引七月朔日大風雨ニ付相延同二日朝六半時比出帆土州沖通船橫濱江參候旨申出候間右之趣御達申上候樣遠江守申付候以上

七月

伊達遠江守內
岡野助右衛門

右之通申越候間此段御屆申上候以上

八月六日

伊達遠江守內
柘植萬作

横濱在留之異人四人御役々差添富士登山相濟去ル十三日箱根足柄ヶ御關所罷通り同矢倉澤村ニ止宿仕十四日出立之旨在所表ゟ申越候此段御屆申上候以上

七月廿六日　　大久保加賀守家來
原　三五右衛門

○寅八月廿一日聞書　外國方支配菰田鎌助内話

魯西亞帝英佛之二國を惡む其故ハ二國共弱を伐ゟ己ゟ有となし暴威を示して償金を貪る二國の爲ニ苦しむ者頗多し依ゟ二國共討亡し世界一新せん事を欲そ國內ニ布告して二國を伐の策を求む國民名策を献そるニ皆大軍艦を以て伐の外他の策なし於是船工を募て方今大軍艦數艘を製造も功なるハ歐羅巴州鼎の沸が如くなるんと云

○寅八月大坂玉造口張紙之寫

外夷渡來してより

神州必用之品も弥增拂底ニ至り渡來無用之品ハ諸國潤澤ニ及フ

御膝元を外夷途行するに和士附添ゐ警衞する事日本の耻辱なるを外夷
ゟ會釋多キに迷ひ擧ゐ此役義を望む其上近來度々從
公邊御用金被　仰付大坂市中町人一統困窮に至り莫太《ざ》之御入費も長防
爲征伐無名之兵を起し天下動乱之基を開き萬民之塗炭を不顧民心暫も
安キ心なし往古漢土或國苛政有しよ一姉恨ミく三年旱魃ス今や八月七
日夜中暴風出水稀成變事も民心之欝基愁訴之發する処乎
皇國天地神明の祟に寄候歟可恐々々
○八月十五日出大坂來狀之内書抜
公邊にゐも都ゐ銃隊に御取直し御旗本勢ホ無之兩番組共銕砲を脊負家
來壹人も召連候事不相成若召連候ハヽ業前出來候者計右之者を兵隊に
組込家來兼罷越候樣相成申候云々
一當所も當月六日ゟ雨同十日夜風雨に相成川々滿水押水所々破損吹倒ホ
有之地續之場所貳丈計も出水

御城内も所々大破御櫓之鯱四五ヶ所吹落し樹ニ宿鳥吹落死亡夥敷ト云云

○寅八月水府記事

先般中山備中守上坂ニ付學校書生貳百三十人程小梅邸ゟ出府致候義ハ備中守上坂之上ハ當中納言樣御退職余八麿樣御相續鈴木石見守太田丹後守市川三左衛門朝比奈弥太郎佐藤圖書五家老嚴刑ニ處せられ其他奸物組不殘御誅伐可相成と存込長討と號し已を獲ざるの主意ニ而出府之常野州騷擾之節ハ民間ニ而或ハ父を殺され妻を殺され金穀を奪ハれ候ニ付今日ニ至り一同天狗組を悉仇敵と存込若も大場主膳正ポ執政致し候節も又々如何樣之難儀ニ可及欤と案し既ニ昨今之処ニ而ハ常野他領ニ至迄凡五百人程集會し竹槍組と稱し候由右之内水府氣骨之者ハ正味三千三百人實ハ四萬三千人程とぞ

○天狗組ニも姦ゲあり姦物ニも姦ら有○大場主膳京師之三百人ゟも水府

ゟ米壹粒も不送由尤當時姦物ニ交り候而之事ニも無之天狗之時ゟ米ハ
送り不申候万事一橋公の御養ひとを

○常州追討之節ハ

天朝ゟ綸旨　幕府ゟ台命ニよつて耕雲齋始御仕置相成今日ニ至り鈴木初を姦物と名付御所置被　仰付候ハヽ過日之

綸旨台命ハ僞ニ而候哉之山○大場主膳正（マヽ）一御採用相成候ハヽ右人物ホハ兼而清川八郎日記之內ニも住谷下野ニ會して密義（マヽ）を爲シ終ニ武（武田）伊賀守岡（岡田守）大（大場主膳）の三大夫ニ及ふ最早錦旗を奉申候幕府を打横濱を打て

天朝ニ報せんと鎖（本ノマヽ）とあれハ兼く幕府を討と約せし大場主膳を御採用ハ如何哉と確論之

右五性（マヽ）ハ　住（マヽ）屋寅之助　下野隼次郎　武田伊賀守　岡田守

大場主膳

當中納言様ハ偏ニ徳川玄同様ニ身を委し萬事玄同様を顧ミく御出座何卒玄同様一度小石川御館ゟ御誘御助力被成候様日頃御渴望被爲在候由左候得も當時御家老姦物鈴木を初前之五人ハ割腹欲又ハ隱居被　仰付度就而も當時遠藤熊之助弘道館訓導石川幹二郎も水府中格別文章人才之者ニ付右之者共江戸ゟ召呼玄同様御逢之上御所置御相談被下度との趣（弥《マ》太夫《ヽ》四十三才熊之助四十三四才幹二郎四十才位）御家老之内寛助太夫ハ鎮撫無事之人物近藤喜太夫も無事の人物之其内喜太夫義ハ石川幹二郎と論し服し居候由朝比奈弥太郎一昨七日江戸著來ル十五日比鈴木石見守も出府之由○當時江戸家老ハ太田丹後守先も秦始皇同様坑儒者論ニ而學校文武之害を論し討《本ノマヽ》物之由○大場主膳妻ハ當時御使番渡邊某之父渡邊作左衛門の女之水府ニ而近比立派ニ普請いたし候由高三千石之○近日一橋公御相續なれハ水府ニ五万石節塊出來候由

○八月十一日申渡候書付

紀伊殿醫師
開成所教授手傳並
柳川春三

被　召出其身一代御切米百俵被下開成所教授並被
仰付勤候内爲御手當御扶持方拾人扶持年々金拾五両ツヽ被下之

○寅七月五日外國御用番井上河内守様御登　城前ニ指出同九月廿一日御
呼出ニ付傳太夫罷出候処公用人佐藤惣内を以御附札濟御渡
海外諸國ニ學科修行才ニ付相越度志願之者も願出次第御差許可相成
旨先達而御觸達御座候ニ付此度土佐守家來唐國ニ差遣申度右も孰之
御役向ニ奉願筋ニ御座候哉且都合ニ寄長崎表ニ罷越候上於彼地同所
御奉行様ニ奉願候而も御差許相成候義ニ御座候哉右手續奉伺候以上

七月五日　松平土佐守内
廣瀬傳太夫

御附札
書面海外諸國ニ學科爲修行家來差遣候義ハ兼而相觸候通其者之名前

井如何樣之手續を以何々之儀ニ而何々國ニ罷越度旨ホ委細相認老中ニ申立候樣可仕候尤唐國之儀ハ條約外之國ニ候間條約濟外國人ニ手寄唐國之内英國所領香港ニ差遣候義も格別其他之場所へ差遣候義ハ難相整候条可得其意候

○丙寅八月十六日

番組人宿
下谷御數寄屋町
惣兵衞地借
俊　藏

箔屋町
忠七地借
政　次　郎

弓町
久七地借
仁　助

神田久右衞門町壹丁目藏地
安兵衞地借
次　郎　兵　衞

佐内町卯兵衛地借
善蔵後見
善兵衛

今般御軍役人數割ホ御改正被　仰出候ニ付而も向々ゟ歩卒抱入有之候右ハ御時勢之急務ニ付格別ニ精入人物宜强壯之者相撰可差出事

一給金之儀壹ヶ年七両壹人扶持迄限り聊たり共右ゟ不相增飯金過給之中込ホ有之候共請致間敷且給金割合渡方之儀家々之家風次第ニ相心得可申候叓

一稽古之節相用候衣服并股引夏冬仕著之積尤稽古之外猥ニ著用不致樣兼而可申付置候事

一稽古ニ出席等閑之儀決而不相成不快ホニ候共十日以上不出之者ハ主人々々ゟ沙汰次第速ニ引替代り人差出差支ニ不相成樣可致事

一稽古日ニ無之手明之節ハ外奉公向も申付次第相勤聊違背爲致間敷事

一稽古出席之節ハ握飯味噌梅干香之物之内一種相添渡方可有之事

右之通相心得其方共重立厚ク世話致し取締行屆候樣可致候依之步卒請負人頭取申付貳人扶持ツヽ被下裾細袴割羽織著差免候難有存其余仲滿之者家業向も都而是迄之通相心得諸家ゟ步卒請狀差出候節右申渡之ケ條認メ加へ候樣致し入精可相勤候

右之通被

仰渡奉畏候仍如件

右俊藏外四人

番組人宿

行　事　共

維新期風説風俗史料選

# 【新装版】連城漫筆 一


発行　一九七四年一一月一〇日　復刻版一刷
　　　一九九九年　七　月三〇日　新装版一刷

［検印廃止］

編者　日本史籍協会

発行所　財団法人　東京大学出版会
代表者　河野通方
一一三―八六五四　東京都文京区本郷七―三―一　東大構内
電話＝〇三―三八一一―八八一四
振替〇〇一六〇―六―五九九六四

印刷所　株式会社　平文社

製本所　誠製本株式会社

日本史籍協会叢書 191
連城漫筆 一（オンデマンド版）

2015年1月15日 発行

編 者 日本史籍協会

発行所 一般財団法人 東京大学出版会
代表者 渡辺 浩
〒153-0041 東京都目黒区駒場4-5-29
TEL 03-6407-1069 FAX 03-6407-1991
URL http://www.utp.or.jp

印刷・製本 株式会社 デジタルパブリッシングサービス
TEL 03-5225-6061
URL http://www.d-pub.co.jp/

AJ090

ISBN978-4-13-009491-7 Printed in Japan